Zweite Heimat Brandenburg

Oder, mein Fluss,
der keine Quelle hat:
In Tropfen sickert es
Aus Gebirgen von Zeit,
Wasser, das nach Kindheit schmeckt.
(Günter Eich)

Jürgen Ast / Kerstin Mauersberger

Zweite Heimat Brandenburg

Flucht Vertreibung Neuanfang

be.bra verlag
berlin.brandenburg

Das Fernsehteam »Zweite Heimat Brandenburg«
Regie: Jürgen Ast, Kerstin Mauersberger; Kamera: Gunther Becher, Detlef Fluch;
Mitarbeit: Burghard Ciesla; Musik: Michael Hartmann; Redaktion: Johannes Unger, ORB

Titelfoto: Vertriebene 1945 bei ihrer Ankunft im zerstörten Berlin. © AKG, Berlin

Die Deutsche Bibliothek – CIP-Einheitsaufnahme

Zweite Heimat Brandenburg : Flucht, Vertreibung, Neuanfang /
Jürgen Ast und Kerstin Mauersberger. - Berlin : be.bra-Verl., 2000
ISBN 3-89809-004-3

© be.bra verlag GmbH
Berlin-Brandenburg 2000
KulturBrauerei Haus S
Schönhauser Allee 36, 10435 Berlin
e-mail: bebraverlag@t-online.de
http://www.bebraverlag.de
Lektorat: Gabriele Dietz, Berlin
Gesamtgestaltung: Uwe Friedrich, Berlin
Bildbearbeitung: Marita Friedrich, Berlin
Schrift: Univers; Stone Serif 9,5/12
Druck und Bindung: Friedrich Pustet, Regensburg
ISBN 3-89809-004-3

Inhalt

1838.

Weichselseite.

Graudenz v.d. Brücke gesehen.

GRUSS aus GRAUDENZ.

Verlag Jul. Gaebel's Buchdlg. Graudenz.

Courbière - Denkmal.

Post.

Kriegerdenkmal an der Festung.

Druck Kunst Anstalt Rosenblat Frankfurt a/M.

Bin hier zur Rathol. Lehrer-
versammlung. Grüsse auch
die Tanten & sonstigen Verwandten! Dein Vater.

Vorwort

Brandenburg – ein Land, das viele Wurzeln hat, immer schon.

Menschen aus ganz unterschiedlichen Gegenden besiedelten über die Jahrhunderte die Region. Den größten Zustrom jedoch gab es mit dem Ende des Zweiten Weltkrieges. Auf der Potsdamer Konferenz beschlossen die Siegermächte eine der größten Völkerwanderungen der Geschichte: die Aussiedlung von etwa 12 Millionen Menschen aus den Gebieten östlich von Oder und Neiße, aus Pommern, Schlesien, Ostpreußen, der Neumark, dem Sudetenland, einem Teil der Niederlausitz. Oder und Neiße bildeten die neue östliche Grenze Deutschlands, und Brandenburg wurde erster Anlaufpunkt für Hunderttausende, ein Wartesaal der Ungewissheit und Verzweiflung.

Bis Ende 1945 waren zwei Millionen Vertriebene hier angekommen, hungernd, ausgeplündert, misshandelt, physisch und psychisch vollständig erschöpft. Niemand wusste, was aus diesen Menschen werden sollte, sie selbst am allerwenigsten. Sie irrten umher und suchten einen Ort zum Bleiben. Und tatsächlich blieb eine Dreiviertel Million Menschen auf ihrem Weg aus der alten Heimat in den Dörfern und Städten zwischen Havel und Spree, zwischen Oder und Elbe.

Die Einheimischen mussten Wohnraum und Nahrung mit den Flüchtlingen und Vertriebenen teilen. Wo wenig ist, fällt Teilen doppelt schwer. Dass es gelang, Krankheiten, Hunger, Armut und auch Ablehnung und Vorurteile nach und nach zu besiegen, ist eine bemerkenswerte Leistung, wenn man bedenkt, dass Brandenburg eine Zunahme seiner Bevölkerung um 30 Prozent zu verkraften hatte.

Die materiellen Probleme verringerten sich mit dem wirtschaftlichen Aufschwung in der DDR. Die »Umsiedler«, wie diejenigen, die ihre Heimat hatten verlassen müssen, genannt wurden, besaßen nichts als ihre Arbeitskraft, die beim Wiederaufbau des Landes nun dringend gebraucht wurde. Doch Flucht und Vertreibung gehörten zu den Tabu-Themen der DDR-Gesellschaft. Der besondere Status der »Umsiedler« verschwand bald aus den Bevölkerungsstatistiken. Man hatte nur noch ein Vaterland und das war die DDR. Heimweh nach den Landschaften der Kindheit wurde gleichgesetzt mit Revanchismus, und öffentliche Äußerungen in dieser Richtung konnten strafrechtlich verfolgt werden.

Dass Jahrzehnte lang über Erlebnisse, die mit Flucht und Vertreibung zusammenhingen, nicht gesprochen werden konnte, hinderte viele daran, in der DDR wirklich heimisch zu werden. Weil die Orte der Kindheit lange Zeit unerreichbar waren, wurden sie umso mehr zum fernen Paradies verklärt. Erst in den sechziger Jahren wurden Besuchsreisen nach Polen und ein Wiedersehen mit der alten Heimat möglich. Heute, jenseits der in der DDR verordneten deutsch-polnischen und deutsch-sowjetischen Freundschaft, können die Fragen von Recht und Unrecht, Schuld und Versöhnung auf individueller Ebene neu gestellt werden.

Wie findet man eine neue Heimat? Die Frage danach führt auf eine Spurensuche, an deren Ende Brandenburger Städte und Dörfer als neuer Lebensmittelpunkt stehen und eine verlorene Heimat in der Erinnerung. Die Wege dorthin beschreibt dieses Buch.

Wir danken allen, die uns ihre Geschichte erzählt haben.

Berlin, im September 2000
Jürgen Ast/Kerstin Mauersberger

Flucht
und Vertreibung

Flucht vor den vorrückenden
Truppen der Roten Armee im
Frühjahr 1945. Reste eines
Flüchtlingstrecks nach Beschuss
durch sowjetische Panzer.

Sie kamen von überall her

Das Ende des Krieges

Eine Völkerwanderung, die nach Millionen zählte … Sie bestand aus den Armeen, der verfolgten und den verfolgenden, aus fliehenden Trains, aus nacheilendem Troß, aus Eisenbahnzügen, die so lange flüchteten, bis sie an zerstörte Brücken oder Weichen kamen, die von Fliegern beworfen waren – zu Tausenden standen dann die Eisenbahnwagen an den Strecken, aus Fuhrwerken, deren Gespanne verhungerten und krepierten, und aus den zahlreichen Fahrzeugen der nachratternden Kolonnen, aus Panzern, aus Reitern, aus Fußgängern in Uniform und aus solchen in Zivil … aus Geschlagenen, Verwundeten und Kranken, aus Stadt- und Landbevölkerung, die von den fliehenden Heeren immer weiter nach Osten getrieben und verschleppt wurden, übernächtigt alle, schmutzig, hungrig, schlaflos…«[1]

Es ist nicht das Leid fliehender Deutscher, das hier beschrieben wird, sondern das fliehender Polen. Es sind dieselben Erfahrungen, dieselben Bilder wie 1944/45, als Millionen Deutsche vor der Roten Armee flüchteten. Das Elend von Flucht und Vertreibung, die Erfahrung, die Heimat verlassen zu müssen, und den Albtraum, sie nie wieder zu sehen, gab es nicht erst ab Herbst 1944, sondern schon fünf Jahre vorher, im Spätsommer 1939. Als am 1. September 1939 die deutsche Wehrmacht »den aktiven Schutz des Reiches« übernommen hatte und nach der Inszenierung eines »polnischen Überfalls« auf den Sender Gleiwitz »über alle deutsch-polnischen

Grenzen zum Gegenangriff angetreten« war, flohen Hunderttausende Polen vor den Angreifern. »Die Deutschen kommen« – ein Satz, der für die nächsten Jahre in vielen Ländern Angst und Schrecken verbreiten sollte.

Das Ziel nationalsozialistischer Politik, »Lebensraum« im Osten zu erobern, propagierte Adolf Hitler schon 1925 in seinem Buch »Mein Kampf«. Nach der Machtergreifung 1933 wurde dieses Ziel von den Nationalsozialisten zu einer »Schicksalsfrage« für die Deutschen stilisiert: »Es handelt sich nicht um eine Einzelfrage, sondern um Sein oder Nichtsein der Nation«[2]. Zustimmung für die aggressive Theorie, »ein Volk ohne Raum« zu sein, gab es bei großen Teilen der deutschen Bevölkerung schon vor Hitlers Machtübernahme. Ursache dafür war nicht zuletzt der Verlust größerer deutscher Gebiete in den Jahren 1920-22 (Westpreußen, Posen, ein Teil Oberschlesiens) an das 1916 wiedergegründete Polen.[3] Die im Zuge des verlorenen Ersten Weltkriegs ausgehandelten Versailler Verträge, die diese Landabtretungen bestimmten, trugen nicht zu einer Stabilisierung in Europa bei, sondern hinterließen eine Wunde, die von den Nationalsozialisten bewusst für ihre politischen Ziele genutzt wurde – eine Politik, die ihnen einen erheblichen Teil der Wählerstimmen verschaffte. Parallel dazu verfolgte Hitler seine »Heim ins Reich«-Politik: größere Autonomie für deutsche Minderheiten in anderen Ländern fordern[4], diese dann zurück nach Deutschland bringen, um sie später zum Teil in dem eroberten neuen »Lebensraum« ansiedeln zu können. Im Fall der 3,5 Millionen Sudetendeutschen, die seit Oktober 1918 in der neu gegründeten Tschechoslowakischen Republik lebten und dort in den grenznahen Regionen den größten Prozentsatz der Bevölkerung ausmachten, brachte er mit dem Münchner Abkommen vom September 1938 nicht nur diese Menschen »heim ins Reich«, sondern annektierte im gleichen Zug auch das Sudetenland – Vorspiel für die nur ein halbes Jahr später folgende Annexion der Tschechoslowakischen Republik und den beginnenden Zusammenbruch der instabilen europäischen Nachkriegsordnung. Während Großbritannien noch glaubte, mit dem Münchner Abkommen den Frieden »auf hundert Jahre« gesichert, Deutschlands Hunger nach Land mit dem Sudetengebiet gestillt zu haben, musste diese falsche Einschätzung mit dem Einmarsch in die Tschechoslowakei und später mit dem geheimen Zusatzprotokoll des Hilter-Stalin-Pakts im August 1939, der die Aufteilung Polens zwischen Deutschland und der Sowjetunion vorsah, endgültig begraben werden. Begraben

wurde damit auch die junge Polnische Republik. 36 Tage nach Kriegsbeginn, am 6. Oktober 1939, existierte sie nicht mehr.

Die in Polen lebenden Deutschen feierten die einrückende deutsche Wehrmacht als Befreier, für die polnische Bevölkerung brach eine Schreckensherrschaft apokalyptischen Ausmaßes an.[5] Viereinhalb Millionen Polen verloren zwischen 1939 und 1945 ihr Leben, rund 1 125 000 wurden als »Fremdarbeiter« in das Deutsche Reich, die in den bis 1920 deutschen Gebieten lebenden Polen seit Oktober 1939 in das neu geschaffene »Generalgouvernement« deportiert. Diese sogenannten »Umsiedlungen« fanden unter brutalsten Bedingungen statt. Binnen zehn Jahren sollten die Gebiete restlos »eingedeutscht« sein, was nichts anderes hieß, als dass 7,8 Millionen Polen und etwa 700 000 Juden deportiert und durch »Volksdeutsche« aus dem Baltikum und aus Bessarabien ersetzt werden sollten.[6] Bis

Immer neue Flüchtlingsströme erreichten ab Januar 1945 Brandenburg. Wer Glück hatte, entkam den Tieffliegerangriffen.

zum Juni 1941 wurden 1,2 Millionen polnische Bürger aus den neuen Reichsgauen Wartheland und Danzig-Westpreußen vertrieben.[7]

Ein Jahr später, am 22. Juni 1941, die deutsche Wehrmacht hielt mittlerweile weite Teile Europas besetzt, begann der eigentliche Feldzug nach Osten, der Krieg gegen die UdSSR. Wieder mussten Menschen flüchten. Ukrainer, Weissrussen, Russen starben zu Hundertausenden. »Wie es den Russen geht, wie es den Tschechen geht, ist mir total gleichgültig. Ob die anderen Völker in Wohlstand leben oder ob sie verrecken vor Hunger, das interessiert mich nur insoweit, als wir sie als Sklaven für unsere Kultur brauchen, anders interessiert mich das nicht.«[8] Heinrich Himmlers Ansicht haben vermutlich nicht alle Deutschen gekannt und sicher nicht alle Deutschen geteilt. Aber dass sie als ein »Volk ohne Raum« Anrecht auf neues Land im Osten hätten, dass die Deutschen »Herrenmenschen« wären, denen andere Völker zu dienen hätten, wurde im Dritten Reich in der Schule gelehrt.

Die deutschen Truppen kamen 1941 bis kurz vor Moskau. 1943, in Stalingrad, setzte die Wende ein. Auf dem Rückzug hinterließ die Wehrmacht »verbrannte Erde«; laut Befehl Hitlers durfte »kein Mensch, kein Vieh, kein Zentner Getreide, keine Eisenbahnschiene« dem nachrückenden Feind in die Hände fallen. Noch im August 1944 phantasierte Heinrich Himmler über zukünftige Pläne im Osten: »Über das Problem, daß wir die Hunderttausende von Quadratkilometer oder die Millionen Quadratkilometer, die wir verloren haben, im Osten wieder holen, brauchen wir uns überhaupt gar nicht zu unterhalten. Das ist selbstverständlich. Das Programm ist unverrückbar. Es ist unverrückbar, daß wir die Volkstumsgrenze um 500 km herausschieben, daß wir hier siedeln. Es ist unverrückbar, daß wir ein germanisches Reich gründen werden ...«[9] Zur gleichen Zeit wurden in Ostpreußen Frauen, Kinder und Männer über 65 Jahre zu Schanzarbeiten für den so genannten »Ostwall« herangezogen: Panzergräben und Bunkeranlagen, die für jeden Feind unüber-

windbar sein sollten. Jugendliche und Greise bildeten das letzte Aufgebot, den Volkssturm. Seit Juli 1944 strömten die ersten Flüchtlinge nach Ostpreußen, Memeldeutsche, die vor der heranrückenden Front ins »sichere Reich« evakuiert wurden.

»Nun stürmen die deutschen Heere ins russische Land hinein«: Lieder, die im Frühsommer 1941, unterbrochen von ständigen Siegesmeldungen, im Radio zu hören waren, wurden im Herbst 1944 schon lange nicht mehr gesendet. Seit Monaten sprachen die Frontberichte nur noch von »heldenhaften Abwehrkämpfen«, die von Goebbels beschworenen Wunder, die den Krieg noch einmal wenden sollten, blieben aus. Am 19. Oktober 1944 überschritten die ersten Panzerspitzen der Roten Armee die Grenze zu Ostpreußen und eroberten die Stadt Goldap.[10] Damit kehrte der Krieg in das Land zurück, von dem er fünf Jahre zuvor ausgegangen war. Die Ängste der deutschen Bevölkerung vor der Roten Armee, vor Rache und Vergeltung, bedurften keiner Propagandainszenierungen. »Die Russen kommen, nichts wie weg«, dieser Satz sollte nun für die letzten Kriegsmonate das Leben von Millionen Deutschen beherrschen.

Im Oktober 1944 hatten die ersten sowjetischen Panzer die deutsche Grenze erreicht.

Auf der Flucht

Von Flüchtlingstrecks verstopfte Straßen stellten für die deutsche Wehrmacht bei ihrem Versuch, die Truppen der Roten Armee aufzuhalten, eine schwere Beeinträchtigung dar. Trotz Weisungen für die Ziviltrecks kam es im Winter 1944/45 immer wieder zu Chaos auf den vereisten Landstraßen.

Schon im September 1944 waren Evakuierungspläne für die Flucht vor den heranrückenden sowjetischen Truppen ausgearbeitet worden, doch ihre Handhabung war unterschiedlich. Die harte Linie des ostpreußischen Gauleiters Erich Koch zwang Hunderttausende zum sinnlosen Durchhalten. Viele Menschen hatten in der trügerischen Hoffnung gelebt, dass die Russen, die »Untermenschen« mit ihrer »primitiven Kriegstechnik«, niemals deutschen Boden betreten könnten. Bekanntlich kam es anders. Die sowjetischen Truppen überschritten die Grenze. Viele grenznahe Ortschaften, die von der deutschen Wehrmacht Tage nach dem Angriff der Roten Armee im Oktober noch einmal zurückerobert wurden, boten ein schreckliches Bild. Synonym für diesen Schrecken wurde Nemmersdorf, ein kleiner, bis dahin unbekannter Ort in Ostpreußen. Augenzeugen berichteten, dass »... die Zivilbevölkerung – zum Teil unter Martern, wie Annageln an Scheunentore – durch russische Soldaten erschossen wurde. Ein große Anzahl von Frauen wurde vorher vergewaltigt.«[11] Am 7. November 1944 berichtete der in Genf er

scheinende »Courrier«: »Die Lage ist nicht nur durch die erbitterten Kämpfe der regulären Truppen ... gekennzeichnet, sondern leider auch durch die allzu bekannten Methoden der Kriegsführung: Verstümmelung und Hinrichtung von Gefangenen und die fast vollständige Ausrottung der deutschen bäuerlichen Bevölkerung.« Über die Anzahl der Opfer in Nemmersdorf gibt es verschiedene Aussagen, zwischen 50 und 80 Menschen[12], unter ihnen auch Kinder sollen umgekommen sein. Die Ereignisse wurden in der »Deutschen Wochenschau« ausgiebig kommentiert und dazu benutzt, verstärkt an jeden einzelnen Soldaten und Angehörigen des »Volkssturms« zu appellieren, »im Angesicht der erschlagenen Kinder und geschändeten Frauen« den Feind nicht nur aufzuhalten, sondern ihn zurückzudrängen und endgültig zu vernichten. Doch dieser Feind war nicht mehr aufzuhalten und die Meldungen und Berichte über den Einmarsch der Roten Armee in Ostpreußen lösten bei vielen Deutschen eher die Bereitschaft zur Flucht aus.

»Es gibt kaum ein erziehenderes Schauspiel als eine brennende feindliche Stadt. Man sucht in seiner Seele nach Gefühlen, das dem Mitleid ähnlich wäre, doch man findet es nicht ... Brenne, Deutschland, du hast es nicht besser verdient. Ich will und werde dir nichts von dem verzeihen, was uns angetan wurde durch dich ... Brenne, verfluchtes Deutschland.« Sätze aus einer sowjetischen Frontzeitung vom Januar 1945 über die Eroberung der Stadt Insterburg.[13] Nach Weihnachten 1944 läutete die Rote Armee ihre nächste große Offensive ein. Ihr zeitweiliges Zurückdrängen erwies sich als Pyrrhussieg der deutschen Wehrmacht. Die Massenflucht setzte schon vorher ein, bald nach den Ereignissen von Nemmersdorf wurde ein großer Teil der ostpreußischen Städte evakuiert, die Menschen in Auffanglagern untergebracht. Horst B. machte sich Tage nach der Flucht noch einmal auf den Weg in seine Heimatstadt Angerapp: »Die ganze Stadt war tot. Leer und tot. Das war ein furchtbares Gefühl. Man trifft keinen Menschen. Das war das Grauenvollste, die Stadt, wo du deine Kindheit und Jugend verbracht hast, wo noch vor Wochen alles einigermaßen normal ablief, war plötzlich eine Stadt ohne Menschen. Nur in der Kaserne lagen noch Verwundete und die abge-kämpfte Truppe. Wir haben dann das Notdürf-tigste eingepackt in Laken und sind zurück in das Auffanglager, alle dachten, bald wieder zu Hause zu sein. Viele Ältere erinnerten sich an den Ersten Weltkrieg, wo die Russen auch Ost-preußen eroberten, dann doch zurückgeschlagen wurden. Aber dieses Nachdenken war alles zwecklos, war alles umsonst, wir hätten gleich weiter flüchten sollen.«[14]

Viele versuchten, zur Hafenstadt Pillau oder zur Kurischen Nehrung zu trecken, hofften, von hier weiter per Schiff Richtung Swinemünde, Rügen oder nach Dänemark evakuiert zu wer-den. Ein mörderischer Weg, obwohl nur 24 Kilo-meter lang, war die Flucht über das eisbedeckte Frische Haff Richtung Danziger Bucht. Säuglinge und alte Menschen erfroren. Russische Tiefflie-ger griffen wieder und wieder an, bombardierten das Eis, und viele Gespanne versanken im Was-ser. »Wir wollten bis Pillau und von dort zum Verschiffen (...) Dann kam eine stockfinstere, grausige Nacht, dauernd Bordwaffenbeschuß. Die Geschosse und Eisstücke krachten auf dem Blechdach des Wagens. Schießen, Schreien und Gekreische durchbrach die Stille der Nacht. (...) Es war sich jeder selbst der Nächste, um so schnell wie möglich das brüchige Eis verlassen zu können. Im Augenblick hatte der Beschuß auch etwas nachgelassen. Im Morgengrauen kam nun erst der fürchterlichste Anblick: Lei-chen über Leichen, Menschen und Pferde. Oft stachen nur noch Wagendeichseln aus dem Eis, der Tod hatte reiche Ernte gehalten«, schildert ein Flüchtling seinen Weg über das Frische Haff.[15]

Gut eine halbe Million Flüchtlinge[16] erreich-te die Küste, war aber noch lange nicht in Si-cherheit. Annähernd 500 Seefahrzeuge, Han-delsschiffe, Schlepper, Kriegsschiffe, brachten vom Januar bis Mai 1945 mehr als 2 Millionen Menschen über die Ostsee.[17] Auch die Flucht über die See kostete tausende Opfer. Die be-

Um Heimat und Ehre, um Frau und Kind, um Leben und Zukunft!

Pommern kämpft mit leiden-schaftlicher Entschlossenheit

Zwei Offensiven des Feindes in unserem Gau - 72 bolschewistische Panzer vernichtet, Betriebsstoff- und Munitionslager in die Luft gesprengt - Jeder Kämpfer ist gewillt, seinen Mann zu stehen und die Heimat vor den viehischen Horden des Ostens zu retten, denn er weiß, daß es diesmal um alles geht!

kannteste Tragödie ist die des Flagschiffs der »Kraft durch Freude«-Flotte, der »Wilhelm Gust-loff«. Sie wurde am 30. Januar 1945 durch ein sowjetisches U-Boot versenkt, von den mehr als 6 000 Menschen an Bord, die meisten von ihnen Flüchtlinge, konnten nur 838 gerettet werden.[18]

Anfang 1945 rückte die Rote Armee auf brei-ter Front nach Westen vor, zog in Pommern und Schlesien ein. Man begann Breslau zu evakuie-ren, viele Menschen verließen zu Fuß die schle-sische Hauptstadt: »In meinem Rucksack das Notwendigste, auf dem Leibe Unterwäsche und Kleider, soviel ich anziehen konnte, ein paar Stiefel an den Füßen, in einer großen Handta-sche ein gekochtes Huhn und Eßbares für die nächsten Tage, so trat ich meine Flucht an (...) Es war eisiges sonnenklares Winterwetter und 16 Grad Kälte (...) Wie eine Karawane zogen die Flüchtlinge, wie eine schwarze Schlange im leuchtend weißen Schnee.«[19] Viel Zeit blieb den Breslauern nicht zur Flucht, Mitte Februar war die Stadt bereits eingeschlossen, in ihr 200 000 Zivilpersonen. 40 000 von ihnen starben bis zur Kapitulation von Breslau am 7. Mai 1945.[20] An-dere schlesische Städte überrollte die Front. Von den Ereignissen in Grünberg gab der katholische Pfarrer Georg Gottwald zu Protokoll: »Die Stadt

Durchhalteparolen: Titel-seite der »Pommerschen Zeitung« vom 3./4. März 1945.

deutscher Wehrmacht, ununterbrochen strömten Flüchtlingstrecks Richtung Westen und Mi-
litärkolonnen Richtung Osten. Wir Pimpfe wurden an den Straßenkreuzungen eingesetzt, um
Auskunft zu geben, wohin welche Straßen führten. Das war alles ein vollkommen unwirkliches
Bild, kaum fassbar, vor allem, dass Deutsche vor
Russen fliehen mussten.«[22]

Gisela K. war zehn Jahre alt, als ihre Familie
aus Angst vor der heranrückenden Roten Armee
ihren Niederlausitzer Heimatort für immer verließ: »Am 29. Januar kam der Bürgermeister und
gab bekannt, dass die russischen Panzerspitzen
an der Kreisgrenze Züllichau-Schwiebus sind, 30
Kilometer von uns entfernt. Wir hatten einen
Traktor mit einem Gummiwagen, da haben wir
dann, als Schutz vor der ungeheuren Kälte, unseren Teppich als Plane rübergespannt, es war ja
1944/45 ein ganz harter Winter. Unsere Nachbarin sagte noch, wir sollten die Fotoalben mit
einpacken, meine Mutter meinte: ›Was sollen
diese Kinkerlitzchen?‹ Darauf erwiderte die
Nachbarin: ›Ein Stück Seife und ein Handtuch
können wir immer wieder kaufen, nicht aber die
Erinnerungen.‹ Wie recht sie am Ende hatte ...
Als es losging, nahm uns mein Onkel an die
Hand und sagte: ›So, Kinder, schaut's euch noch
einmal an, hier habt ihr mal gewohnt.‹ Meine
Mutter schrie wie wahnsinnig: ›Was redest du,
wir kommen doch alle bald wieder zurück.‹«[23]

hallte bei Tag und Nacht wieder vom Wehge-
schrei der gequälten und vergewaltigten Einwohner. Frauen und Mädchen wurden Freiwild.
In mein Pfarrhaus flüchtete eine große Anzahl
von Mädchen und Frauen, die zwanzig- bis vier-
zigmal an einem Tag in ununterbrochener Rei-
henfolge vergewaltigt worden waren. Lustmorde
wurden mir mehrere gemeldet, ich habe die Lei-
chen gesehen und beerdigt.«[21] Goebbels' be-
schwörende Worte »Nun Volk, steh auf und
Sturm, brich los« verkehrten sich in ihr Gegenteil: ein Volk auf der Flucht, ein Feind, der alles
überrollte.

Immer neue Flüchtlingsströme und nach
ihnen die Front erreichten im Januar 1945 auch
die Grenzen der preußischen Provinz Brandenburg: die Neumark, die Grenzmark und den östlichen Teil der Niederlausitz. »Es setzte ein Grol-
len ein, das von Tag zu Tag stärker wurde, wie ein
mächtiges Gewitter. Der Himmel war rötlich ge-
färbt und man sah es auch blitzen. Einige Tage,
bevor die Front kam, mussten wir noch Gräben
ausschütten, Riesengräben, in die die russischen
Panzer fallen sollten. Die Stadt war belagert von

Manch einer hoffte noch auf den Endsieg, andere sprachen hinter vorgehaltener Hand schon von einem »Ende mit Schrecken«, aber dass Millionen Menschen ihre Heimat verlieren würden, daran glaubte damals niemand. Sorgen um Essen, Gesundheit und ein warmes Nachtquartier, die Angst vor Tiefliegern und Bomben beherrschten den Flüchtlingsalltag. Und alle trieb der Gedanke: weiter Richtung Westen, nur nicht den Russen in die Hände fallen.

Im Chaos von Flucht und näher rückender Front brach auch in Brandenburg zunehmend die staatliche Ordnung zusammen, zumal kleinen und großen NSDAP-Parteiführern das eigene Hemd oft näher war als das Wohl der »Volksgemeinschaft«. Zum anderen gaben die Endsieg-Fanatiker unter ihnen auch hier oft viel zu spät die Erlaubnis zur Flucht. Mancher Aufbruch wurde aus Durchhaltegehorsam (»Wir kapitulieren nie!«) verboten, zusammengestellte Trecks konnten nicht oder erst viel zu spät aufbrechen oder wurden nach kurzer Zeit schon von der Front überrollt. Diese Verzögerungstaktik bedeutete für viele Menschen den Tod. Wer die über ihn hinwegrollende Front überlebte, war in ständiger Angst vor Übergriffen, die Frauen vor Vergewaltigungen, die Männer vor dem Abtransport in sowjetische Lager.[24]

Für die, die rechtzeitig flüchten konnten, ging es im Januar 1945 auf den sich in immer katastrophaleren Zuständen befindlichen Brandenburger Straßen nur schleppend voran. Eis, Schneematsch, Fahrzeugkolonnen der Wehrmacht, zusammenbrechende Pferde, riesige Bombentrichter ... Wer Glück hatte, wurde in Dörfern und Städten mit heißem Malzkaffe oder Tee versorgt, bekam ein warmes Essen oder etwas Schmalz und Brot. Aber es gab auch Zurückweisungen, nicht überall war man bereit, Wohnung, Hof oder die Scheune für eine Nacht zur Verfügung zu stellen, den im fünften Kriegswinter zunehmend spärlich gedeckten Tisch mit den »Durchreisenden« zu teilen. Letzlich blieb es der Entscheidung jedes Einzelnen überlassen, ob und wie er den Flüchtlingen half. Familie B. aus Treppeln, einem kleinen Dorf im damaligen

Kreis Guben, war eine von unzähligen Brandenburger Familien, die gaben, wieder und wieder: »Sie kamen von überall her, aus den Masuren, aus Oppeln, aus Breslau. In unserer Scheune haben sie geschlafen. Die Bauern unter ihnen kamen alle mit Pferdefuhrwerken, den Tieren gaben wir dann Wasser und Heu. Andere zogen nur einen Handwagen oder schoben sich mit ihren beladenen Fahrrädern vorwärts, alles bei einer Hundekälte. Auf den Handwagen sah man oft die Kinder sitzen, eingemummelt und trotzdem zitternd. Ein Bild zum Erbarmen. In unserer Wohnung wurde sogar ein Flüchtlingskind geboren. Eine Arzt oder eine Hebamme konnten wir nicht so schnell holen. Meine Mutter hatte einen Rotkreuzlehrgang mitgemacht und kannte sich aus, was beim Fohlen zu tun ist. Ob Pferd, ob Mensch, das Abbinden der Nabelschnur ist überall gleich. So hat meine Mutter damals eine junge Frau, ich weiß nicht mehr, wo sie herkam, ob aus Schlesien oder dem Warthegau, bei uns in der guten Stube entbunden.«[25]

Ein Flüchtlingskind, in der Mark Brandenburg geboren, Anfang eines der vielen unbekannten Lebenswege in einer wirren Zeit. Andere Lebenswege fanden in der Mark ihr frühes Ende. Heidi T. tat damals als BDM-Mädchen Dienst auf dem Bahnhof in Frankfurt/Oder: »Im Januar 1945 betreute ich auf dem Bahnhof durchreisende Ostflüchtlinge und nahm fast täglich eine andere Familie mit zu uns nach Hause,

Millionen Deutsche waren Anfang 1945 auf der Flucht in Richtung Westen.

damit sie mal eine anständige warme Mahlzeit und ein Bett in einem geheizten Zimmer bekamen ... Meine Eltern waren nicht immer begeistert, aber sie haben mir meine Einquartierung nie verboten. Viele Mütter brachten ihre toten Kinder im Arm bis nach Frankfurt/Oder mit. Meine schlimmste Erinnerung an diese Zeit war, wenn man diesen Müttern ihre Kinder abnahm, um sie zu beerdigen. Unvorstellbare Szenen spielten sich dort ab.«[26] Vermutlich passierten Anfang 1945 bis zu 300 000 Flüchtlinge die alte Universitätsstadt an der Oder. Bald darauf stand die Rote Armee vor ihren Toren. Frankfurt wurde zur Festung erklärt. Die Frankfurter ereilte nun das gleiche Schicksal wie die Flüchtlinge, sie mussten ihre vertraute Umgebung, ihre Wohnungen verlassen. Wenige Wochen später glich ihre Stadt, die bis dahin von Kriegszerstörungen verschont geblieben war, einem Trümmerfeld.

Als in Cottbus am 20. Januar 1945 der erste, fast 60 Pferdefuhrwerke umfassende Flüchtlingstreck aus Schlesien eintraf und fast zwei Tage auf dem Berliner Platz kampierte, halfen viele Cottbuser, die offensichtliche Not zu lindern. Die Pferde wurden gefüttert und zum Teil neu beschlagen, ein großer Bottich mit Tee zum Platz getragen. Nur wenige Tage darauf war die Stadt so von Flüchtlingen überfüllt, dass eine organisierte Hilfe nicht mehr möglich schien: »Die Menschen umlagern die zur Abfahrt nach Westen bereitgestellten Züge. (...) Sie liegen auf den Wagendächern und den beladenen Kohlewagen und hängen sich an die Trittbretter der Wagen oder hervortretenden Teile der Lok an. Auf Sicherheit kann keine Rücksicht genommen werden ... Kranke und Sterbende liegen ... auf den zerstörten Bahnsteigen oder in den Ruinen der Bahnhofsgebäude. Die Toten werden ohne Sarg neben den Gleisen beerdigt.«[27] Cottbus wurde nach dem Evakuierungsbefehl des Gauleiters Karl Handke aus Niederschlesien zu einem Anlaufpunkt für Trecks und Züge, zur Schleuse auf dem Weg Richtung Westen. Ein scheinbar sicherer Ort, von Fliegerangriffen weitgehend verschont, so wie viele Brandenburger Städte bis kurz vor Kriegsende. Doch am 15. Februar, zwei Tage, nachdem Tausende Flüchtlinge bei der Bombardierung Dresdens gestorben waren, wurde auch Cottbus Ziel anglo-amerikanischer Bomberverbände. Einer der verlustreichsten Luftangriffe auf das Land Brandenburg zerstörte die über 700 Jahre alte Stadt schwer und führte zu zahlreichen Opfern unter Einheimischen und Flüchtlingen. Wie viele Flüchtlinge in der Lausitzer Metropole wirklich starben, ist bis heute unbekannt. Ihre Zahl wird auf über 2 000 geschätzt.[28]

Am 31. Januar 1945 überquerten sowjetische Truppen die Oder bei Frankfurt und Küstrin. Der Kampf um Berlin begann. 2,2 Millionen Rotarmisten mit 35 000 Geschützen und Granatwerfern und über 7 000 Panzern waren ange-

▷
Gefallen ... »für Führer, Volk und Vaterland«.

▷▷
165 Kilometer bis Berlin. Sowjetische Truppen auf dem Vormarsch.

treten, die Reichshauptstadt zu nehmen. Ein Weg von den Seelower Höhen, wo allein 12 000 deutsche und 33 000 sowjetische und polnische Soldaten den Tod fanden, bis zur Reichskanzlei. Die folgenden drei Monate brachten Berlin und Brandenburg die schwersten Zerstörungen des fünfjährigen Krieges. Drei Monate, in denen auch die Odyssee der Millionen Flüchtlinge auf den Brandenburger Straßen weiterging. »Plötzlich kam wieder ein Schwarm sowjetischer Bomber an, begleitet von Jagdflugzeugen. Alle sprangen von den Wagen, die Soldaten und wir, die Flüchtlinge. Die Jagdflugzeuge flogen direkt die Straße entlang, im Tiefflug, und dann reingeballert. Das gab ein furchbares Gemetzel. Ich hörte über mich hinweg wirklich die Kugeln pfeifen, garbenweise. Da war nur noch Angst.

Als ich aufsah, brannte alles, tote Pferde und tote Menschen.«[29] Nur Tage später war der Krieg vorbei. Die Ungewissheit um ihr Schicksal aber sollte für die meisten noch lange nicht zu Ende sein.

Auf dem Weg in eine ungewisse Zukunft: Ankunft in Brandenburg.

Wilde Vertreibungen

8. Mai 1945, Frieden. Schätzungsweise 5 Millionen Deutsche[30] lebten zu diesem Zeitpunkt an einem Ort, der nicht ihr Zuhause war, hunderte oder nur wenige Kilometer davon entfernt, je nachdem, wie weit sie hatten flüchten können oder müssen, je nachdem, wo sie der Frieden überraschte. Schon kurz vor und bald nach dem Ende des Krieges machte sich ein Teil der Flüchtlinge auf den Weg zurück in die verwaiste Heimat. Bis zum Juli 1945 kehrten 1 125 000 Menschen wieder in ihre alten Wohnorte zurück.[31] Viele waren Wochen dahin unterwegs, andere brauchten nur Tage.

Es war Frühling in Deutschland. Tote Tiere lagen auf den Feldern und Wegen, zerschossene Kübel und ausgebrannte Panzer, an den Bäumen oder Telegrafenmasten hingen noch ermordete Soldaten mit einem Schild auf der Brust: »Vaterlandsverräter« oder »Wegen Feigheit vor dem Feinde« stand darauf. Die Zurückkehrenden kamen vorbei an zerstörten Höfen und Kirchen, rochen die Brandluft der bombardierten Städte. Sie ahnten, wie es zu Hause aussehen würde, dass vielleicht nichts mehr so war wie in dem Augenblick, als sie die Heimat verlassen hatten. Doch niemand ging in diesen Tagen davon aus, dass die Gebiete östlich von Oder und Neiße für Deutschland bereits verloren waren, verspielt schon lange vor dem Zusammenbruch des »Tausendjährigen Reiches«.

Als die Rückkehrer ihre Heimatorte erreichten, fanden sie ihre Wohnungen durchwühlt, teilweise zerstört oder völlig ausgebrannt, die Kartoffelmieten auf dem Land vielleicht geplündert, die Fahrräder gestohlen. In manchem Haus war russisches Militär einquartiert. Aber was zählte, war, dass man wieder zu Hause war. Eine gravierende Veränderung fiel auf, neben sowjetischen Soldaten und Offizieren sah man überall polnische Uniformen von Miliz und Militär. Auf den Straßen Pferdewagen mit polnischen Familien, in etlichen Dörfern waren schon Höfe von ihnen belegt. Stalin hatte bereits

Findelkind auf dem Weg nach Spremberg.

im Februar 1945 der von ihm geförderten provisorischen polnischen Regierung grünes Licht dafür gegeben, auf den bis zur Oder-Neiße von der Roten Armee eroberten deutschen Gebieten eine polnische Verwaltung einzusetzten. Schon im März 1945 wurden so die fünf neuen Woiwodschaften Masuren, Pommern, Oberschlesien, Niederschlesien und Danzig geschaffen.[32] Die neue polnische Regierung betrachtete die deutschen Ostgebiete als die von Stalin versprochenen polnischen Westgebiete und versuchte, möglichst viele Polen, die seit dem Hitler-Stalin-

Pakt selbst als Vertriebene in Zentralpolen lebten, in die neuen Woiwodschaften zu schleusen. Ein gezielter Akt, wie ein Regierungsschreiben an das ZK der Polnischen Arbeiterpartei vom 15. Mai 1945 beweist: »Von der Fähigkeit, die Westgebiete zu besiedeln und zu bewirtschaften, wird nicht nur die Beurteilung der organisatorischen Begabung der polnischen Nation im Ausland abhängen, sondern auch in hohem Maße die Bewahrung und Sicherung der westlichen Grenze.«[33]

Ab Mitte Mai 1945 dann kamen viele der deutschen Flüchtlinge, die sich aus ihren Notquartieren in Brandenburg, Berlin oder Sachsen auf den Rückweg machten, nicht mehr über Oder und Neiße. Polnische Militär- und Milizeinheiten sperrten die Übergänge und ließen die Heimkehrer nicht das östliche Ufer erreichen. Zur Begründung hieß es, dass Deutsche im neuen Polen, das ab jetzt an Oder und Neiße begänne, nichts mehr zu suchen hätten. Ihr Eigentum sei beschlagnahmt und in ihren Häusern und auf ihren Höfen lebten jetzt polnische Bürger. Die es trotzdem schafften, ihr Zuhause zu erreichen, kamen kaum dazu, sich wieder einzurichten.

Für Willi B., der als Kind einer Bauernfamilie in Libichau in der Neumark geboren wurde, stand immer fest, dass er einmal den Hof seines Vaters übernehmen würde. Bevor die Rote Armee im März 1945 Libichau einnahm, flüchtete die Familie, kehrte aber nur Wochen später wieder in ihr Dorf zurück. Die Felder mussten bestellt werden, das Leben, so hofften die B.s, sollte nach Krieg und Flucht endlich wieder in normale Bahnen kommen. Eine Hoffnung, die nur kurz anhielt, bis zum 24. Juni 1945: »Wir saßen gerade beim Mittagessen, da kamen ein paar Polen in die Küche: In zehn Minuten sind alle Deutschen raus aus Libichau. Uns ist das Mittagessen im Halse stecken geblieben. Raus? Wohin? Was einpacken? Da haben wir die Mistkarre genommen und ein paar Säcke mit Sachen drauf. Auf dem Dorfplatz war das Sammellager und dann wurden wir einfach rausgetrieben, Richtung Oder, alles unter Bewachung. An der Oder

sagten die polnischen Soldaten: ›Da drüben seid ihr Deutsche in Deutschland, da könnt ihr machen, was ihr wollt.‹«[34]

Willi B. verließ ein zweites Mal seine Heimat, diesmal für immer. Viele andere Deutsche, die während des Krieges nicht vor der Roten Armee hatten fliehen wollen oder es nicht mehr geschafft hatten zu fliehen, alle, die in Pommern, in Schlesien oder in der Neumark in ihren Heimatorten geblieben waren – etwa 4,4 Millionen Menschen, 46 Prozent der Gesamtbevölkerung – wurden ebenso von der Vertreibungsorder überrascht wie die Zurückgekehrten. Diese ersten Vertreibungsaktionen wurden ohne Vorankündigung und mit aller Härte durchgeführt; von den Historikern werden sie heute auch als »wilde« Vertreibungen bezeichnet, da ihnen jede völkerrechtlich-vertragliche Grundlage fehlte. Die polnischen Behörden konzentrierten sich mit ihrer Aktion auf einzelne Städte und Dörfer und dabei besonders auf den heutigen grenznahen Raum. Die Vorgehensweise ähnelte sich überall: kurze, überraschende Bekanntmachung, Sammeln auf einem zentralen Platz, Abmarsch

Polnische Miliz bewacht die Ausweisung der deutschen Bevölkerung.

Richtung Westen. »Sonderbefehle für die deutsche Bevölkerung« ließen keinen Widerstand zu. Für Bad Salzbrunn, den schlesischen Geburtsort Gerhard Hauptmanns, lautete er:

»Laut Befehl der polnischen Regierung wird befohlen:
1. Am 14. Juli 1945 ab 6 bis 9 Uhr wird eine Umsiedlung der deutschen Bevölkerung stattfinden.
2. Die deutsche Bevölkerung wird in das Gebiet westlich des Flusses Neiße umgesiedelt.
3. Jeder Deutsche darf höchstens 20 kg Reisegepäck mitnehmen.
4. Kein Transport (Wagen, Ochsen, Pferde, Kühe usw.) wird erlaubt.
5. Das ganze lebendige und tote Inventar in unbeschädigtem Zustande bleibt als Eigentum der polnischen Regierung.
6. Die letzte Umsiedlungsfrist läuft am 14. Juli 10 Uhr ab.
7. Nichtausführung des Befehls wird mit schärfsten Strafen verfolgt, einschließlich Waffengebrauch.
8. Auch mit Waffengebrauch wird verhindert Sabotage und Plünderung.
9. Sammelplatz an der Straße Bahnhof Bad-Salzbrunn Adelsbacher Weg in einer Marschkolonne zu 4 Personen. Spitze der Kolonne 20 Meter vor der Ortschaft Adelsbach.
10. Diejenigen Deutschen, die im Besitz der Nichtevakuierungsbescheinigung sind, dürfen die Wohnung mit ihren Angehörigen in der Zeit von 5 bis 14 Uhr nicht verlassen.
11. Alle Wohnungen in der Stadt müssen offen bleiben, die Wohnungs- und Hausschlüssel müssen nach außen gesteckt werden.

Bad Salzbrunn, 14. Juli 1945, 6 Uhr
Abschnittskommandant Zinkowski,
Oberstleutnant«

Die auf diese Befehle hin folgenden Märsche zu Oder oder Neiße fanden unter unwürdigen Bedingungen statt. Man lebte von dem, was auf den Feldern zu finden war. Kranke und Alte, die zusammenbrachen – eine medizinische Versorgung gab es nicht –, mussten oft zurückgelassen

werden. Plünderungen kurz vor dem Grenzübertritt waren fast immer die Regel. Entweder wurde das spärliche Gepäck noch einmal untersucht oder den Ausgewiesenen gleich abgenommen. Es kam auch zu gewaltsamen Übergriffen, vielfach verbunden mit dem Hinweis, sich »nie wieder blicken zu lassen«. Szenen, wie sie Friedrich P. vor der Überquerung der Oder erlebt hat, blieben keine Seltenheit: »Wir sahen die Brücke schon vor uns, da kamen drei Wagen mit Polen angejagt, und wer bisher noch etwas behalten hatte, wurde es nun los. Ich habe sie gebeten, sie möchten mir doch meinen kleinen Koffer lassen, es wäre nur etwas Wäsche, Rasierzeug und eine Kleinigkeit zum Essen darin, ich hielt den Koffer fest. Ein Kolbenschlag warf mich nieder. Ich sah noch, wie die Polen die ganze Kolonne entlangfuhren und sämtliche Koffer raubten. (...) Die Straßen sahen unbeschreiblich aus. Sie waren mit der Habe der Flüchtlinge bedeckt: kaputte Handwagen, Kinderwagen, Schubkarren, Kleidungsstücke am Wegrand.«[35]

Vom 10. Juni bis 10. Juli 1945 vertrieb polnisches Militär in einer gezielten Aktion auf einer Breite von 200 Kilometern östlich der Oder und Lausitzer Neiße Zehntausende Deutsche. Besonders hart war die Situation für einige Brandenburger Dörfer und Städte, die direkt an diesen Flüssen lagen, Forst und Guben beispielsweise. Über 13 500 Gubener mussten am 20. Juni von der eine Hälfte ihrer Stadt, die plötzlich polnisch war und nun Gubin hieß, auf die andere Seite der Stadt, die deutsch blieb. Viele konnten ihre alten Häuser über den Fluss hinweg noch sehen. Das Zentralkomitee der Polnischen Arbeiterpartei formulierte in einer Verlautbarung vom Mai 1945 die Ziele der Aktion an Oder und Neiße: »An der Grenze ist ein Grenzschutz aufzustellen und die Deutschen sind hinauszuwerfen. Denen, die dort sind, sind solche Bedingungen zu schaffen, daß sie nicht dableiben wollen. (...) Der Grundsatz, von dem wir uns leiten lassen sollen, ist die Säuberung des Terrains von den Deutschen und der Aufbau eines Nationalstaates.«[36] Die polnische Regierung ging in ihrer Argumentation so weit, die deutschen Ostgebiete als zurückgewonnenen urslawischen Raum zu bezeichnen. Eine Sichtweise, die über 700 Jahre deutscher Geschichte ignorieren, auslöschen sollte. Der verbliebenen deutschen Bevölkerung wurde rigoros klargemacht, dass alle deutschen Spuren bald verschwinden würden. Auf einem Plakat »An die Bevölkerung Niederschlesiens und der Brandenburger Südgebiete« war zu lesen: »Die urslawischen, von Polen durch den germanischen, imperialistischen Drang abgerissenen Gebiete sind dank dem siegreichen Vordringen der verbündeten Roten Armee sowie der heldenhaften Polnischen Armee für die Heimat zurückgewonnen. (...) Ich fordere die Bevölkerung zur loyalen und restlosen Unterordnung aller Verfügungen der polnischen Verwaltung, sowie zur strikten Befolgung und Ausführung sämtlicher Anordnungen auf. Jeder aktive sowie passive Widerstand wird mit Gewalt gebrochen und die Schuldigen werden nach den Bestimmungen des Kriegsrechts bestraft.«

Die »wilden Vertreibungen«, die nicht nur an Oder und Neiße stattfanden, dienten vor allem dazu, eine Situation zu schaffen, die die betroffenen Ortschaften faktisch zu »von Deutschen nicht mehr bewohnten« Gebieten machte. Bald schon sollte Stalin genau dieses Argument als Trumpfkarte für die von ihm geforderten Grenzverschiebungen am Potsdamer Konferenztisch ausspielen. Auch in Oberschlesien und Danzig wurden Hunderttausende per Befehl der jeweiligen Ordnungsmacht und innerhalb von Stunden gezwungen, ihre angestammte Heimat zu verlassen. Während die meisten Ostbrandenburger in tagelangen Fußmärschen zur Grenze unterwegs waren, setzten die polnischen Behörden in entlegeneren Gebieten auch Transportzüge ein. Diese wurden zwar bewacht, doch die Vertriebenen blieben trotzdem vogelfrei und für vagabundierende Banden eine leichte und willkommene Beute. In einem Bericht über einen Rotkreuztransport, der im Sommer 1945 aus Pommern im Land Brandenburg ankam, heißt es: »Nun wiederholte sich auf jeder Haltestelle folgendes: Sobald der Zug fuhr, sprangen 12 bis

Sonderbefehl
für die deutsche Bevölkerung der Stadt Bad Salzbrunn einschliesslich Ortsteil Sandberg.

Laut Befehl der Polnischen Regierung wird befohlen:

1. Am 14. Juli 1945 ab 6 bis 9 Uhr wird eine Umsiedlung der deutschen Bevölkerung stattfinden.

2. Die deutsche Bevölkerung wird in das Gebiet westlich des Flusses Neisse umgesiedelt.

3. Jeder Deutsche darf höchstens 20 kg Reisegepäck mitnehmen.

4. Kein Transport (Wagen, Ochsen, Pferde, Kühe usw.) wird erlaubt.

5. Das ganze lebendige und tote Inventar in unbeschädigtem Zustande bleibt als Eigentum der Polnischen Regierung.

6. Die letzte Umsiedlungsfrist läuft am 14. Juli 10 Uhr ab.

7. Nichtausführung des Befehls wird mit schärfsten Strafen verfolgt, einschließlich Waffengebrauch.

8. Auch mit Waffengebrauch wird verhindert Sabotage u. Plünderung.

9. Sammelplatz an der Straße Bhf. Bad Salzbrunn-Adelsbacher Weg in einer Marschkolonne zu 4 Personen. Spitze der Kolonne 20 Meter vor der Ortschaft Adelsbach.

10. Diejenigen Deutschen, die im Besitz der Nichtevakuierungsbescheinigungen sind, dürfen die Wohnung mit ihren Angehörigen in der Zeit von 5 bis 14 Uhr nicht verlassen.

11. Alle Wohnungen in der Stadt müssen offen bleiben, die Wohnungs- und Hausschlüssel müssen nach außen gesteckt werden.

Bad Salzbrunn, 14. Juli 1945, 6 Uhr.

Abschnittskommandant
(-) Zinkowski
Oberstleutnant.

15 Polen in unseren Wagen und plünderten. Wenn der Zug hielt, sprangen sie ab und verschwanden. So wurden wir und auch die anderen Insassen der weiteren Wagen immer wieder geplündert, den ganzen Nachmittag hindurch (...) Als das Gepäck fort war, begannen die Banditen damit, Frauen und Männern, die gute Sa-

Bekanntgabe der Aussiedlung der Deutschen aus Salzbrunn. Den Betroffenen blieben drei Stunden bis zum Verlassen ihrer Heimat.

chen anhatten, die Mäntel, Anzüge und Kleider auszuziehen. Ein Teil der Insassen des Wagens hatte nur noch Unterkleider an.«[37]

Nicht nur aus den Gebieten östlich von Oder und Neiße mussten die Deutschen zu Hunderttausenden ihre Heimat verlassen, gleiches vollzog sich auch im Sudetenland, das mit dem Einmarsch der amerikanischen und sowjetischen Truppen wieder unter tschechische Verwaltung gestellt wurde. Der tschechische Exilpräsident Eduard Benés hatte bereits 1941 in London die »restlose Austreibung« der 3,5 Millionen Sudentendeutschen gefordert und sich dafür im Dezember 1943 bei einem Besuch in Moskau von Stalin persönlich Rückendeckung eingeholt. Nun begann dieser Plan mit den »wilden« Vertreibungen Wirklichkeit zu werden.

Zwischen 700 000 und 800 000 Sudetendeutsche[38] sind vor der Konferenz von Potsdam, oftmals unter größten Repressionen, ausgewiesen worden. Selbst internationale Zeitungen verschlossen nicht die Augen vor dem Elend der Menschen. So die Londoner »Daily Mail«, die ihren Lesern ohne Rücksicht auf die durchaus befreundete tschechische Regierung über die Ereignisse am 30. Mai 1945 in Brünn berichtete: »Kurz vor neun Uhr abends marschierte sie (die Tschechische Nationalgarde) durch die Straßen und rief alle deutschen Bürger auf, um neun Uhr vor ihren Häusern zu stehen, ein Gepäckstück in jeder Hand, bereit, die Stadt auf immer zu verlassen. Den Frauen blieben zehn Minuten, die Kinder zu wecken, sie anzuziehen, ein paar Habseligkeiten zusammenzupacken und sich auf die Straße zu stellen. Hier mussten sie allen Schmuck, Uhren, Pelze und Geld den Nationalgardisten ausliefern, bis auf den Ehering, dann wurden sie mit vorgehaltenen Gewehren in Marsch gesetzt ... «[39]

Die Bilder glichen sich, ob im Sudetenland, in Pommern oder Ostbrandenburg. Meist wurden ganze Dörfer und in den Städten ganze Straßenzüge ausgesiedelt, in hunderten von Orten, ohne Vorankündigung, ohne völkerrechtliche Vereinbarungen, ohne juristischen Beistand. Das Gefühl der Vertriebenen war überall gleich:

»Man hat uns einfach aus der Heimat rausgeschmissen. Als wir dann losgingen, rechts und links von Polen begleitet wie Gefangene, und über die Neiße mußten, da bekam ich ein ganz flaues Gefühl. Also, einer hat den anderen getröstet, wir hatten ja alle das gleiche Schicksal. Dann hieß es einfach nur, wir müssen in ein Dorf zwischen Cottbus und Frankfurt.«[40] Wie Charlotte N. erging es schätzungsweise einer Million Deutschen im Sommer 1945.

Überrascht von den Vertreibungsaktionen wurden auch die Menschen westlich von Oder und Neiße. Viele Dörfer und Städte Brandenburgs füllten sich nur wenige Monate nach den durchziehenden Flüchtlingstrecks wieder mit heimatlosen Menschen, die mit dem Nötigsten versorgt werden mussten und ein Dach über dem Kopf benötigten. Familie B. aus Treppeln, einem Dorf in der Nähe von Neuzelle: »Die sind alle über Nacht am frühen Morgen hier angekommen, wir dachten, was ist denn nun los. Das Dorf stand voller Kinderwagen und Handwagen, voller Karren. Was wollten die nun alle hier, wir hatten doch auch nichts mehr. Dann ging der Bürgermeister von Haus zu Haus: ›Du nimmst die Familie, du nimmst diese Familie und du nimmst die jetzt auf.‹ Das war wie ein Befehl. Hier in unserer Stube schliefen fünf Menschen. Es war nicht das Einfachste, so zusammenzuleben. Wir haben gedacht, das wird nur vorübergehend sein, dann werden die Oberen sich darüber unterhalten und alle können wieder zurück.«[41]

Die Potsdamer Konferenz

Vom 15. bis 17. Juli 1945 fuhr einer der wohl bestgesichertsten Züge der Weltgeschichte von Moskau nach Potsdam-Hauptbahnhof. Auf jedem Kilometer Eisenbahnstrecke standen sechs bis 15 Mann Posten, über eine Entfernung von immerhin 1923 Kilometern. Über 17 000 sowjetische Sicherheitskräfte waren im Einsatz, Geheimdienstchef Berija persönlich leitete das Unternehmen. Von Brest bis zur ehemaligen preußischen Residenzstadt wurde für diese Fahrt eigens ein neues Gleisbett für russische Breitbandschienen verlegt. Der Zug bestand aus drei Salon- und acht Schlafwagen. Dass Stalin auf Schienen zum Siegertreffen nach Deutschland fuhr, hatte einen einfachen Grund: Er litt unter Flugangst. Truman, der frischgebackene neue Präsident der USA und zukünftige Gegenspieler Stalins, machte sich per Schiff, mit einem Kreuzer namens «Augusta», auf den Weg von Amerika nach Europa. Churchill, als Vertreter der Luftmacht, die die Deutschen mit ihrer Bomberflotte das Fürchten gelehrt hatte, landete, aus dem Urlaub in Frankreich kommend, mit einer Skymaster am 15. Juli auf dem Flughafen Berlin-Gatow. Während sich Truman und Churchill die zerstörte Reichshauptstadt ansahen, die seit dem 10. Juni in vier Sektoren aufgeteilt war, saß Stalin noch im Zug. Er ließ seine Gegenspieler warten, fuhr durch die polnischen und deutschen Gebiete, die bald auf dem runden Tisch von Cecilienhof zur Diskussion standen und in denen sich gewaltige Menschenströme Richtung Westen bewegten: polnische ehemalige Vertriebene aus der Ukraine oder Westgalizien auf dem Weg nach Pommern, Schlesien oder Ostbrandenburg, von dort vertriebene Deutsche auf dem Weg nach Mecklenburg, Brandenburg, Berlin oder Sachsen.

Schon gut anderthalb Jahre zuvor, Ende 1943 in Teheran, war eine territoriale Neuordnung Europas beim Treffen zwischen Stalin, Roosevelt und Churchill konkret zur Sprache gekommen. Mit der Aufteilung Polens durch den Hitler-Stalin-Pakt hatte sich die Sowjetunion große ehe-

malige polnische Gebiete einverleibt. Nun, als zukünftige Siegermacht, stand eine Revidierung dieser Gebietszuwächse für Stalin nicht zur Debatte. In verschiedenen Äußerungen, insbesondere gegenüber Winston Churchill, der damals dem sowjetischen Staatsoberhaupt und dessen Plänen durchaus positiv gegenüberstand, beharrte Stalin mit aller Macht darauf, dass das ehemalige Ostpolen zum Gebiet der Sowjetunion gehöre. Damit aber war klar, dass, wenn es nach dem Krieg ein neues Polen geben sollte, Deutschland dafür Tribut zollen müsste. Großbritannien und die USA erklärten sich schon in Teheran enverstanden, dass die Sowjetunion die 1939 im Baltikum und in Ostpolen besetzten Gebiete behalten könnte und Polen sich auf Kosten Deuschlands nach Westen bis zur Oder-Neiße-Linie verschieben würde. Bereits vor dem nächsten Treffen der «Großen Drei», vor der Konferenz von Jalta im Februar 1945, meldete die polnische Exilregierung Ansprüche auf größere deutsche Gebiete an.[42] Der tschechische Exilpräsident Benés pochte wiederholt auf eine Ausweisung aller Deutschen aus dem Sudetengebiet. Sein Hauptargument war, dass mit dieser Maßnahme in der seit Jahrzehnten krisenreichen Region ein neuer Ruhepunkt in Europa geschaffen werden könnte.

All diese Forderungen, Erwartungen und Vorschläge waren den Staatsmännern bekannt, die

Winston Churchill trifft auf dem Flughafen Berlin-Gatow ein.

sich in Potsdam trafen, in der deutschen Stadt, in der am 21. März 1933 der greise Feldmarschall Hindenburg in der Garnisonkirche Adolf Hitler symbolisch die Macht übergeben hatte. Hier nun sollte über das Schicksal der Deutschen verhandelt und entschieden werden. Die Konferenz im Schloss Cecilienhof begann am 17. Juli um 17 Uhr. Mit der Übereignung der alten ostpreußischen Hauptstadt Königsberg an die UdSSR, ein Wunsch, den Stalin schon bei der Konferenz in Teheran geäußert hatte, hatten die Amerikaner und Briten keine Probleme, auch nicht mit der Ausweisung der Sudetendeutschen. Die ersten kontroversen Diskussionen gab es über die neue polnische Westgrenze. Die unterschiedlichen Standpunkte in dieser Frage traten am zweiten Konferenztag noch deutlicher hervor; insbesondere Churchill, der sich plötzlich fast zu einem Fürsprecher für die Deutschen machte, wies darauf hin, dass eine Verschiebung der Grenze hin zu Oder und Neiße bedeuten würde, über das Leben von acht bis neun Millionen Deutschen zu verfügen. Stalin setzte auf die Politik der vollendeten Fakten. Er erklärte, dass aus den Ostgebieten Deutschlands fast die gesamte deutsche Bevölkerung aufgrund der Kriegshandlungen geflüchtet sei. Kein Wort über die seit Juni massiven Vertreibungen. Der Generalissimus schlug vor, polnische Regierungsvertreter einzuladen und ihre Meinung zu hören. Dem wurde stattgegegeben, und die Vertreter Polens behaupteten entgegen allen Tatsachen, dass nur noch wenige Deutsche, etwa eine bis anderthalb Millionen, in den von Polen beanspruchten Gebieten leben; diese müssten, so verlangten die Polen, nach Restdeutschland umgesiedelt werden. Churchill hielt dagegen, dass er an diese Zahlen nicht glaube, dass es für Polen nicht gut sei, «soviel deutsches Gebiet zu übernehmen», und dass die Umsiedlung von Millionen Menschen eine «schwere moralische Verantwortung» für alle Siegermächte bedeute. Der britische Premier fürchtete, dass der Hass der Deutschen auf die Polen durch die Vertreibungen so groß werden könnte, dass sich auch eine bürgerliche polnische Regierung mit Haut und Haar an die Sowjetunion binden würde, um sich vor einer möglichen neuen deutschen Bedrohung geschützt zu fühlen. Doch Churchills Tage in Potsdam waren gezählt, am 25. Juli verließ er Cecilienhof. Die Briten hatten ihn während der Konferenz als Premierminister abgewählt. Sein Nachfolger Attlee spielte im weiteren Verlauf der Verhandlungen nur eine blasse Rolle, Großbritannien war fortan nur Staffage für die «Großen Zwei», Stalin und Truman. Den US-Präsidenten erreichte während der Verhandlungen die Nachricht über den ersten erfolgreichen amerikanischen Atombombenversuch in der Wüste von Nevada. Im Gefühl der Überlegenheit versuchte

Josef Stalin in der Pose des Siegers.

Harry S. Truman, Stalins Gegenspieler.

Truman, die Konferenz auch in der Frage der Oder-Neiße-Grenze zu einem erfolgreichen Abschluss zu bringen. So unterbreitete die amerikanische Delegation den Kompromissvorschlag, den ebenfalls strittigen Reparationsplan mit der Grenzfrage zu verknüpfen. Stalin fand sich bereit, auf feste Reparationsleistungen zu verzichten und nur 10 Prozent der in den westlichen Zonen anfallenden Reparationen für sich zu beanspruchen.[43] Das war das Zugeständnis dafür, dass man sich am Ende der Konferenz, am 1. August 1945, unter Paragraph XIII. «Odnungsgemässe Umsiedlung der deutschen Bevölkerung« auf die nüchterne, aber für Deutschland schicksalhafte Formel einigte: »Die drei Regierungen haben die Frage unter allen Gesichtspunkten beraten und erkennen an, daß die Umsiedlung der deutschen Bevölkerung oder von Teilen derselben, die in Polen, der Tschechoslowakei und Ungarn zurückgeblieben sind, nach Deutschland durchgeführt werden muß. Sie stimmen darin überein, dass jede derartige Umsiedlung, die stattfinden wird, organisiert und human erfolgen soll. Da der Zustrom einer großen Zahl Deutscher nach Deutschland die Lasten vergrößern wird, die bereits auf den Besatzungsbehörden ruhen, sind sie der Meinung, dass zuerst der Kontrollrat in Deutschland dieses Problem unter besonderer Berücksichtigung der Fragen einer gerechten Aufteilung dieser Deutschen auf alle Besatzungszonen prüfen soll ...«

Die Beschlüsse blieben in vielen Formulierung vage. Was war human? Es wurde nicht gefordert, sondern »ersucht, von weiteren Ausweisungen der deutschen Bevölkerung Abstand zu nehmen, bis die betroffenen Regierungen die Berichte ihrer Vertreter an den Kontrollrat geprüft haben.« Selbst die Grenzfestlegung war nicht als endgültig festgeschrieben worden: »Die drei Regierungschefs bekräftigen ihre Auffassung, daß die endgültige Festlegung der Westgrenze Polens bis zur Friedenskonferenz aufgeschoben werden soll.«[44] Eine Friedenskonferenz allerdings hat es nie gegeben.

Die Konferenz in Potsdam diente bereits dem Ziel, die zukünftigen Einflusssphären der Groß-

mächte abzustecken. Sie war das Ende der Antihitlerkoalition und der Beginn des Kalten Krieges. Der Aufwand für seine Zugfahrt jedenfalls hatte sich für Stalin zumindest in der Polenfrage gelohnt. Als er am 3. August 1945 wieder per Bahn zurück nach Moskau fuhr, hatte er die Hälfte Ostpreußens und die schon 1939 annektierten polnischen Ostgebiete als völkerrechtlich abgesegnetes Staatsgebiet in der Tasche.

Am Ende der Potsdamer Konferenz stand die Festlegung der neuen Grenzen Deutschlands, die die Vertreibung von acht bis neun Millionen Menschen bedeutete.

»Humane« Deportationen?

Mit den Beschlüssen der Potsdamer Konferenz verlor die Mark Brandenburg gut ein Drittel ihres Gebietes. Die Stadttore von Königsberg in der Neumark, heute Chojna, galten als die schönsten der Mark, der Marktplatz in Crossen an der Oder, heute Krosno/Odrzanskie, war ein historisches Kleinod, die Marienkirche in Landsberg, heute Gorzow, einer der imposantesten Sakralbauten Ostbrandenburgs. Über 700 Jahre waren die Landstriche östlich von Oder und Neiße deutsch, davor Jahrhunderte lang slawisch – ein Land um das viel gestritten wurde, ein Grenzland, früher und jetzt. Auf den Rathäusern wehen heute wie seit Jahrhunderten Fahnen, immer noch sieht man einen Adler darauf, aber es ist kein roter, kein Brandenburger Adler. Heute ist er schwarz, es ist der polnische Adler. Den gravierendsten Unterschied zur Zeit vor 1945 entdeckt man heute auf den Friedhö-

fen: Nur selten ist noch ein altes deutsches Grab zu finden. Sie wurden vernichtet oder geschliffen, nichts sollte mehr an die Deutschen erinnern, auch nicht ihre Toten. Stellvertretend für die vielen Namenlosen werden heute Gedenksteine und -kreuze aufgestellt, manchmal auch mit einem Hinweis auf die Zahl der Menschen, die durch Krieg, Flucht und Vertreibung umgekommen sind. Mehr als 257 000 Ostbrandenburger waren das, fast 42 Prozent der einstigen Bevölkerung.

Die Deutschen, die sich im Spätsommer 1945 noch östlich von Oder und Neiße und im Sudetengebiet aufhielten, waren Menschen auf Abruf, ohne staatsbürgerliche Rechte, sie lebten mit der Gewissheit, irgendwann in den nächsten Tagen, Monaten oder Jahren aus ihrer Heimat ausgewiesen zu werden. Sie waren Geduldete auf Zeit. Wie die »wilden« Vertreibungen geendet hatten, begannen nun die »geregelten«, die »humanen« Vertreibungen als Folge der Beschlüsse der Potsdamer Konferenz. In einem Bericht der Besatzungsbehörde und des Umsiedleramtes aus dem Kreis Angermünde, Grenzübergang Scheune, hieß es im Herbst 1945: »Die Umsiedler kamen aus den Provinzen Ostpreußen, Westpreußen, Pommern, Neumark und Polen. Durch eine organisierte Stelle wurden die Umsiedler nicht verpflegt, sondern systematisch ausgeplündert ... sogar den Kleinstkindern zog man die Schuhe von den Füßen. Bis Scheune verloren sie sämtliches Gepäck, aber damit gaben sich die polnischen Banden noch nicht zufrieden. Sie drangen in sämtliche Wagen ein, zogen verschiedene Menschen ganz aus und bearbeiteten dieselben mit Fußtritten und Kolbenhieben. Der Anblick in Scheune war schrecklich. Links und rechts der Strecke lagen zahlreiche zerschlagene Frauen, Männer und Kinder...«[45] Bertrand Russell, der englische Philosoph und spätere Nobelpreisträger, schrieb am 19. Oktober 1945 an die »Times«: »In Osteuropa werden jetzt von unseren Verbündeten Massendeportationen in einem unerhörten Ausmaß durchgeführt, und man hat ganz offensichtlich die Absicht, viele Millionen Deutsche auszulöschen, nicht durch

Gas, sondern dadurch, daß man ihnen ihr Zuhause und ihre Nahrung nimmt und sie einem
langen schmerzhaften Hungertod ausliefert.«[46]

Die Absicht, »Millionen Deutsche auszulöschen«, kann man den Polen nicht unterstellen.
Doch entgegen polnischen Propagandafilmen,
die vor allem zur Beruhigung der westlichen Alliierten und des Vatikans produziert wurden,
gingen die Deportationen von Millionen Menschen keineswegs »human« vor sich. Die Filme
zeigen Deutsche, die stapelweise Brot bekommen, die gründlich von einem Arzt untersucht
werden, sie zeigen Menschen, die gezwungen
werden, in die Kamera zu lächeln. Die Realität
sah anders aus. In den Zügen, mit denen die Vertriebenen abtransportiert wurden, existierte
kaum eine Versorgung mit Nahrungsmitteln,
von einer medizinischen Versorgung war nicht
zu reden, die Waggons waren oftmals ohne sa-
nitäte Einrichtungen und Heizung: »Am Mon-
tagabend wurden sie dann in Güterzüge (Breslau) verladen und mit einer Fahrtdauer bis
heute, Donnerstag Mittag, nach Forst gebracht.
Die Güterzüge wurden von außen verriegelt, so
dass die Flüchtlinge gezwungen waren, in diesen
drei Tagen in den Waggons, die mit 50 Mann
und Gepäck beladen und deshalb überfüllt
waren, zu verbleiben. Zur Verrichtung der Not-
durft mußten sich die Flüchtlinge durch Klopfen
an die Wände bemerkbar machen. In den seltensten Fällen wurde jedoch geöffnet ... Verpflegt sind die Flüchtlinge an keiner Stelle worden. Ihre Bitten um Wasser sind in den meisten
Fällen nicht erhört worden ... Irgendwelche ärztliche Betreuung fehlte bei diesem Flüchtlingstransport vollkommen.«[47]

Von Oktober bis Dezember 1945 kamen so
1 313 Transporte mit 1,6 Millionen Menschen in
der sowjetischen Besatzungszone an oder wurden von hier weiter in den Westen geleitet. Eckehard M. war einer von denen, die nach wochen-
langer Odyssee für immer in Brandenburg blieben: »In die Viehwaggons wurden wir getrieben,
bis wirklich niemand mehr reinging. Es war so
eng, man konnte nicht sitzen. Es gab kein Wasser, nichts zu essen, kein Licht. Die Kinder haben

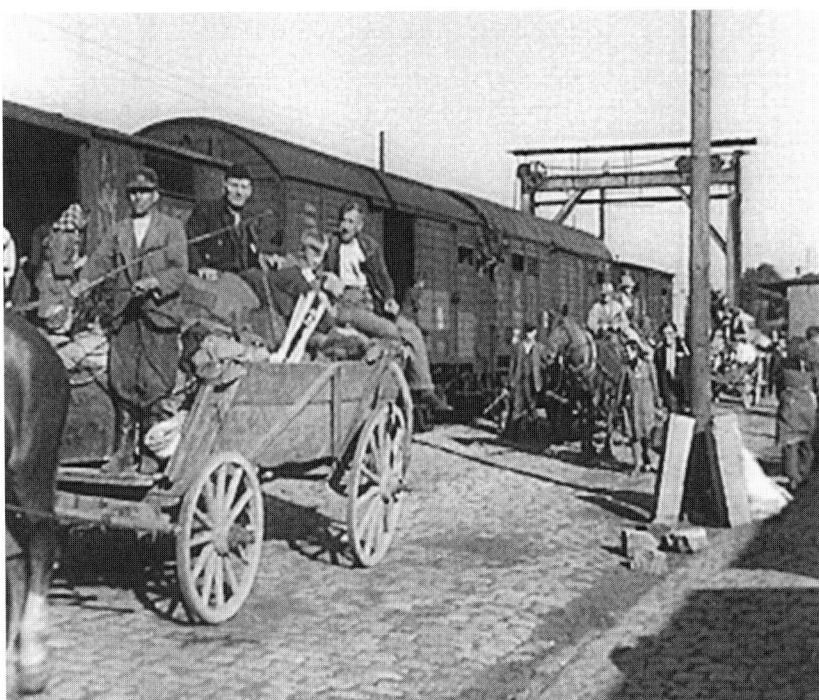

geschrien vor Angst, Hunger und Durst. Mein
Großvater und meine Großmutter sind irre geworden. Dann mußten wir die Waggons verlassen und auf die Gleise gehen. Menschen haben
sich vor die Züge geworfen, sie konnten nicht
mehr anders. Es gab viele Tote. Unser Großvater
ist in diesen Tagen gestorben, verhungert. Wir
konnten ihn nicht richtig beerdigen, wir mussten weiterlaufen. Er blieb an den Schienen liegen, mit einem Schild, auf dem stand sein Name: Albert M. Ich vermute, man hat ihn später
in einem Massengrab beerdigt.«[48]

In den nächsten vier Jahren sollten noch
Tausende von Güterzügen Richtung Oder-Neiße
rollen. Schätzungsweise 5,6 Millionen Deutsche
wurden damals vertrieben. Sie besaßen nichts als
das eigene Leben und im Durchschnitt 40 Kilogramm Gepäck. Am 19. Januar 1946 begannen
die Ausweisungen der Sudetendeutschen, täglich mindestens 3 Züge zu je 1 200 Personen.
Beim Passieren der Grenze lagen Hunderte von
weißen Armbinden neben den Gleisen, die die
Sudetendeutschen zur Identifikation hatten tra-

»Humane« Vertreibung:
Abtransport in Güter-
oder Viehwaggons.

△
Propagandabilder: Ver-
sorgung von Sudeten-
deutschen in einem Inter-
nierungslager bei Karls-
bad/Karlovy Vary.

▷
Propagandabilder: Brot
für den Transport von
Polen nach Deutschland.

gen müssen. Für viele war das eine der größten Belastungen bis zu ihrer Aussiedlung.

Mittlerweile wollte der größte Teil der zurückgebliebenen Deutschen freiwillig, obwohl die Freiwilligkeit nicht zur Disposition stand[49], die Heimat verlassen, die Lebensumstände wurden für viele immer unerträglicher. In einer Anordnung des Danziger Woiwoden vom 20. Januar 1947 über die Kontrolle der deutschen Bevölkerung heißt es: »Personen der deutschen Herkunft dürfen nicht frei ihren Wohnort bzw. ihren vorübergehenden oder dauernden Aufenthaltsort verlassen und in einen anderen Ort umziehen, ohne vorher individuelle Genehmigung bekommen zu haben und die Anmeldepflicht gemäß den Vorschriften über die Einwanderungs- und Bevölkerungserfassung erfüllt zu haben.«[50] Viele wurden bis zu ihrem Abtransport in Arbeitslager eingewiesen, waren sie doch billige und rechtlose Arbeitskräfte. Dazu ein Tagebuch-Bericht über das Leben in einem polnischen Arbeitslager: »Freitag, 9. November

1945: Heute gab es wieder kein Brot, nur Suppe. Ich habe ein unstillbares Verlangen nach Brot, alle meine Gedanken kreisen unablässig um Brot. Heute beim Kartoffelschälen trotz des strengen Verbots und der scharfen Aufsicht rohe Kartoffelscheiben gegessen. (...) Dienstag, 20. November: ... Ich sehe die Männer im Revier nackt bei der Untersuchung: entsetzlich abgemagerte Gestalten mit geschwollenen Füßen, geschwächt von Hunger, Durchfall, großen Furunkeln und Phlegmonen. Die meisten haben weder Decke noch Mantel und nur ein einziges Hemd oder Reste davon ... Beim täglichen Zählappell, bei dem wir stundenlang in der Kälte stehen müssen, ist einer sogar in der Unterhose angetreten, weil er seine letzte Hose gegen Brot weggegeben hat. (...) Mittwoch, 13. Februar: Gestern fünf Mann gestorben. Wir sind 15 Wochen hier. In den ersten 13 Wochen hatten wir ›nur‹ 60 Tote, in den letzten 2 Wochen dagegen waren es 30!«[51]

Über die wirklichen Umstände der Vertreibung und die Behandlung der Deutschen durch die polnischen Behörden durfte in der sowjetischen Besatzungszone nicht berichtet werden. Jede Form der Kritik wurde als Angriff gegen die Potsdamer Beschlüsse und die Sowjetunion gewertet. Und doch gab es gegen die Art und Weise der »humanen« Ausweisungen anfangs zaghafte Appelle an die Öffentlichkeit. Der Schriftsteller

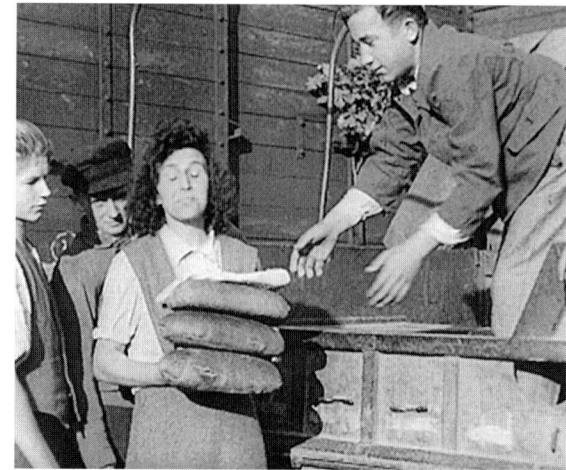

Stephan Hermlin schrieb im Oktober 1945: »Wenn heute die polnische Regierung Millionen von Deutschen aus den besetzten Ostgebieten ausweist, so begreifen die deutschen Antifaschisten diese Maßnahme. Die polnische Nation, die so unsäglich unter dem Nazifaschismus gelitten hat, hat das Recht und die Pflicht zur Sicherung ihrer künftigen Existenz. Aber möge die demokratische Regierung Polens die Form prüfen, in denen die Ausweisung sich vollzieht. Das Massensterben auf den Straßen des Ostens muß aufhören.«[52]

Die Aktenlage zeigt, dass diese Appelle nichts bewirkten. Es finden sich auch in den darauffolgenden Monaten und Jahren eindeutige Schilderungen des erschreckenden Zustands der ankommenden Menschen. Zitiert sei hier ein ärztlicher Bericht aus Brandenburg: »Bei der Generaluntersuchung bot sich bei einem großen Teil der Umsiedler das Bild von Unterernährung mit Ödemen an den Unterschenkeln, Blutunterdruck, Blässe und allgemeine Schwäche. Die Kinder im Pubertätsalter hatten vergrößerte Schilddrüsen, eine Erscheinung, die auch auf Mangelerkrankungen zurückzuführen ist. Die festgestellten Tyerotexihosen gaben übereinstimmend an, daß die für diese Krankheit typischen Syndrome erst im letzten Jahr bei schwerer Arbeit und mangelhafter Ernährung aufgetreten waren. (...) Die Umsiedler gaben

übereinstimmend an, daß seit fast einem Jahr keinerlei ärztliche Behandlung für sie vorhanden war. Daraus erklärt sich, daß unter den Männern des Transports ein großer Teil wegen Leistenbrüchen für schwere Arbeit nicht einsatzfähig ist. Ebenso ist ein großer Teil der Frauen nur bedingt arbeitsfähig, da sie an Herzkrankheiten, Frauenleiden, Magenbeschwerden usw. erkrankt sind.«[53]

Wie viele Menschen an den späten Folgen der erlittenen Entbehrungen bei ihrer Flucht oder Vertreibung gestorben sind, chronische Erkrankungen davontrugen oder lebenslange seelische Schäden, kann nicht einmal geschätzt werden. Auch über die Zahl der Toten, die bei den Ereignissen ihr Leben ließen, gibt es keine verlässlichen Zahlen. Gesprochen wird von 2 111 000 Deutschen aus Ostpreußen, Pommern, Schlesien, Ostbrandenburg, dem Sudetenland, Ungarn, Jugoslawien. Und niemand wusste, was aus den überlebenden Flüchtlingen und Vertriebenen werden sollte. Sie selbst am allerwenigsten.

△

Die Ausreise aus Polen und der Tschechoslowakei erfolgte überwiegend in überfüllten Bahnwaggons.

◁

Vorbereitung auf den Abtransport. Einer Sudetendeutschen wird eine Listennummer angesteckt.

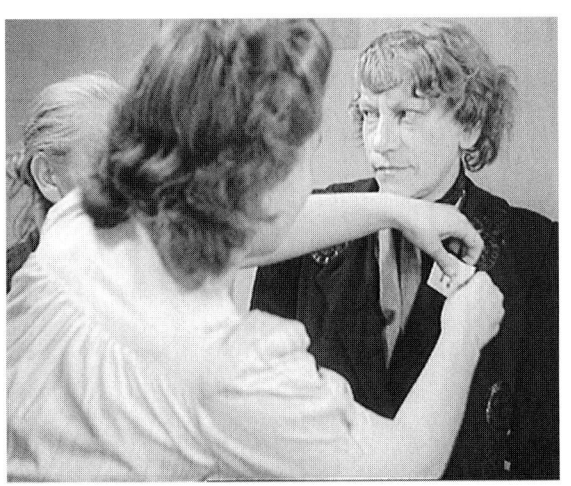

Aus Westpreußen in die Prignitz

Dietrich D.

Geboren bin ich in Westpreußen, in Schloppe, Kreis Deutsch-Krone. Seit 1938 gehörte Deutsch-Krone dann zu Pommern. Weil die Männer im Krieg waren – unser Vater war Soldat, der Onkel war Soldat, der Großvater starb 1942 –, zog meine Mutter auf den elterlichen Hof und hat dort die Wirtschaft geführt. Neudamm in der Neumark, 17 Kilometer von der Oder entfernt, das ist der Ort, wo wir unsere Kindheit verbracht haben, der Ort, an den ich mich besser erinnere als an meinen Geburtsort.

In den letzten Januartagen 1945 beschloss meine Mutter, dass wir flüchten mussten. Die Spitze der Shukow-Armee hatte die Oder erreicht, aber eigentlich wusste niemand genau, wo die Front verlief; deshalb war es schwer, Entscheidungen zu treffen. Offizielle Anweisungen zu flüchten gab es nicht. Wichtige Papiere haben wir mitgenommen, Lebensmittel, Wäsche. Und das Familienalbum, das war umfangreich, die Familie war sehr groß und hat seit Jahrhunderten in Westpreußen und in der Neumark gelebt. Wir dachten, in ein paar Wochen sind wir wieder zu Hause. Wir waren sieben Personen: meine Mutter, wir vier Jungs, meine Großmutter und unser Kindermädchen, Ilse. Das Kindermädchen hatte uns immer betreut, weil unsere Mutter die Wirtschaft führen musste, nachdem alle Männer im Krieg waren. Mit einem Trecker und zwei Gummiwagen sind wir losgefahren. Auf dem Weg sahen wir plötzlich schwarze Punkte im Schnee. Zuerst dachten wir, es wären deutsche Truppen auf dem Rückzug, aber es waren russische Panzer, die begannen, auf uns zu schießen. Wir haben alles stehen gelassen und sind in Panik ins nächste Dorf gerannt. Meiner Mutter wurden beide Beine durchschossen. Viele, die mit uns waren, kamen um. Der Ort, den wir erreichten, hieß Wittstock. Wir wurden im Keller des Gutshauses untergebracht. Tag und Nacht fuhren die Panzer am Kellerfenster vorbei. Ohne Pause, Richtung Oder, Richtung

Küstrin. Einmal hat ein Panzer angehalten und die Uhren wurden eingesammelt, aber ansonsten war es ruhig. Dann kam jedoch die russische Infanterie. Es wurde sehr, sehr bitter. Vergewaltigungen, Erschießungen und Misshandlungen vor unseren Augen. Das waren für uns Kinder absolute Schockerlebnisse.

Nachdem die Russen den Ort besetzt hatten, griff die deutsche Luftwaffe noch einmal an. Die Russen schossen vom Bodenfenster aus auf die Flugzeuge. Im Keller haben wir das gar nicht so mitbekommen, wir hörten es nur knallen und krachen. Bald stand das Gutshaus in Flammen und wir haben es nicht gemerkt. Hätten uns die Russen nicht aus dem Keller geholt, wären wir dort umgekommen. Nebenan haben sie dann eine Schnapsbrennerei entdeckt und waren von nun an immer betrunken und haben noch schlimmer gewütet, auch wegen der Fliegerangriffe, bei denen sie Verluste erlitten. In den zwei Wochen haben wir das Schlimmste gesehen und waren selbst immer in Lebensgefahr. Unserer Mutter ging es sehr schlecht wegen der durchschossenen Beine. Der Sohn unseres Hausarztes war auch in Wittstock. Er war vom Medizinstudium als Hilfsarzt für ein Lazarett eingezogen worden. Er hat unsere Mutter verbunden. Jemand hat den Russen erzählt, dass er Uniform getragen hatte. Er wurde an die Wand gestellt und angeschossen. Er kroch vor ihnen auf der Erde und hat vor unseren Augen um Gnade gefleht. Dann haben sie ihn erschossen.

Als es unserer Mutter besser ging, wollte sie zurück nach Neudamm. Es waren ja nur zehn Kilometer. Ein älterer Mann hat für uns ein Pferd und einen kleinen Wagen organisiert. Überall lagen ausgebrannte Fahrzeuge und tote Soldaten. Wir konnten nur langsam fahren, es war noch Winter und sehr glatt. Auf unserem Hof war jetzt der Sitz der russischen Kommandantur, die uns nicht ins Haus lassen wollte. Eine polnische Familie, die bis 1945 bei uns beschäftigt gewesen war, legte ein gutes Wort für uns ein, so dass wir zwei Zimmer unseres Hauses nutzen konnten. Die polnische Familie hat uns beschützt und verpflegt. Als sie jedoch zu Verwandten zog, wurden wir verjagt.

Da standen wir wieder auf der Straße, mitten im Winter und nur mit dem, was wir am Leibe trugen, und wussten nicht wohin. Die Großmutter konnte nicht mehr laufen. Wir haben uns einen Handwagen gesucht und sie gezogen. Der jüngste Bruder konnte mit seinen dreieinhalb Jahren auch noch nicht weit laufen. Es waren viele deutsche Zivilisten auf der Straße und das russische Militär hat uns Richtung Osten getrieben. »Dawai Landsberg«, hieß es immer. Über Landsberg waren die wildesten Gerüchte im Umlauf. Es hieß, da würde selektiert: Die Arbeitsfähigen kommen nach Sibirien und was mit den anderen wird, ist ungewiss. So war man natürlich bestrebt, langsam zu gehen und nach Möglichkeit nie in Landsberg anzukommen. Wenn es dunkel wurde und die Russen von uns abließen, sind wir wieder in die entgegengesetzte Richtung gelaufen, soweit die Kräfte noch reichten. Nachts haben wir uns meistens in irgendeinem leer stehenden Haus einquartiert. Etwas Eßbares zu finden war zu der Zeit gar nicht so schwierig. In den Kellern gab es meistens noch Vorräte. Einige Male haben wir auch im Wald übernachtet. Wir hatten Angst. Immer wieder wurden Leute aus den Trecks weggeführt, von denen man nicht wusste, was mit ihnen geschah. Täglich hörte man den Geschützdonner und nachts sah man den Feuerschein von Küstrin. Landsberg waren wir dann doch schon bedenklich nah gekommen. In einem Dorf namens Friedrichsberg hörten die Russen plötzlich auf, uns weiterzutreiben. Wir blieben mit mehreren Familien in einem leer stehenden Haus.

Am 27. April 1945 hieß es plötzlich, alle könnten wieder in ihre Häuser zurück. Unser jüngster Bruder war krank aufgrund der Unterernährung und des starken Läusebefalls. Auch die Großmutter war sehr krank und schwach geworden. Sie sagte, sie wolle nur nach Hause und dort sterben. Ende April haben wir uns wieder auf den Weg nach Hause gemacht. Es waren 40 Kilometer und wir brauchten einige Tage. Kurz nachdem wir angekommen waren, starb unsere Großmutter.

Das Haus war leer, aber völlig verwüstet. Es lagen noch einige Fotos aus dem Familienalbum herum. Wir dachten, wir bleiben da, räumen auf und versuchen zu überleben. Weil unsere Wirtschaft die größte in der Gegend war, beanspruchte bald ein polnischer Landrat unser Haus für sich, erlaubte uns aber, weiter dort zu wohnen. Unsere Mutter arbeitete für den Landrat. Sie wollte so lange wie möglich dort bleiben, damit nicht noch mehr verwüstet wurde. Sie dachte auch daran, wie unser Vater uns finden sollte, wenn wir nicht mehr zu Hause wären. Dass unser Ort, 90 Kilometer Luftlinie von Berlin entfernt, mal polnisch werden würde, konnten wir uns überhaupt nicht vorstellen, obwohl sich immer mehr Polen im Ort niederließen.

Zu Beginn des Jahres 1946 bestimmte die polnische Verwaltung, dass die Deutschen ihre Häuser nicht mehr betreten durften. Wir wurden in die sogenannte »deutsche Straße« im Ort eingewiesen. Nun bemühte sich unsere Mutter um die legale Ausreise nach Deutschland, was abgelehnt wurde. Sie sollte bleiben und arbeiten. Auch ihre Argumentation, dass sie schwer verwundet sei und die Kinder noch klein, half nichts. Es hieß nur, wird schon heilen und die Kinder werden groß, dann können die auch für uns arbeiten. Sie entschloss sich, illegal loszuziehen. Mit mir, dem Ältesten, wollte sie einen Weg erkunden, und unser Kindermädchen sollte mit den drei Jüngeren später nachkommen, wenn wir eine Bleibe gefunden hatten.

Bis Küstrin fuhren wir mit der Eisenbahn und sind dort sofort festgenommen worden. Einige Tage verbrachten wir in einem Keller, der als provisorisches Gefängnis diente. Danach wurden wir mit anderen Deutschen in einem Viehwaggon auf einen Transport geschickt. Wohin es ging, wussten wir nicht. Ein paar Tage fuhr der Waggon, dann stand er wieder. Und wieder sagte uns niemand, wie und wann es weitergehen würde. Wir hatten das Zeitgefühl verloren in der Ungewissheit, die uns endlos vorkam. Vielleicht waren es zwei Wochen, nach denen wir in Stettin ankamen. Die Ungewissheit endete zunächst in einem großen Lager mit Tausenden Deutschen hinter Stacheldraht. Von dort gingen in unregelmäßigen Abständen Transporte nach Deutschland. In diesem Lager haben wir am meisten gehungert. Pro Tag gab es zwei Scheiben Brot und Fischpaste. Es waren etliche Wochen, die wir so vegetierten. Wir fühlten uns wie Kriegsgefangene, und was mit uns werden sollte, wussten wir nicht.

Die Namen derjenigen, die auf einen Transport nach Deutschland gingen, wurden über die Lagerlautsprecher bekannt gegeben. Man hätte die berühmte Stecknadel fallen hören können, jeder hoffte auf seinen Namen. Nach einigen Wochen war es endlich auch für uns soweit. Wohin, war uns egal, Hauptsache fort aus dem Lager. Wir landeten in der britischen Zone, in einem Flüchtlingslager bei Lübeck. Sich sattessen zu können war das größte Erlebnis. Es gab Kekssuppe aus Armeebeständen und man durfte sich sogar Nachschlag holen, essen, bis man nicht mehr konnte.

Wo immer wir waren, hatten wir Nachrichten hinterlassen, für den Fall, dass sich das Kindermädchen mit den drei Jüngeren auf den Weg gemacht hatte. Das hat auch funktioniert. Sie landeten zunächst ebenfalls in Stettin, und in dem Lager bei Lübeck haben wir uns wiedergesehen. Es war ihnen nicht gut ergangen in Neudamm, sie mussten sich täglich das Essen zusammenbetteln. Die Wiedersehensfreude war groß. Meine Mutter hat versucht, über das Rote Kreuz Angehörige zu finden, und erfahren, dass ihr Bruder aus der Gefangenschaft zurückgekommen war und in der Sowjetischen Besatzungszone, in Neuendorf in der Ostprignitz, in einem kleinen Dorf Bodenreformland erhalten hatte. Sie glaubte, dass es dort auf dem Lande etwas mehr zu essen geben würde. Als meine Mutter erklärte, sie wolle in die sowjetische Zone, hat man sie für verrückt erklärt. Sie solle froh sein, dass sie im Westen war. Sie aber sagte, schlimmer kann es nicht mehr kommen und dort wären wir schon wieder viel näher an zu Hause. Am 11. September 1946 kamen wir auf dem Bahnhof in Zernitz an. Mit nichts, nicht einmal Schuhe hatten wir mehr, und sind dann nach Neuendorf gelaufen.

Neuendorf war eigentlich ein großes Gut, das 1946 aufgesiedelt worden ist. Von den Bewohnern dort waren über 80 Prozent Flüchtlinge, die anderen ehemalige Gutsarbeiter. Der Onkel wohnte mit sechs weiteren Personen in anderthalb Zimmern und einer winzigen Küche. Nun kamen wir mit noch einmal fünf Personen. Der Empfang war nicht eben herzlich, es herrschte gedrückte Stimmung. Mit offenen Armen wurden wir verständlicherweise nicht aufgenommen, aber erst einmal beköstigt.

In den anderthalb Zimmern war kein Platz mehr, aber unter dem Pappdach gab es noch einen Bretterverschlag, wo früher Obst gelagert worden war. Dort haben wir in den ersten Wochen kampiert, bis es immer kälter wurde und nicht mehr auszuhalten war. Von der Gemeindeverwaltung wurde uns ein halbes Zimmer zugeteilt, das von anderen geräumt werden musste. Immerhin gab es dort einen eisernen Ofen, den man heizen konnte, wenn irgendwie Brennmaterial aufzutreiben war. Bis 1947 haben wir dort gehaust, dann sind wir innerhalb des Ortes noch einige Male umgezogen.

Unter den Kindern und Jugendlichen war das Verhältnis zunächst gespannt. Es gab Bandenkriege, Kloppereien, wie das eben unter Jugendlichen so üblich ist. Einheimische gegen Flüchtlinge, eine Variante von Räuber und Gendarm. Zahlenmäßig waren wir Flüchtlinge überlegen, aber die Einheimischen hatten Hunde, gegen die wir nicht ankamen. So wie wir als Kinder die Vertreibung nicht verstanden, haben die einheimischen Kinder nicht verstanden, warum so viele Fremde in ihr Dorf kamen. Wir erzählten natürlich, dass in unserer Heimat alles viel besser war. Die logische Antwort: »Na, wärt ihr doch dageblieben!« Aber das dauerte nur eine kurze Zeit, dann gab es die ersten Freundschaften quer durchs Dorf und die Spannungen hörten auf; es spielte keine Rolle mehr, wo man herkam.

Das galt für die gesamte neue Dorfgemeinschaft in Neuendorf. Alle waren gleich arm und hatten denselben Status. Die Erwachsenen haben sehr gut zusammengehalten und sich gegenseitig auf den Feldern geholfen, noch bevor das staatlich angeordnet war. Wer eine Kuh hatte, gab Milch ab, wer ein Pferd besaß, hat auch für andere gepflügt, wer ein Schwein schlachtete, gab anderen auch davon ab. Das war Naturalwirtschaft zum gegenseitigen Vorteil. Es gab nicht diese Spannungen oder dieses Gefälle wie in anderen Dörfern, wo die Bauern auf die Hungerleider herabgesehen haben.

1948 erhielten wir die Nachricht, dass unser Vater in einem Kriegsgefangenenlager im Kaukasus gestorben war. Er hatte noch unsere neue Adresse erfahren und konnte noch einige zensierte Postkarten schreiben. Als feststand, dass er nicht wiederkommt, brach eine Welt für uns zusammen. Bis zu der Nachricht von seinem Tod ging es nur darum abzuwarten, bis er wieder da wäre, und dann zu sehen, wie es weitergehen sollte.

Unsere Mutter hatte Abitur, sie beherrschte Fremdsprachen und konnte gut schreiben. Durch ihre Kriegsverwundung konnte sie nicht mehr in der Landwirt-

schaft arbeiten. Zuerst hat sie vielen mit Behörden-
briefen und Anfragen bei Suchdiensten geholfen,
wofür wir dann etwas zu essen bekamen. Dann wurde
sie Gemeindesekretärin und später selbst Bürgermeis-
terin bis zum Rentenalter. Sie hatte ein gutes Verhältnis zu den Bauern und manch unsinnige Anordnungen
von der Kreisverwaltung oder der SED konnte gemeinsam abgebogen werden. Manchmal war sie verzweifelt,
wenn sie gegen innere Überzeugungen handeln sollte.
Von Landwirtschaft verstand sie nun wirklich etwas.
Bis zum Mauerbau hieß es bei uns: »Die 20 Pfennig für
eine S-Bahnfahrkarte in Berlin haben wir immer, gehen
wir eben in den Westen!« Obwohl sie Mitglied der SED
werden musste und die Umsiedlerpolitik der DDR
kannte, hat sie bis 1961, bis zum Mauerbau, gehofft,
dass wir wieder zurück könnten. Diese Hoffnung hat
auch unsere Berufswahl beeinflusst. Mutter sagte:
»Wenn wir wieder nach Hause kommen, muss es gleich
weitergehen«, und so war es selbstverständlich, dass
ihre vier Söhne etwas studierten, was mit Landwirtschaft zu tun hatte. Wir sind zwei Diplom-Landwirte,
ein Förster und ein Veterinärmediziner. Es hätte jeder-
zeit losgehen können und wir wären gemeinsam sicher
gut gewesen.

Wir konnten alle vier studieren und haben jeder
ein eigenes Haus gebaut oder gekauft. Wir sind stolz auf
das, was wir hier aufgebaut haben. Wir haben bei Null
angefangen. Wenn man in der Landwirtschaft arbeitet,
hat man mit fleißigen und tüchtigen Menschen zu tun.
Da wird auch nicht viel Gerede gemacht. Wenn man
seinen Mann steht, wird man anerkannt. Die größte
Leistung war jedoch die unserer Mutter. Ohne Mann,
mit vier Söhnen und ständig unter den Schmerzen der
Kriegsverwundung leidend, hat sie uns Kindern den
Weg ins Leben geebnet. Als Folge der Verwundung
musste sie 1971 operiert werden und ist einige Wochen
danach im Alter von 66 Jahren plötzlich gestorben.

Brandenburg ist eine Ersatzheimat. Wenn es hieße,
jetzt wieder zurück, würde es einem das Herz noch einmal zerreißen. Da würde einem bewusst, wie viele
Wurzeln man hier geschlagen hat. Aber meine eigentlichen Wurzeln sind dort, wo ich geboren bin. Ich
weiß, dass meine Vorfahren über Jahrhunderte dort gelebt und sich durch Arbeit eine Existenz aufgebaut haben. Das nötigt mir Respekt ab und schafft die Verbun-
denheit mit der alten Heimat, weil ich ein Glied in der

Besuch in der alten Heimat. Die D.s Ende der sechziger Jahre in Neudamm.

Kette der Generationen bin. Es bedeutet mir viel, dass
ich weiß, wo meine Wurzeln sind. Während der ersten
Jahre in Neuendorf gab es oft Stromsperren, dann hat
uns Mutter von zu Hause erzählt und gemeinsam
haben wir Volkslieder gesungen. Eine Art Heimat-
kundeunterricht, den es ohne Stromsperren vielleicht
nicht gegeben hätte.

Im Innersten ist unsere Heimat dort. Sobald es
möglich war, 1967, fuhr die gesamte Familie mit meinem ersten PKW nach Hause. Wir besuchten alte polnische Freunde und lernten die neuen Bewohner unserer Häuser kennen. Es gibt immer ein richtiges Fest,
wenn wir kommen, dann wird aufgetafelt und gefeiert.
Genau 50 Jahre nach unserer Flucht haben meine Brüder und ich einige Orte unserer Vertreibung noch einmal aufgesucht. Es ist ein bewegendes Gefühl, die vertraute heimatliche Landschaft heute zu sehen.

Ankunft
und Neubeginn

*Flüchtlingsfamilie 1945
in Brandenburg.*

Wartesaal Brandenburg

Auf der Straße

Als die Flüchtlingstrecks aus Ostpreußen Brandenburg erreicht hatten, war den Menschen dort klar, dass der Krieg nach Deutschland zurückkehrte. Grausame Realität wurde er, als ab Februar 1945 Cottbus, Oranienburg, Potsdam und Brandenburg Zielgebiete des alliierten Luftbombardements wurden. Bis dahin hatte das Land trotz der Nähe zu Berlin als sicherer Zufluchtsort vor Bombenangriffen gegolten. Der »Endkampf« an der Oder und um Berlin zerstörte ganze Landstriche. Viele Evakuierte aus Großstädten befanden sich in der Region. Als die Rote Armee immer näher rückte, flohen auch viele Brandenburger, ohne dass es einen wirklichen Fluchtweg gab. »Die Menschen waren erregt, von einer nervösen Unruhe befallen. Den meisten saß eine panische Angst im Nacken. Und alle wollten einfach nur fort, irgendwohin. Jeder glaubte, man dürfe auf keinen Fall zu Hause bleiben, denn gerade hier werde das schlimmste Unglück hereinbrechen. Also mußte man sich in Sicherheit bringen – dahin oder dorthin. In eine trügerische, fragwürdige Sicherheit. (...) Kreuz und quer zogen die Menschen durch die Gegend, kopflos, ohne jede Orientierung, ohne jeglichen Überblick über die Gesamtlage.«[1]

Tatsächlich waren am Ende des Krieges im Osten Deutschlands die meisten Menschen »auf der Straße«, an einem anderen Ort als zu Hause, unterwegs von einem Dorf zum anderen: Die wegen der Luftangriffe aus Berlin Evakuierten strebten über die Brandenburger Straßen zurück in die Hauptstadt. Zwangsarbeiter und Kriegsgefangene aus Rußland, Polen, Frankreich und den baltischen Ländern versuchten, sich in ihre Heimat durchzuschlagen. Über Oder und Neiße kamen weiterhin Flüchtlingstrecks. Die Menschen waren gezeichnet von Hunger, Ungewissheit und der allgegenwärtige Erfahrung der Todesnähe. Wer überlebt hatte, wußte von den Toten durch Bomben und Artillerie, Erschießungen, Standgerichte und Selbstmord, Hunger, Erfrierungen oder fehlende ärztliche Hilfe.

Die Bilanz des Krieges für Brandenburg war deprimierend. »Überall wurde verbrannt, zerstört, gesprengt, überflutet, unbrauchbar gemacht. Und als der Krieg dann zu Ende war, war eigentlich alles zu Ende. Es gab keine Verkehrsmöglichkeiten mehr. Es gab keine Produktionsstätten. Es gab keine Versorgung. Es gab keine Verwaltung. Es gab überhaupt nichts mehr. Hunderttausende von Menschen waren ohne Obdach und irrten auf den Landstraßen umher. Es war alles geordnete Leben völlig zu Ende. Chaos. Die allgemeine Moral hatte sich dem Absturz angehängt; was noch an Lagern, an Vorräten vorhanden war, wurde geplündert. Die große Masse der Bevölkerung stand in diesen Tagen wie gelähmt ihrem eigenen Schicksal teilnahmslos gegenüber. Sie war von der Empfindung durchdrungen, daß ihr weiteres Leben oder Sterben völlig in der Hand der Besatzungsmacht liege, von ihr bestimmt und geregelt werde.«[2]

Das war das Bild, das sich den Wanderern durch Brandenburg bot, und es war die seelische Verfassung seiner Bewohner. Welche Probleme mit den Flüchtlingen aus den Ostgebieten noch auf die Region zukommen würden, ahnte auch die Besatzungsmacht nicht.

Die Sowjetische Militäradministration (SMAD) hatte nach der bedingungslosen Kapitulation Deutschlands die oberste Regierungsgewalt in ihrer Besatzungszone übernommen. Sie entschied damit über alle militärischen, politischen, ökonomischen, juristischen und kulturellen Fragen, übernahm die Verantwortung für die Verwaltung des Landes und die Aufrechterhaltung der Ordnung. Sie hatte das Oberkommando über alle Länder, Städte und Gemeinden der Zone. Ihr nachgeordnet war die Sowjetische Militäradministration Mark Brandenburg mit Sitz in Potsdam. Ihr unterstand wiederum als Organ deutscher Selbstverwaltung die Provinzialregierung Mark Brandenburg, die am 4. Juli 1945 in ihr Amt eingesetzt wurde. Verbindlich für die Arbeit der neuen Brandenburgischen Regierung waren die Befehle und Anweisungen der Sowjetischen Militäradministration, der sie rechenschaftspflichtig war. In Ausführung dieser Befehle konnte die Landesregierung eigene Verordnungen erlassen, im Herbst 1945 erhielt sie das Recht; »Gesetze und Verordnungen« zu erlassen, die »Gesetzeskraft hatten«.

Präsident der Landesregierung wurde der Sozialdemokrat Dr. Karl Steinhoff. Ihm zur Seite standen als Vizepräsidenten Bernhard Bechler, ehemals NSDAP, dann parteilos, später KPD, Edwin Hoernle, KPD, sowie Fritz Rücker, SPD, und Dr. Georg Remak, Demokrat. Als schwierig erwies sich die Besetzung der mittleren und unteren Verwaltungsebenen, der Landratsämter, Gemeinde-, Stadt- und Kreisverwaltungen, mit politisch unbelasteten Personen. Innenminister Bechler im Juli zur Personalpolitik der neuen Regierung:

»Wir stehen auf dem Standpunkt, daß in unserer Selbstverwaltung, die heute das deutsche Volk regiert und verwaltet, unmöglich ein Angehöriger der NSDAP bleiben kann. Wir sind der Ansicht, daß an diesen Stellen kein Angehöriger der Nazipartei bleiben kann, der mit dazu beigetragen hat, uns in diese Katastrophe zu führen. Wir geben deshalb von der Provinzialverwaltung aus die klare Anweisung an Sie: Im Laufe des Monats sind etwa noch vorhandene Angehörige der Partei aus allen Stellen der Selbstverwaltung zu entfernen. Diese Weisung entspricht gleichzeitig einer Anordnung der Militärregierung des Marschalls Shukow. (...) Dabei kann es passieren, selbstverständlich, daß die Sache nicht gleich so gut organisiert läuft, wie es sein müßte und es mit Fachbeamten der Fall wäre.«[3] Die SMAD hatte Präsident Steinhoff geraten: »Wenn Sie niemandem finden können, nehmen Sie eine intelligente Reinigungsfrau, die Sie entsprechend anleiten.«[4] Viele der rasch eingestellten Verwaltungskräfte mußten innerhalb eines Jahres ihr Amt wieder verlassen, darunter allein 54 Bürgermeister wegen »erwiesener Unfähigkeit.«[5]

Ungeachtet dieser Schwierigkeiten beim Aufbau einer neuen Verwaltung war die erste Aufgabe aller, die hungrigen, verzweifelten, oft kranken und geschwächten Flüchtlinge mit Obdach und Nahrung zu versorgen. Brandenburg hatte nach dem Potsdamer Abkommen ein Drittel seines ehemaligen Territoriums verloren und es zogen Millionen von Menschen als »Wanderer von Deutschland nach Deutschland« über die provisorischen Brücken in Küstrin, Guben und Forst. Die Unterbringung konnte gegensätzlicher nicht sein: in Scheunen und Schlössern, in Ställen und verlassenen Gutshäusern, in ehemaligen Reichsarbeitsdienstlagern und bei der eingesessenen Bevölkerung wurden Zimmern und Kammern für die Ankömmlinge frei gemacht.

In den ersten Nachkriegswochen, als in vielen Orten funktionierende Verwaltungen noch gänzlich fehlten, war das Chaos am schlimmsten. Tausende Menschen drohten zu verhungern, wenn ihnen nicht geholfen wurde. Die Säuglingssterblichkeit in Brandenburg lag bei 90 Prozent; es gab Gegenden, in denen aufgrund von Milch- und Zuckermangel kein Kind unter einem Jahr überlebte. Die Kreise mussten ihre Probleme allein lösen, ohne jegliche zentrale Koordinierung und Anweisungen. Es gab niemanden, der die Menschenströme zählte und ordnete, niemanden, der ermittelte, wo noch Flüchtlinge unterzubringen waren, niemanden, der die dringend benötigte medizinische Versorgung organisierte. Die unter den Flüchtlingen am häufigsten auftretende Krankheit war Typhus, das sich unter mangelhaften hygienischen Bedingungen schnell über Trinkwasser und Lebensmittel und durch Ansteckung ausbreitet. Typhuskranke müssen isoliert und mit Antibiotika behandelt werden, was in den Massenquartieren der Flüchtlinge nur schwer möglich war. Medikamente waren nicht ausreichend vorhanden, die Anlagen der pharmazeutischen Industrie wurden bereits von den Russen als Reparationsleistungen demontiert. Normalerweise liegt die Sterblichkeit bei Typhus bei einem Prozent, unter den extremen Bedingungen in den Nachkriegsmonaten erreichte sie in einigen Orten 15-20 Prozent.

Aus Küstrin wurde im Oktober 1945 gemeldet, dass im dortigen Lager 10 000 Umsiedler auf einmal angekommen waren. In den Wäldern und Ruinen der Stadt kampierten die Menschen; die Typhustoten blieben unbestattet, weil niemand sie begrub. In Frankfurt/Oder fehlte Holz für Särge. Auf dem Cottbuser Bahnhof mussten die Toten ohne Särge neben den Gleisen beerdigt werden. In einem Bericht aus dem Kreis Angermünde über eine Inspektion der Gesundheitsverwaltung hieß es im Oktober 1945: »Viele Einwohner sind stark ermattet, abgemagert, da sie nur Brot und Kartoffeln haben. Fett gibt es seit Monaten nicht. Fleisch nur ab und zu, in der Dekade 200 gr. Es sind viel Hunger-Ödeme da. Sehr viele Flüchtlinge sind in der Stadt und in der Umgebung untergebracht. Ein Flüchtlingsheim für 1 000 Mann ist vorhanden, eine Seuchenstation im Gymnasium ist vorbereitet. Der Typhus ist nicht durch die Wasserleitung verbreitet, sondern durch die Flüchtlinge. Im Kreis sind über 1 000 Typhusfälle. Desinfektionsmittel sind nicht vorhanden. Die Flüchtlinge sind stark demoralisiert. Müllabfuhr und Kanalisation ist nicht vorhanden, daher die starke Typhusverbreitung. Fliegenplage. Ein Lager von Desinfektionsmitteln befindet sich in Hohensaaten bei Oderberg. Es ist von den Russen beschlagnahmt.«[6]

Es blieb nicht aus, dass jeder Kreis versuchte, zunächst die eigenen Probleme zu lösen, und dies bekamen ankommende Flüchtlinge immer wieder zu spüren, wenn sie von einem Ort zum anderen geschickt wurden. Da es keine zentrale behördliche Koordinierung gab, waren diese Entscheidungen immer Ermessensfragen. Es gab keine gültigen Maßstäbe und Richtlinien dafür, was einem Ort zugemutet werden konnte, und niemanden, der kontrollierte, wieviel Personen in den einzelnen Orten tatsächlich lebten. Die Städte und Dörfer in unmittelbarer Nähe von Oder und Neiße waren von Überbelegung und drangvoller Enge besonders betroffen. Sie waren der erste Anlaufpunkt der Vertriebenen. Viele versuchten dort zu bleiben, um in der Nähe der alten Heimat zu sein, viele konnten einfach nicht mehr weiter. Der Anteil alter und kranker Menschen sowie schwangerer Frauen war in den grenznahen Orten besonders hoch.

Die »gerechte Verteilung« der Flüchtlinge

»Überweisung« eines Trecks aus dem Notstandsgebiet Cottbus im August 1945.

Ein besonderes Krisengebiet war die Region Cottbus. Der Cottbuser Landrat musste immer wieder Räte der Nachbarkreise um Aufnahme von Flüchtlingen bitten; ab Juni 1945 gab er den weitergeschickten Trecks folgendes Schreiben mit auf den Weg: »Die vor Ihnen erscheinenden Flüchtlinge können nicht mehr über die Oder/ Neiße zurück. Unser Stadt- und Landkreis kann die Tausenden von Flüchtlingen unmöglich beherbergen und verpflegen. Wir bitten daher dringend im Interesse unserer Stadt, diesen Flüchtlingen das Aufenthaltsrecht zu geben oder diese anderenfalls an aufnahmefähige Nachbargemeinden zu verweisen. Wir hoffen, daß Sie in dieser schweren Stunde das nötige Verständnis uns entgegenbringen und mithelfen, die große Not unseres Stadt- und Landkreises zu lindern.«[7]

Es war keine Seltenheit, dass Trecks tagelang umherirrten und keine »aufnahmefähige Nachbargemeinde« fanden. Desto länger sie unterwegs waren, desto schwächer wurden sie und desto größer die Gefahr, dass sie erkrankten und die Seuchen im ganzen Land verbreiteten. Selbst

als die katastrophale Lage im Landkreis Cottbus bekannt war, wurden immer wieder Flüchtlinge dorthin geschickt. Der Cottbuser Landrat war weiterhin bemüht, den Kreis zu entlasten. In einem Brief an den Amtskollege einer Nachbargemeinde argumentierte er: »Nach Deinen eigenen Angaben, die Du gestern in Potsdam machtest, sind in Deinem Kreis 8 000 Flüchtlinge untergebracht, während im Landkreis Cottbus 24 000 Flüchtlinge untergebracht worden sind und versorgt werden, ohne die Flüchtlinge, die sich nicht hier angemeldet haben. Außerdem sind in der Stadt Cottbus 1 000 000 und im Landkreis 750 000 Flüchtlinge durchgeschleust worden. Hieraus wirst Du wohl ersehen, welch ungeheure Lasten auf uns abgeladen wurden. Ich ersuche Dich nun dringend, das Zurückschicken der Flüchtlinge nach hier zu unterlassen, denn es ist bekannt, dass ein Stillstand augenblicklich notwendig ist, um eine gerechte Verteilung der Flüchtlinge in der ganzen Mark Brandenburg durchzuführen.«[8]

Viele Menschen fanden denn eher durch Eigeninitiative Aufnahme als durch planmäßiges Handeln der allerorten überforderten Verwaltung. Georg P. und sieben Leidensgefährten aus Ostpreußen waren nach längerem Umherirren in ein Dorf bei Frankfurt/Oder geraten: »Bis auf ein abgebranntes Haus schien das Dorf unversehrt zu sein. Ich sprach Passanten an und fragte, wo hier noch Platz wäre. Man sagte mir, daß der ganze Ort mit Vertriebenen überfüllt sei. Auch der ganze Saal im Gasthaus sei voller Vertriebener. Nur beim Bauern T. bestände eventuell noch eine Möglichkeit. Allerdings müßte er Räumlichkeiten für durchziehendes Militär freihalten. Also auf zu T. Es gelang mir, Herrn T. zu überreden, uns aufzunehmen, wobei wir ihm als Anzahlung einige wertvolle Dinge gaben, die inzwischen rar waren. Allerdings verlangte er, daß ich vorher die Zustimmung des Bürgermeisters R. einholen müßte. So begab ich mich zu diesem, doch ich wurde nicht vorgelassen, da er angeblich sein Mittagsschläfchen hielt. Was tun? Zurück zu Herrn T. und ihm erklärt, der Bürgermeister sei einverstanden.«[9]

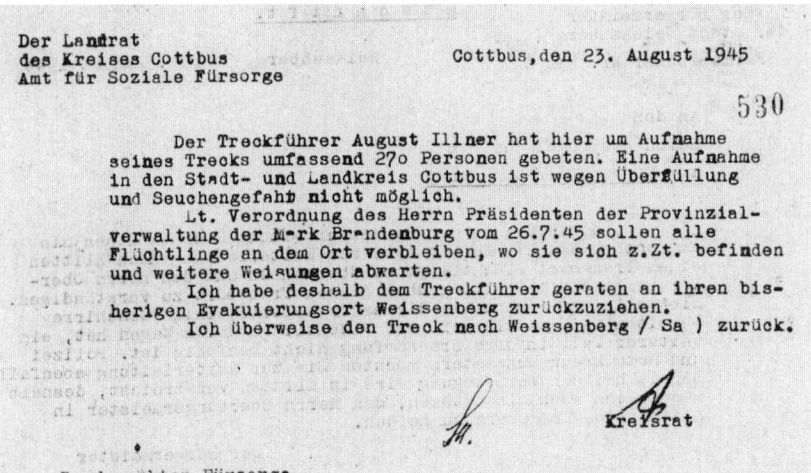

```
Der Landrat
des Kreises Cottbus                        Cottbus, den 23. August 1945
Amt für Soziale Fürsorge
                                                              530

        Der Treckführer August Illner hat hier um Aufnahme
    seines Trecks umfassend 27o Personen gebeten. Eine Aufnahme
    in den Stadt- und Landkreis Cottbus ist wegen Überfüllung
    und Seuchengefahr nicht möglich.
        Lt. Verordnung des Herrn Präsidenten der Provinzial-
    verwaltung der Mark Brandenburg vom 26.7.45 sollen alle
    Flüchtlinge an dem Ort verbleiben, wo sie sich z.Zt. befinden
    und weitere Weisungen abwarten.
        Ich habe deshalb dem Treckführer geraten an ihren bis-
    herigen Evakuierungsort Weissenberg zurückzuziehen.
        Ich überweise den Treck nach Weissenberg / Sa ) zurück.

                                                    Kreisrat


Zu den Akten Fürsorge.
```

Über die Entwicklung bis zum September 1945 gab der brandenburgische Sozialminister Dr. Eberlein zu Protokoll: »Die gesamten Maßnahmen innerhalb der Provinz Brandenburg mußten improvisiert werden. Die Einweisungen in die einzelnen Kreise waren vielfach abhängig von dem guten Willen der Kreiskommandanten. Manche Kommandanten sperrten einfach den Kreis. Durch diese nicht von zentraler Stelle erteilten Anordnungen hat sich eine Art Mahlstrom herausgebildet. Die Flüchtlinge bleiben hier und da, vermeiden eine amtliche Einweisung. Sie bleiben privat bei einem Bauern und arbeiten dort, ohne registriert zu werden.«[10]

Das Ziel vieler Flüchtlinge war Berlin. Man hoffte, dort bei Verwandten unterzukommen, oder dachte, dass sich in der großen Stadt schon ein Platz finden würde. Am 27. Juli sperrte die SMAD die Stadt, der täglich 20 000 Menschen entgegen strömten. Die Maßnahme war ver-

ständlich angesichts der drohenden Seuchengefahr unter den katastrophalen sanitären Zuständen in den Ruinen Berlins. Ein Mitarbeiter des Berliner Sozialamtes beschrieb die Situation wie folgt: »Letzten Endes müssen wir dazu übergehen, die Rückwanderer auf den Straßen Berlins polizeilich festnehmen zu lassen, um zu verhindern, daß Berlin verseucht wird. Das mag etwas hartherzig klingen, aber wenn die Flüchtlinge wissen, daß sie in Berlin nicht mehr ernährt werden, dann wird niemand mehr kommen. Es wird kein anderer Weg bleiben. Damit ist dann vielleicht Berlin etwas geholfen. In der Provinz bleibt aber der ganze Schwarm stecken, dort wird er zusammengepreßt und die ganze Provinz wird kahl gefressen.«[11]

Es war ein Teufelkreis: Entlastete man die eine Region, belastete man eine andere. Sperrte man Berlin, vergrößerten sich die Probleme für Brandenburg. Das Bemühen, die Flüchtlingsströme zu ordnen, glich dem Versuch, auf einem Bahnhof ohne freies Gleis zu rangieren. Die umher-

◁ △
Zerstörte Städte bestimmten über Jahre das Bild Brandenburgs.

Zahl der Umsiedler in den einzelnen Kreisen in Prozenten. *August 1946*

Kreis	Stammbevölkerung	Umsiedler		%
Brandenburg	62.939	6388	5.682	9
Cottbus	36.524	17370	14.813	4o
Eberswalde	27.o75	3483	2.974	1o
Forst	27.647	1439	1.627	6
Frankfurt/O.	52.8o9	12840	5.152	8
Guben	12.642	16200	14.155	111
Potsdam	88.853	25286	25.236	28
Rathenow	24.842	2817	2.586	1o
Wittenberge	26.189	4877	4.877	18
Angermünde	51.392	25094	22.575	44
Beeskow-Storkow	48.926	24072	27.893	56
Calau	97.831	33303	29.325	3o
Cottbus	55.783	21623	20.655	36
Guben	23.372	12590	11.146	47
Jüterbog-L'walde	78.1o8	28006	37.867	48
Lebus	65.312	26857	25.9o7	38
Luckau	71.7o7	31795	27.161	37
Lübben	28.549	16267	17.o80	59
Niederbarnim	2o1.911	29168	23.247	1o
Oberbarnim	74.459	26379	23.427	3o
Osthavelland	1o9.558	36376	32.522	3o
Ostprignitz	57.817	42614	43.128	74
Prenzlau	47.199	25381	25.34o	53
Ruppin	76.958	49558	48.9o1	63
Spremberg	42.672	10456	4.9o9	11
Teltow	142.o16	37844	32.837	23
Templin	48.843	24502	22.9o6	46
Westhavelland	45.oo2	25o1o	2o.486	45
Westprignitz	52.918	36346	4o.915	77
Zauch-Belzig	1o7.o12	48839	41.o53	38
	1.886.465	694478	656.382	

Um die »gerechte Verteilung« der Vertriebenen auf die oft schon überfüllten Gemeinden in Brandenburg wurde hart gerungen. Erfassungsliste vom August 1946.

ziehenden Trecks machten ein Problem immer offensichtlicher – es musste eine zentrale Stelle geschaffen werden, die sich des Vertriebenen- oder »Ausgewiesenenproblems«, wie in den ersten Nachkriegsmonaten noch formuliert wurde, annahm. Es gab keine genauen Zahlen über das Ausmaß der Vertreibungen, nur grobe Schätzungen. Die Verantwortlichen hatten keinen Überblick, wie viele Flüchtlinge Brandenburg bereits aufgenommen hatte. Es verstärkte sich das Gefühl, auf eine Katastrophe zuzusteuern, wenn

man das Problem nicht ernsthaft zu lösen versuchte.

Mit zunehmender Besorgnis beobachteten die Bürgermeister in den Dörfern und Städten die wachsenden Einwohnerzahlen ihrer Orte, die teilweise schon auf über das Doppelte der ursprünglichen Zahl angestiegen waren. Bei der SMAD hatte man inzwischen errechnet, dass insgesamt 12 Millionen Menschen aus den Ostgebieten aufzunehmen wären. Zeitweilig ging man in den Wochen vor der Potsdamer Konferenz sogar davon aus, dass alle diese Menschen in der sowjetischen Besatzungszone untergebracht werden müssten. Im Juli 1945 wurde vom »Hauptamt für Sozialwesen« in Berlin ein Verteilungsschlüssel für die 12 Millionen errechnet: Nach diesem Schlüssel hätte Brandenburg 2,5 Millionen Menschen aufnehmen müssen.[12] 2,3 Millionen Menschen lebten in Brandenburg, 2,5 Millionen sollten dazu kommen. Die Bevölkerungszahl hätte sich verdoppelt. Erst allmählich drang das Problem in seiner ganzen Dimension zu den Besatzungsmächten durch und gelangte auf die Tagesordnung einer Konferenz von Mitarbeitern der Sozialämter Sachsens, Brandenburgs und Berlins im Juli 1945. Dort wurde festgehalten: »Wenn nicht ein Interesse an der völligen Vernichtung des deutschen Volkes vorliegt, dann muß eine einheitliche Lenkung des gesamten Wirtschafts- und Ernährungssystems in Deutschland erfolgen. Es dreht sich hier um das Volk, wenn wir als Volk leben wollen, wenn wir Europa vor dem Chaos schützen wollen, müssen wir über geographische Grenzen hinwegschauen.«[13] Es war ein Appell an die Alliierten, sich dem Problem zu stellen und die deutschen Behörden bei seiner Lösung zu unterstützen.

»Jede Wanderung ist verboten«

Nachdem immer offensichtlicher geworden war, dass die Situation ohne zonen- und länderübergreifende Zusammenarbeit nicht zu beherrschen war, fand eine weitere Konferenz der Mitarbeiter der Sozialämter am 5. September 1945 in Berlin statt. Die Konferenz endete mit einem Appell an die sowjetische Besatzungsmacht, sich des Problems anzunehmen und mit den anderen drei Besatzungsmächten darüber zu verhandeln, wie die Aufnahme der Flüchtlinge auf dem gesamten Territorium Deutschlands praktisch organisiert werden sollte. Inzwischen ging man davon aus, dass sich von den 12 Millionen aufzunehmenden Menschen bereits acht Millionen auf dem Gebiet der sowjetisch besetzten Zone befanden. Jede Besatzungszone sollte etwa 25 Prozent ihrer Einwohnerzahl zusätzlich zugewiesen bekommen. Demzufolge mussten nur ewa 4,5 Millionen Menschen in der SBZ aufgenommen werden.[14] Weiterhin forderten die Teilnehmer, dass die SMAD mit Polen und Tschechen über ein Ende der wilden Vertreibungen verhandelte, um eine Atempause für die Grenzübergänge an Oder und Neiße und für die dort gelegenen Orte zu erreichen. Es wurde die schnelle Einsetzung einer Zentrale gefordert, die das Recht erhalten sollte, die Flüchtlingsströme zu lenken, deren Gesundheitsabteilung sich um die Seuchenbekämpfung kümmern, deren Suchzentrale sich der Zusammenführung auseinandergerissener Familien widmen und die mit der Bildung von Wohnungs- und Arbeitsabteilungen an zukünftigen Lösungen des Problems arbeiten sollte. Als Resultat dieser nachdrücklichen Forderungen wurde am 15. September 1945 mit Erlaubnis der SMAD die »Zentralverwaltung für Deutsche Umsiedler« in der sowjetischen Besatzungszone gegründet. Die SMAD hatte sich jedoch ausgebeten, das »harte Wort« Flüchtling zu vermeiden und nur noch von »Umsiedlern« zu sprechen. So hieß die Institution nicht, wie geplant, »Zentralverwaltung für Flüchtlingswesen«. Zum selben Zeitpunkt ordnete die SMAD die Einrichtung von Umsiedlerämtern bei den Landes und Provinzialregierungen an. Diese agierten zunächst als Unterabteilungen der Zentralverwaltung. Im Dezember 1945 erlangten sie den Status selbstständiger Abteilungen der Länderverwaltungen.

Die neu gegründete Zentralverwaltung hatte bei ihrer Arbeit davon auszugehen, dass 4,5 Millionen Menschen in der sowjetischen Besatzungszone aufzunehmen waren. Diese Zahl war aus der Überlegung errechnet worden, dass jede Zone noch einmal ein Viertel ihrer Bevölkerung aufnehmen würde. Die Bevölkerung der SBZ einschließlich Berlins wurde auf 17,7 Millionen geschätzt; die aufzunehmenden 4,5 Millionen wurden auf die Länder Brandenburg, Mecklenburg-Vorpommern, Thüringen und Sachsen aufgeteilt. Davon entfielen auf Brandenburg 700 000 Menschen. Im November 1945 verständigte sich der Alliierte Kontrollrat darüber, welche Menschen aus welchen Gebieten ab diesem Zeitpunkt in welche Zone eingewiesen werden sollten. Die Verteilung sah folgendermaßen aus: zwei Millionen Menschen aus Polen und 750 000 aus der Tschechoslowakei wurden in die sowjetische Zone, 1,5 Millionen aus Polen in die englische Zone, 1,75 Millionen aus der Tschechoslowakei in die amerikanische Zone und 150 000 Menschen aus Österreich in die französische Zone verwiesen. 1949 waren in der sowjetischen Zone 24,2 Prozent der Einwohner Flüchtlinge oder Vertriebene, in der amerikanischen Zone 18,1, in der britischen 15,9 und in der französischen 3 Prozent. In der sowjetischen Zone wurden eindeutig die meisten Menschen aufgenommen.

Am 1. Oktober 1945 nahm die Abteilung »Deutsche Umsiedler« als Unterabteilung des Amtes für Arbeit und Sozialwesen in Brandenburg die Arbeit auf.[15] Nun gab es eine Behörde, deren Mitarbeiter hauptberuflich den Mangel verwalten mussten. Nahrungsmittel, Kleidung, Medikamente, Wohnraum und Arbeit für Millionen »unbehauste Menschen« waren zu organisieren. Eine Sisyphusarbeit, die nur mit dem Mut der Verzweiflung angegangen werden konnte.

im Oktober 1945 war ein sofortiger Stopp jedweden Umherziehens von Flüchtlingen. Jeder musste an dem Ort bleiben, an dem er sich gerade befand. Die Formulierung der Anordnung war unmissverständlich: »Jede Wanderung mit Transportmitteln oder auf der Landstraße ist verboten. Kein Umsiedler darf sich ohne Erlaubnis von seinem Platz begeben. Jeder Umsiedler wird durch die Ortsbehörden sofort in das nächste zur Verfügung stehende Lager gebracht.«[16] Die Anordnung richtete sich jedoch nicht nur an die Flüchtlinge selbst, sondern auch an die Bürgermeister. Weiter hieß es: »Ein Ausschieben von Umsiedlern, ohne daß wir davon verständigt sind, ist verboten. Wir werden keine Ruhe lassen. Der Landrat oder Bürgermeister, der gegen das Verbot verstößt und uns gemeldet wird, wird sofort verhaftet. Sonst bekommen wir keine Ordnung.«[17]

Trotz umfangreicher Bemühungen war das Ziel, das Umherwandern der Flüchtlinge zu beenden, bis Ende des Jahres 1945 noch nicht erreicht. Joseph Schlaffer, der Leiter der Zentralverwaltung für Umsiedler, sah dafür folgende Ursachen: »Unsere maximalen Anstrengungen, Ordnung und Organisation in die Übernahme der Umsiedler zu bringen, werden zu einem großen Teil heute noch durch die ablehnende Haltung der alteingesessenen Bevölkerung zunichte gemacht. Die Umsiedler sind infolgedessen sehr schwer seßhaft zu machen. Die Bürgermeister und Landräte unterstützen leider durch ihre Haltung die Absichten der Umsiedler, sich einen ›besseren Ort‹ mit günstigeren Unterkunftsmöglichkeiten zu suchen bzw. auf Wanderschaft zu gehen (...) Erreichen wir nicht durch sofortige intensive politische Aufklärung, daß die alteingesessene Bevölkerung und auch die Bürgermeister und Landräte ihre falsche Haltung gegen die Umsiedler aufgeben, so ist eine friedliche, erfolgreiche Zusammenarbeit und gegenseitige Hilfe aller zwecks raschem demokratischem Aufbau unseres Landes von vornherein unmöglich gemacht.«[18]

Noch Ende 1945 hatten nicht alle Vertriebenen Aufnahme gefunden.

Es waren sich alle darüber einig, dass zu allererst das richtungslose Hin- und Herschicken der Flüchtlinge beendet werden musste, es nicht länger dem Zufall überlassen werden konnte, ob und wo die Menschen Aufnahme fanden. Eine der ersten Anordnungen der Zentralverwaltung

700 000 Neuankömmlinge?

Anfang September 1945 erhielten alle Brandenburger Landratsämter und Bürgermeister von der Provinzialregierung die Information, dass Brandenburg weitere 700000 Menschen aufnehmen müsste. Diese Zahl löste Verwirrung und Panik aus. Zwar hatte immer noch niemand einen genauen Überblick darüber, wieviel Menschen sich im Land befanden, aber es war offensichtlich, dass Brandenburg nicht eine noch größere Zahl von Flüchtlingen würde verkraften können. Am 4. September 1945 sprach der Sozialminister Brandenburgs, Dr. Eberlein, in Berlin davon, dass sich bereits 1,2 Millionen Flüchtlinge in der Provinz befänden, wovon 800 000 registriert wären, »der Rest ist bei Bekannten untergeschlüpft. Das sind diejenigen, die festsitzen. Dazu kommen die umherwandernden Flüchtlinge. Ein Vertreter unserer Landwirtschaftsabteilung ist sehr viel herumgekommen und hat beobachtet, daß an amtlicher Stelle 7,5 Millionen Menschen durchgeschleust worden sind, die irgendwo geblieben sind. Er schätzt die in Brandenburg befindlichen noch auf über 2 Millionen.«19 Diese Zahlen waren jedoch vage und beruhten nicht auf exakten Zählungen. Viele Personen befanden sich nur zeitweilig im Land, viele wurden doppelt gezählt, weil sie sich von Ort zu Ort bewegten. Ein Teil wanderte weiter, andere kamen neu hinzu. Die Behörden hatten nicht genug Personal, um die Flüchtlinge zu erfassen, viele Flüchtlinge hatten ihre Papiere verloren und konnten sich nicht ausweisen. Die Einführung eines »Umsiedlerpasses« sollte hier Abhilfe schaffen; überhaupt wurde angestrebt, nun endlich alle Personen zu registrieren.

Den Aufschrei der Entrüstung über die Anordnung, weitere 700 000 Menschen in Brandenburg aufzunehmen, vorausahnend, blieb der Provinzialregierung nichts anderes übrig, als klarzustellen, dass dies ein Befehl der Besatzungsmacht war, der unter allen Umständen durchgeführt werden musste. Der Cottbuser Landrat protestierte dennoch gegen die weitere Aufnahme von Flüchtlingen in seinem Kreis. In einem Informationsschreiben an seine Mitarbeiter vom August 1945 hieß es: »Ich habe dem verantwortlichen Leiter der Sozialabteilung in deutlicher Sprache klar gemacht, daß eine weitere Belastung des Stadt- und Landkreises Cottbus mit Flüchtlingen unter keinen Umständen mehr erfolgen darf. Die Überbelastung ist derart, daß sie von einem real denkenden Menschen überhaupt nicht verantwortet werden kann. Für den gesamten Kreis Cottbus mit seiner hohen Flüchtlingszahl stehen 9 Ärzte zur Verfügung, wie man

700 000 Menschen sollten in Brandenburg aufgenommen werden. Liste ihrer Verteilung vom September 1945.

```
                                              024
            Abschrift
                                    Anlage 3
                                    zur Verfügung vom
                                    5.9.1945-VII/2/5.9.

            L i s t e
         der unterzubringenden Flüchtlinge
         ─────────────────────────────────

   1. Angermünde ...........................40.000
   2. Beeskow-Storkow .......................20.000 X
   3. Calau .................................32.000 X
   4. Cottbus .............................  -
   5. Guben ...............................  -
   6. Jüterbog-Luckenwalde (Jüterbog) ..40.000
   7. Lebus (Seelow .......................20.000
   8. Luckau ..............................33.000 X
   9. Lübben ..............................30.000 X
  1o. Niederbarnim (Bernau)................35.000
  11. Oberbarnim (Freienwalde/O.).........45.000
  12. Osthavelland (Nauen) ...............50.000
  13. Ostpriegnitz (Kyritz) ..............40.000
  14. Prenzlau ............................30.000
  15. Ruppin (Neuruppin) .................30.000
  16. Spremberg ...........................  -
  17. Teltow (Mahlow) .....................35.000
  18. Templin .............................50.000
  19. Westhavelland (Rathenow) ..........50.000
  2o. Westprignitz (Perleberg) ..........50.000
  21) Zauch-Belzig (Belzig) .............50.000

               zus.    700.000
                      ═══════════
```

Ostpreußen, vermutlich im Frühjahr 1946: Vertriebene auf dem Weg nach Westen.

sich bei den kolossalen Erkrankungen helfen will, ist mir ein Rätsel.«[20]

Der Flüchtlingszustrom hatte die Bevölkerungszahl in der Region Cottbus um 75 Prozent ansteigen lassen. Für ihre Versorgung wurden lediglich 25 Prozent mehr Nahrungsmittel zur Verfügung gestellt. Dazu der Landrat in dem zitierten Schreiben: »Hier muß ich schon sagen, daß die Herren der Provinzialverwaltung nicht auf dem Posten sind. Ich habe unverblümt zu verstehen gegeben, daß es ein Ding der Unmöglichkeit ist, die Bevölkerung hungern zu lassen und daß unter diesen Umständen die Flüchtlinge, die sich in einem ganz schlechten Gesund-

heitszustand befinden, elendiglich zu Grunde gehen müssen.«[21] Immerhin erreichte er, dass Stadt und Landkreis Cottbus sowie Guben zum Notstandsgebiet erklärt wurden und von den 700 000 erwarteten Neuankömmlingen keine weiteren Flüchtlinge aufnehmen mussten. Resignierend stellte er dennoch fest: »Wir müssen, so schwer es uns fällt, die unglücklichen Volksgenossen von der Straße wegnehmen und unterbringen, so gut es eben geht, ohne Rücksicht auf unser eigenes Ich und unsere Annehmlichkeiten und dazu beitragen, dem Elend Einhalt gebieten, das die Naziregierung über unser Volk gebracht hat.«[22]

Bei der Zahl von 700 000 aufzunehmenden Menschen handelte es sich jedoch nicht um Flüchtlinge, die zusätzlich versorgt werden mussten, sondern um das Gesamtaufnahmesoll für Brandenburg: Insgesamt 700 000 Menschen sollten nach dem von der sowjetischen Militäradministration erarbeiteten Schlüssel in Brandenburg ihren neuen Wohnsitz nehmen. Das machte die Probleme für die kommenden Monate allerdings kaum geringer. 1,5 Millionen Menschen mussten auf ihrem Weg in andere Regionen Deutschlands durch das Land »durchgeschleust« werden; sie würden zumindest kurzfristig verpflegt und beherbergt werden müssen.

Das Wissen um das Kommen weiterer Hunderttausender Menschen ermöglichte es, sich zumindest auf die Situation vorzubereiten. Es wurde fieberhaft daran gearbeitet, ein System von Aufnahme- und Quarantänelagern einzurichten, was mit erheblichen Schwierigkeiten verbunden war. Benötigtes Baumaterial war zum größten Teil von den Russen beschlagnahmt, Medikamente waren nicht in ausreichender Menge vorhanden, es fehlten Ärzte und Krankenschwestern.

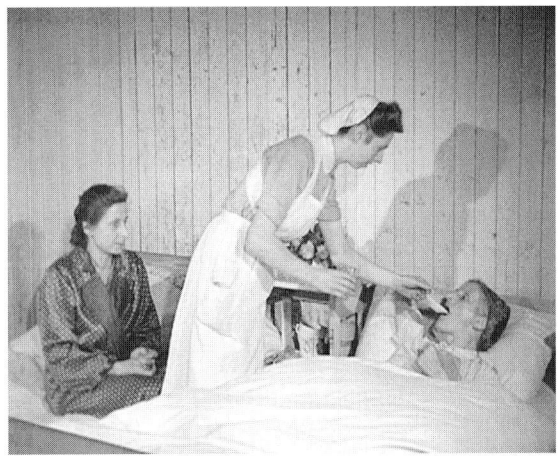

Dass nach dem Potsdamer Abkommen die endgültige Ausweisung der Deutschen aus Polen, der Tschechoslowakei und Rußland organisiert erfolgen würde, blieb Illusion. Es wurde selten Rücksicht auf die Aufnahmekapazitäten der Deutschen genommen. Transporte wurden zusammengestellt und an die Grenze gebracht, alles andere blieb Problem der deutschen Behörden. Es waren so viele Straßen, Brücken, Schienen und Züge zerstört, dass es praktisch unmöglich war, die Menschen unter angemessenen Bedingungen zu transportieren, selbst wenn man den guten Willen dazu gehabt hätte. So gehörten die Transporte nach Deutschland für viele Vertriebene zu den schrecklichsten Erlebnissen in der Nachkriegszeit. Viele überlebten sie nicht.

Dass die noch eintreffenden Hunderttausenden von Menschen in erster Linie ein organisatorisches und logistisches Problem darstellten und man sich keine Sentimentalitäten bei der

Im Dezember 1945 gab es in Brandenburg 88 Lager mit 119 000 Plätzen, die größte Anzahl in ganz Deutschland. Bilder aus dem Quarantänelager Küchensee bei Storkow.

Sprachwahl erlauben konnte, machte der Präsident der Zentralverwaltung für Umsiedler, Joseph Schlaffer, klar. In Anbetracht der Tatsache, dass täglich etwa 30 000 Personen in der sowjetischen Besatzungszone ankamen, sprach er vom »Ablagern« und »Wegschaffen« dieser Menschen,

Im Dezember 1945 gab es in Brandenburg 88 Lager mit 119 000 Plätzen, die größte Anzahl in ganz Deutschland.[23] Aus den Auffanglagern wurden die Menschen in Quarantänelager weitergeleitet, wo sie zwei bis drei Wochen blieben und diejenigen mit ansteckenden Krankheiten isoliert und medizinisch betreut wurden, soweit das unter den gegebenen Umständen möglich war. Die Lager sollten die Voraussetzung dafür schaffen, die Seuchen einzudämmen und die gesunden Menschen an Orte weiterzuleiten, wo eine Unterbringung gesichert war.

Im November 1945 befanden sich 637 904 Umsiedler in Brandenburg, und innerhalb von zwei Monaten, bis Januar 1946 waren es 675 612. Damit war das Aufnahmesoll der Provinz fast erfüllt; bis 1949 erhöhte sich die Zahl noch einmal auf 746 390. Beinahe jeder dritte »Brandenburger« war also nicht in der Region geboren. Diesen Menschen musste nun eine neue Heimat gegeben werden. Was das hieß, welche organisatorische und finanzielle Kraftanstrengung die Sesshaftmachung Hunderttausender erforderte, darüber hatte man sich inmitten des Chaos der Nachkriegmonate kaum Gedanken machen können. Es war den hunderttausenden Heimatlosen gelungen, am Leben zu bleiben. Wie konnte dieses Leben nun weitergehen? Dabei kam es nicht nur auf die »Umsiedler« selbst an, sondern auch auf die Einheimischen. Die Leiterin des Amtes für Deutsche Umsiedler bei der Provinzialregierung Brandenburg appellierte dabei an die Einsicht aller: »... daß es darauf ankommt, auch den letzten Brandenburger Bürger davon zu überzeugen, daß es nicht sein Verdienst ist, wenn er noch ein Dach über dem Kopf hat, und daß es seine Pflicht und Schuldigkeit ist, denjenigen, die ebenso viel oder ebenso wenig Schuld an dem Elend sind, das wir durch-

machen, zu helfen. Daß wir die Pflicht haben, den Umsiedlern nicht nur zu einer neuen Heimat zu verhelfen, sondern ihnen auch ihr seelisches Gleichgewicht wiederzugeben und neuen Mut zum Leben. Wir dürfen in ihnen nicht lästige Eindringlinge und lästige Esser sehen, sondern müssen ihnen das Bewußtsein geben, daß sie auf unsere Hilfe rechnen können.«[24]

Die Arbeit der Suchdienste

Wie konnten Eltern ihre Kinder wiederfinden, die auf der Flucht verloren gegangen waren? Wie eine Frau Kontakt mit ihrem Mann aufnehmen, der in Kriegsgefangenschaft geraten war, während sie aus Schlesien ausgewiesen wurde? Wie konnte jemand, der alle Angehörigen bei Fliegerangriffen auf das Frische Haff verloren hatte, eine Tante finden, die in Potsdam ausgebombt wurde?

Jeder vierte Deutsche suchte jemanden oder wurde gesucht. Eltern suchten ihre Kinder, Kinder ihre Eltern, Frauen ihre Männer. Während die Trecks die Ostgebiete verließen, gerieten Männer in Kriegsgefangenschaft, und keiner wusste, wo er den anderen erreichen konnte.

Viele Familien wurden bei Eisenbahntransporten in den überfüllten Viehwaggons getrennt. Fremde nahmen Kinder mit, deren Mütter auf der Flucht oder bei Fliegerangriffen gestorben waren.

Jeder hoffte auf Hinweise über den Verbleib von Angehörigen. Zunächst waren es Zettel an Bäumen, Hauswänden, auf Bahnhöfen und besonders an den Oder- und Neiße-Übergängen, mit denen die Menschen einander suchten. Ab Juni 1945 wurde die Kreisstellen des Roten Kreuzes zur Anlaufstelle, daneben auch Pfarrer und Gemeindeämter. Es stellte sich jedoch rasch heraus, dass Vermisste in ganz Deutschland gesucht werden mussten, dass regional begrenzte Aktivitäten nicht alle Möglichkeiten ausschöpften. Doch gab es keine funktionierende Infrastruktur, kaum Post und Telefonverbindungen,

Suchdienst in Berlin, 1945. Suchende geben die Personalien der Gesuchten an.

Der Suchdienst wies immer wieder darauf hin, dass alle Angaben so präzise wie möglich gemacht und nach Möglichkeit auch die ehemaligen Heimatanschriften mit angegeben werden mussten, um Verwechslungen zu vermeiden. 50 000 Müllers wurden gesucht, davon 2 000 mit Vornamen Heinz – wer wollte entscheiden, wer der Richtige war? Im Juni 1949 konnte der »Suchdienst für vermißte Deutsche« in der sowjetischen Besatzungszone bilanzieren, dass es ihm gelungen war, für 1 240 000 Menschen Kontakt mit den Angehörigen herzustellen. Die Suchkartei umfasste mehr als sechs Millionen Karteikarten.

Doch das Karteikartensystem hatte Lücken. Nicht anwendbar war es bei Kindern, die ihren Namen gar nicht oder nur ihren Vornamen wussten. In einer großen »Kindererfassungsaktion« wurden alle elternlosen Kinder in der sowjetischen Besatzungszone fotografiert und ihre Fotos mit den ermittelbaren Angaben in der »Suchzeitung« der sowjetischen Besatzungszone veröffentlicht. Ihre Schicksale lesen sich so:

»Dieser namenlose Knabe, am 9.1.1942 in Tilsit geboren, sucht seine Eltern oder Angehörige. Das Kind kam mit einem Flüchtlingstransport nach Deutschland. Näheres über seine Herkunft ist nicht bekannt.

Ein namenloser Knabe, geboren etwa 1943, sucht seine Eltern oder Angehörige. Das Kind kam im September 1945 zusammen mit anderen Kindern in Küstrin an. Wahrscheinlich handelt es sich um einen Ostflüchtling. Näheres ist nicht bekannt.

Ein Junge, jetzt Peter genannt, sucht seine Eltern oder Angehörige. Das Kind wurde am 31.1.45, bald nach dem Untergang der ›Wilhelm Gustloff‹, aus einem in der Ostsee treibenden Boot geborgen.

Ein Mädchen, Erika mit Vornamen, geboren etwa im Sommer 1940 in Tarau bei Königsberg, sucht seine Eltern oder Angehörige. Das Kind kam mit einem Umsiedlertransport nach Deutschland. Der Vater soll gefallen, die Mutter auf der Flucht verstorben sein.

Bei den chaotischen Vertreibungen in überfüllten Viehwaggons verloren viele Kinder ihre Mütter.

und zum anderen hatten die Militärregierungen der Besatzungszonen alle zonenübergreifenden Tätigkeiten untersagt. Erst nach zähen Verhandlungen wurde es möglich, Suchanträge, die innerhalb einer Besatzungszone nicht bearbeitet werden konnten, mit den Suchdiensten anderer Zonen auszutauschen. Selbstverständlich war dies erst 1948, vorher konnte das nur unter Umgehung offizieller Bestimmungen stattfinden.

Wer jemanden suchte, füllte zwei Karteikarten aus, die eine mit Angaben zur eigenen Person und insbesondere dem gegenwärtigen Aufenthaltsort, die andere mit Angaben zu der oder dem Gesuchten. Wurde der Suchende nun ebenfalls gesucht, trafen sich die Karten bei der alphabetischen Sortierung, eine so genannte »Begegnung« hatte stattgefunden. Verwandte und Freunde erfuhren von den jeweils neuen Aufenthaltsorten.

Kinder suchen ihre Eltern!

Diese Kinder wurden durch den Zusammenbruch des Hitlerregimes während der Evakuierung oder auf der Flucht von ihren Müttern oder von ihren Angehörigen getrennt Zum Teil waren sie bei ihrem Auffinden noch so klein, daß sie keine Angaben über ihre Namen und ihre Herkunft machen konnten

Wir bitten daher alle, mitzuhelfen, daß diese Kinder wieder mit ihren Eltern vereint werden.

Wir sind für die kleinsten Hinweise dankbar, weil sie uns bei der Identifizierung helfen Der Auskunftgebende soll alles sagen, was er von dem Kinde weiß, von seinem Heimatort, von seinen Angehörigen. Auch im Nebensächlichen kann eine wichtige Spur verborgen sein, um die Angehörigen der Kinder zu finden Zuschriften unter Angabe der Foto-Nr erbeten

Suchdienst für vermißte Deutsche, Berlin W 8, Kanonierstraße 35.

 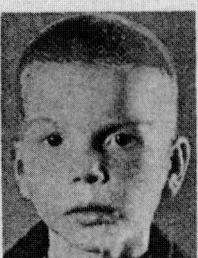  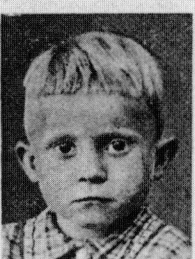

Foto-Nr. 12/III/6410
Sachse, Klaus, geb. etwa 1942, aus Königsberg oder Umgebung. sucht seine Eltern oder Angehörige. Das Kind kam im August 1946 mit einem Transport nach Deutschland. Näheres war bisher nicht zu ermitteln

Foto-Nr. 12/III/5590
Wangel, Peter, 1. 5. 38, aus Königsberg, Brandenburger Str. 10, sucht seinen Vater. Peter sah seinen Vater zuletzt kurz vor Kriegsende in der Kaserne in Tapiau. Er soll in Kriegsgefangenschaft geraten sein Die Mutter ist verstorben

Foto-Nr. 12/III/7038
Dieser Knabe, **Willi** mit Vornamen, evtl. Hander Handur, Jander oder ähnlich, geb. etwa August 1943, wahrscheinlich in Pabianitz, sucht seine Eltern oder Angehörige. Willi befand sich 1945 in dem ehemaligen NSV-Kinderheim in Bad Lausick

Foto-Nr. 12/III/99
Dieser namenlose Knabe, evtl. **Frick, Klaus,** 9. 1. 42 in Tilsit, sucht seine Eltern oder Angehörige. Das Kind kam mit einem Flüchtlingstransport nach Deutschland. Näheres über seine Herkunft ist nicht bekannt.

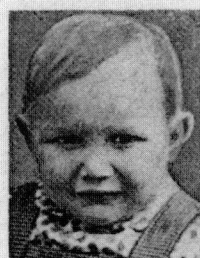   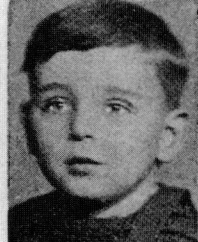

Foto-Nr. 12/III/462
Dieser namenlose Knabe, geb. etwa 1943, sucht seine Eltern oder Angehörige. Das Kind kam im September 1945 zusammen mit anderen Kindern in Küstrin an. Wahrscheinlich handelt es sich um einen Ostflüchtling. Näheres ist nicht bekannt

Foto-Nr. 12/III/16
Reiner, Helmut, 9. 12. 43, sucht seine Eltern oder Angehörige. Das Kind kam ohne Angehörige mit einem Ost-Umsiedlertransport nach Deutschland. Näheres war bisher nicht zu ermitteln

Foto-Nr. 12/III/7144
Dieses namenlose Mädchen, geb. etwa im Sommer 1943, vermutlich aus Kant b. Liegnitz, sucht seine Eltern oder Angehörige. Das Kind kam 1947 mit einem Umsiedlertransport nach Deutschland. Näheres war bisher nicht zu ermitteln.

Foto-Nr. 12/III/7119
Weber, Paul, 22. 2. 45 in Gusen?. sucht seine Eltern oder Angehörige. Das Kind wurde kurz nach der Geburt in Gusen/Oberösterreich aufgefunden. Es hatte einen Zettel um den Hals mit der Aufschrift: „Paul Weber, geb. 22. 5. 45". Näheres ist nicht bekannt

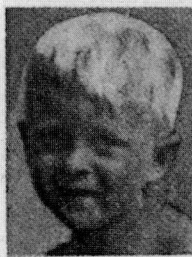 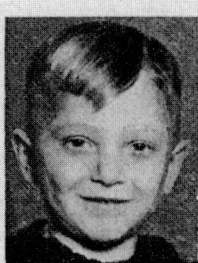  

Foto-Nr. 12/III/7089
Dieser namenlose Knabe ist etwa im Frühjahr 1944 geboren. Er sucht seine Eltern oder Angehörige. Das Kind wurde am 18. 5. 45 von einem Mann im Bahnhofsrestaurant in Coswig, Bez. Dresden, mit dem Bemerken zurückgelassen, daß er nur sein Gepäck holen wolle. Anfragende werden gebeten, die damalige Bekleidung des Kindes anzugeben.

Foto-Nr. 12/III/7088
Dieser namenlose Knabe, dessen Vorname evtl. **Dieter** lauten kann, ist am 11. 3. 43 vermutlich in Liegnitz geboren. Er sucht seine Eltern oder Angehörige. Das Kind befand sich im Martha-Heim in Liegnitz, das 1946 aufgelöst wurde. Der Vater soll Soldat, die Mutter bei der Bahn gewesen sein

Foto-Nr. 12/III/7122
Dieser namenlose Knabe, der am 15. 4. 43 geboren ist, sucht seine Eltern oder Angehörige. Das Kind kam 1945 mit einem Krankentransport nach Deutschland. Wahrscheinlich stammt es aus dem ehemaligen Warthegau. Näheres über seine Herkunft ist nicht bekannt.

Foto-Nr. 12/III/7114
Dieses namenlose Mädchen ist etwa im Frühjahr 1941 wahrscheinlich in Insterburg geboren. Es sucht seine Eltern oder Angehörige. Das Kind ist angeblich anhanglos in Insterburg aufgefunden und dem dortigen Waisenhaus übergeben worden. Es kam später mit einem Umsiedlertransport nach Deutschland. Näheres ist nicht bekannt.

In einer »Suchzeitung« wurden Portraits elternloser Kinder mit allen bekannten persönlichen Daten veröffentlicht.

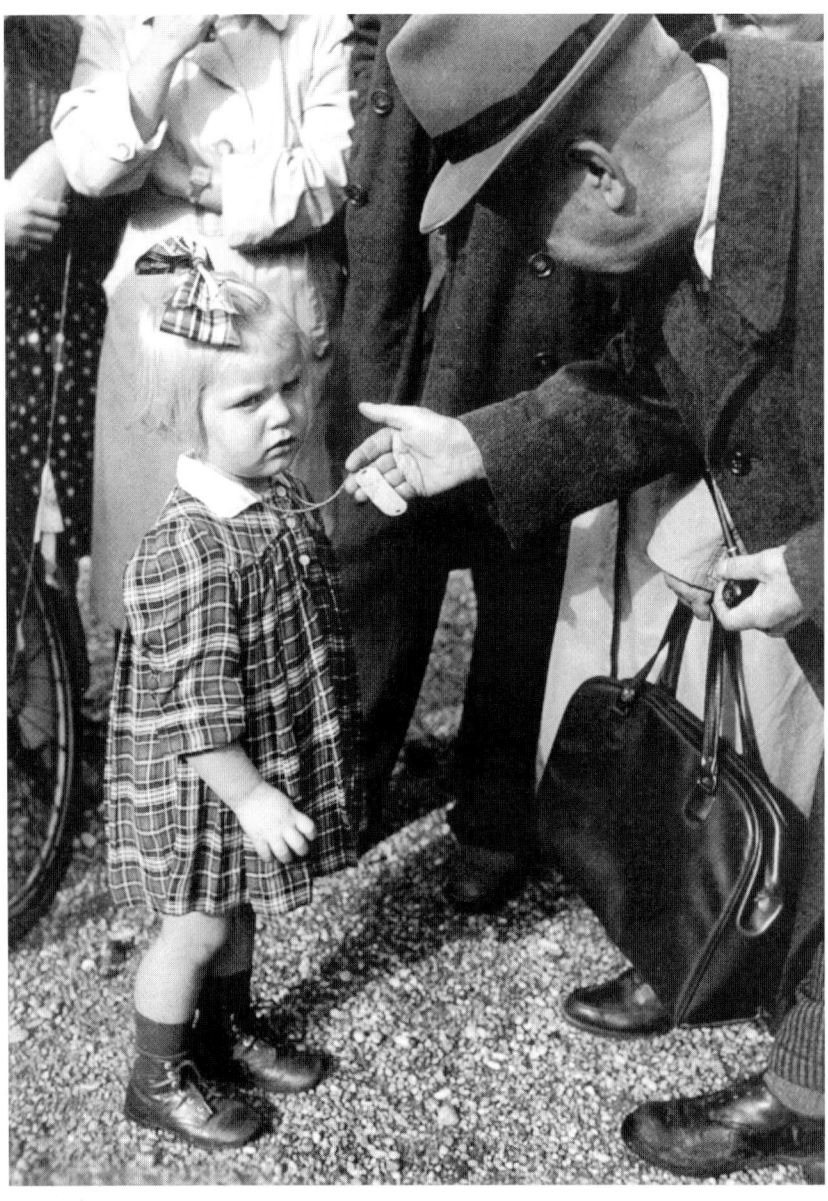

Je kleiner die verloren gegangenen Kinder waren, desto schwieriger für die Suchdienste, ihre Eltern oder Verwandte zu finden. Jedes Detail konnte bei der Identifizierung helfen.

für 29 000 von ihnen konnten Angehörige ausfindig gemacht werden.[26] Auch die Zeitschrift »Die Neue Heimat« unterstützte die Aktivitäten. Sie veröffentlichte in ihren Ausgaben Fotos unter der Überschrift »Wir suchen Vater und Mutter«. Der DEFA-Wochenschau »Der Augenzeuge« startete eine eigene Suchaktion »Kinder suchen ihre Eltern«: Vor jeder Wochenschau, einem Vorspann gleich, wurden elternlose Kinder vorgestellt, insgesamt über 300 Kinderschicksale.

1947 gab es in Brandenburg noch 5 224 elternlose Kinder, die in Heimen oder in Pflegefamilien untergebracht waren. Allein 900 Kinder kamen mit zwei Transporten aus Kinderheimen in Ostpreußen an. Besonderes Aufsehen erregte das Schicksal der »Kinder aus Königsberg«. Auf Beschluss des Alliierten Kontrollrates wurden ab Oktober 1947 mehr als 3 000 Kinder, die von 1945 bis zu diesem Zeitpunkt in von der sowjetischen Militärverwaltung eingerichteten Waisenhäusern in Königsberg oder, wie es nun russisch hieß, Kaliningrad lebten, nach Deutschland gebracht. Die Transporte machten Station in der sowjetischen Besatzungszone. Unter der Überschrift »Transport aus Kaliningrad – 3 000 Kinder« berichtet »Die neue Heimat« im November 1947: »Der Reporter wird in Eggesin, einem der vier Lager, auf die die 3 000 Kinder aus Kaliningrad zunächst verteilt worden sind, von der Lagerleitung nicht sehr freudig empfangen. Die 1 400 Kinder, die hier untergebracht wurden, haben eine anstrengende Fahrt hinter sich; sie sollen erst mal zur Ruhe kommen, sich an die neue Umgebung gewöhnen. Es gab außerdem schon genug Fragesteller, denen die Kinder in diesen ersten Tagen nach ihrer Ankunft in Deutschland Rede und Antwort stehen mußten. Da sind vor allem die Vertreter des Suchdienstes, die bereits eifrig ihre Ermittlungen anstellen. An allen Ecken hört man die Fragen: ›Wo ist die Mutter?‹ – ›Tot.‹ – ›Und der Vater?‹ – Verlegenes, hilfloses Achselzucken. Es ist, als käme es den Kindern erst jetzt zum Bewußtsein, daß ihr Schicksal ein besonderes ist. Nachher gehen wir durch die einzelnen Stuben. Schon beim ersten Eindruck will es uns scheinen, als ob die Befürch-

Angeblich Mücksch, oder ähnlich, Erna, geboren etwa 1942, sucht ihre Eltern oder Angehörige. Erna erwähnt sehr oft die Stadt Litzmannstadt. Sie spricht von einem älteren Bruder, der ertrunken sein soll.«[25]

Die Kindererfassungsaktion erwies sich als sehr erfolgreich. Bis März 1949 wurden dem Suchdienst 69 000 elternlose Kinder gemeldet,

tung der Lagerleitung übertrieben war; die Kinder scheinen sich schon ganz zu Hause zu fühlen. Offen und ohne Scheu erzählen sie von ihren Erlebnissen, die bei aller Buntheit doch beinahe gleichförmig sind.«[27]

Die »Gleichförmigkeit« der Erzählungen der Kinder bestanden größtenteils in dramatischen Fluchtgeschichten – Tod oder Verlust der Eltern, Geschwister, Verwandten, Umherirren und Suchen. »Eberhard Droste, 11 Jahre. Wo seine Eltern sind, weiß er nicht. Nach dem Zusammenbruch lebte er bei den Großeltern. Die starben. Eine Russin nahm ihn mit nach Kursk. Auf irgendeine Weise kamen sie zurück nach Pillau. Dort ging er auf ein Schiff, wo ihn Landser schnappten und ins Lazarett mitnahmen. Von dort kam er ins Waisenhaus. – Helga Krüger mit vier Geschwistern. Die Mutter starb 1945, der Vater vermißt. – Jürgen Schwidrowski, 11 Jahre alt, und seine Schwester Gertrud. Die Mutter starb an Typhus, eine Tante nahm die Kinder auf. Dann hatte sie für die beiden nichts mehr zu essen. Die beiden kamen in ein Auffanglager, von da ins Waisenhaus.« Die 3 000 Königsberger Kinder wurden nach einer Quarantänezeit auf verschiedene Lager in der sowjetischen Besatzungszone verteilt.

Ein Zeitungsartikel des Berliner »Kurier« berichtete über einen später ankommenden Transport: »Im Umsiedlerlager Falkensee, wo in der Nacht vom 5. zum 6. Dezember 1947 ein zweiter Transport mit 432 Kindern aus Königsberg eingeliefert wurde, sind etwa 60 Kinder erkrankt, heißt es in einem Bericht der Zentralverwaltung. Seit dem 8. Dezember ist der Zutritt zum Lager für Zivilisten gesperrt, Pressevertreter dürfen das Lager nur betreten, wenn sie einen Ausweis der SMA vorweisen können. In dem Bericht der Zentralverwaltung wird die Vermutung ausgesprochen, daß man mit dem ersten Transport vor allem Kinder in besonders guter körperlicher Verfassung geschickt habe. Dagegen seien die Kinder des zweiten Transports ›nur noch Haut und Knochen‹. Sie könnten auf Grund ihres gesundheitlichen Zustandes nicht einmal geimpft werden.«[28]

Manche Kinder fanden ihre Eltern oder Verwandte wieder, andere wurden adoptiert. Ehrliches Mitgefühl und den Versuch, für sie ein neues Zuhause zu finden, gab es von vielen Seiten. Die Langzeitwirkungen der erschütternden Erlebnisse aber nicht nur der Königsberger Kinder sind schwer zu messen. Wie erwachsene Vertriebene immer wieder die schöne Zeit der Kindheit in der alten Heimat beschworen, so war für diese Kinder die Kindheit oftmals ein Trauma, das sie für ihr ganzes Leben prägte.

Für 29 000 elternlose Kinder konnten die Suchdienste Angehörige ausfindig machen.

Von Pommern nach Putlitz

**Christel K. und
Brunhild W.**

Die Ehe unserer Eltern wurde 1922 in Dramburg geschlossen. Meine Schwester Brunhild kam 1924, ich 1926 auf die Welt. 1929 zogen wir nach Moritzfelde am Madüsee. Der Ort lag 27 Kilometer von Stettin und acht Kilometer von Stargard entfernt. Unsere Eltern hatten dort ein Grundstück erworben. Es war groß genug, um darauf neben einem Haus auch eine Werkstatt zu bauen, in der Dachpappe und Dachsteine produziert werden konnten. Als selbständiger Handwerker bekam Vater in den dreißiger Jahren genügend Aufträge und für uns begann eine glückliche unbeschwerte Kindheit. Mit vielen Freundinnen begannen wir die Welt um das heimische Dorf zu entdecken.

Ein besonderer Ort unserer Kinder- und Jugendjahre war der See. 14 Kilometer lang, drei Kilometer breit. Zu jeder Jahreszeit sah sein Wasser anders aus. Im Sommer, bei windstillem Sonnenschein, war es durchsichtig und hellblau. Die Luft über dem Wasser flimmerte in der Hitze. Unvergesslich auch das Schwimmen am Abend, wenn der Mond sich im Wasser spiegelte. Bei Gewitter war der See dunkel mit weißen Schaumkronen. Einmal waren Brunhild und ich hinaus gepaddelt und gerieten in einen Sturm. Wir beherrschten kaum das leichte Boot und sangen in unserer Angst das Lied aus Lehars Zarewitsch: »Hast du dort oben viele Engel bei dir, schick einen, ach einen davon zu mir...« Im Winter waren wir jeden Nachmittag auf dem Eis, oft bis in die Dunkelheit, wenn der Mond schon schien. Durchgefroren kamen wir nach Hause zum warmen Kachelofen.

Zuerst haben wir Kinder nicht viel davon gemerkt, dass Krieg war. Dann wurde mein Vater eingezogen, und 1943 wurde deutlich, dass der Krieg eine anderer wurde. Wir hörten, dass die Erwachsenen es für wahnwitzig hielten, einem so großen Land wie Russland den Krieg zu erklären. Als der Russlandkrieg begann, hatte jeder Angst. Man ahnte, dass ein Unglück bevorstand.

Am bedrückendsten war das Jahr 1944, als dann tatsächlich die Flüchtlingswelle aus Ostpreußen kam. Silvester 1944 war es bitter kalt und über allem lag eine Atmosphäre der Bedrohung; man wusste, dass das neue Jahr nichts Gutes bringen würde.

Die Bombenangriffe machten klar, dass es bald zu Ende gehen würde. Das Leben fing an, in ungeordneten Bahnen zu verlaufen. Man ging zwar noch jeden Morgen zur Arbeit, versuchte, das äußere Leben irgendwie aufrecht zu erhalten, aber alles war in Auflösung begriffen. Anfang Februar 1945 fielen Bomben auf Stargard.

Vier Wochen lang war der Geschützdonner der Front zu hören. Vier Wochen tobte der Kampf um Stargard und um den Madüsee. Am anderen Ende des Sees standen die russischen Truppen. Alle hatten Angst, dass sie über den See setzen würden und plötzlich da wären. Ein Nachbar sagte: »Kinder, Kinder, sie sind bald da, und es werden nicht sein so viele Bäume, wie braune Hosen dran flattern werden.« Diese Worte habe ich nie vergessen. Die Tiefflieger kreisten täglich über dem Dorf und schossen, sobald sich etwas bewegte. Manchmal konnte man nicht über den Hof oder die Straße. An ruhigen Schlaf war nicht zu denken. Es war klar, dass wir bald wegmussten. Wir hatten kein Auto und kein Pferdefuhrwerk. Unser Vater wurde zum Volkssturm eingezogen. Wir packten jede einen Sack. Und jeden Tag wurde der wieder umgepackt, weil man etwas anderes für wichtiger hielt – ein Deckbett, ein Kopfkissen, etwas Wäsche, die Kleidungsstücke, die man am liebsten hatte, die Bibel, das Familienalbum.

Es war ein Sonntagmorgen. Mutter hatte Kuchen gebacken, wir hatten uns zum Schlafen gar nicht ausgezogen, die Säcke und die Fahrräder standen bereit. Die Sturmglocken läutete, das war so ausgemacht – wenn es unabwendbar ist, wenn ihr gehen müsst, werden wir die Glocken läuten. Sie läuteten nicht ihren

Gemeindemitglieder »Komm, kommt!«, sie läuteten »Geht, geht!« Wir packten die bereit gestellten Säcke auf die Räder, versuchten einen Schluck Kaffee zu trinken, würgten etwas vom Sonntagskuchen herunter, um Mut zu zeigen. Wir verließen das Grundstück und gingen zur Straße, schweigend. Es ist nicht zu beschreiben, was man in solch einem Augenblick denkt. Angst vor dem, was vor einem liegt. Wir waren ja jung, aber die Eltern hatten für das Haus gearbeitet und gehungert, das wir verließen. Es waren so viele Menschen unterwegs ... auf der Autobahnbrücke war es, als sähe man eine Ameisenstraße. Unser Ziel war Thüringen. Wir wollten zu den Verwandten meines Verlobten Hans, die dort lebten.

Meine Schwester Brunhild hat während der Flucht ein Tagebuch geführt:

»4.3.45
Wir reihten uns ein zwischen den Autos der Wehrmacht, Pferdefuhrwerken, Radfahrern, Handwagen und Fußgängern. Über uns kreisten die russischen Tiefflieger. Der Schnee fiel. Alle eilten der Oder zu. Es wurde langsam hell. In Stettin machten wir zweimal Halt. Ein Wehrmachtauto nahm uns mit. Wir fuhren bis Löcknitz. Wir waren müde, besonders unsere Mutter. Sie friert immerzu. Wir sind in einem größeren Büroraum einquartiert und schlafen auf der Erde.
5.3.45
Mutter ist schon sehr kaputt. Durch den Rundfunk hörten wir, daß in und um Stargard heftigste Kämpfe seien. Obgleich wir damit rechnen mußten, ist diese Nachricht wie in Herzstich. Wir haben geweint. Vater kam bis jetzt nicht.
6.3.45
Wir warten weiter auf Vater.
7.4.45
Vater ist nicht gekommen. Wir wurden zum Bahnhof gebracht. Die Flucht ging weiter. Es ist einem alles egal. Zeit spielt keine Rolle. Kein Zug. Am späten Nachmittag ein leerer Zug. Wir bekamen alle Platz und warten auf die Abfahrt. Wir warten und warten. Die Zeit vergeht. Es ist Mitternacht. Der Zug steht.
8.3.45
Morgens um 5.00 fuhr der Zug ab bis Wittenberge. Überall Menschen und Menschen! Alle warteten und

hofften, daß ein nächster Zug bald käme. Er kam und fuhr bis Stendhal.
9.3.45
Mit mehrmaligem Umsteigen schafften wir es über Magdeburg, Güsten, Klostermannsfelde und Bredleben bis Bad Frankenhausen. Es war nicht mehr weit. Christel ging zu Hans' Schwester Rose, um unsere Ankunft anzukündigen. Ihr Sohn holte uns mit einem Handwagen ab. Wir haben das Ziel erreicht.
10.3.45
Rose hat uns gut aufgenommen. Wir warten auf Vater.
15.3.45
Vater ist da!!!
16.3.45
Vater will weiter nach Jena. Dort leben die zukünftigen Schwiegereltern von Christel.
17.3.45
Abfahrt mit dem Zug nach Jena. Unterwegs mußten wir wegen eines Luftangriffs aus dem Zug steigen und in Deckung gehen. Das haben wir schon oft erlebt. Jena sieht verwüstet aus. Gestern war ein großer Angriff, der die Innenstadt zerstört hat. In den Fenstern sind kaum noch Scheiben. Es gibt weder Strom noch Wasser. Unsere Furcht vor den Fliegerangriffen ist groß. Beim Vater von Hans ist genug Platz für uns.

Brunhild W. (links) und Christel K. mit ihrer Mutter.

25.3.45

Weiter mit dem Zug nach Eisenberg. Wir bekommen ein Zimmer zugewiesen. Papi verdient sogar Geld mit Reparaturarbeiten. Eisenberg ist ein schönes Städtchen. Wir warten auf das Kriegsende.

25.4.45

Wir waren heute wieder auf dem Friedhof und haben uns gesonnt. Der Friedhof ist zu unserer zweiten Heimat geworden. Dort trifft man immer Flüchtlinge, also Leidensgenossen. Nun ist es Abend. Wir müssen im Zimmer sitzen, dürfen aber aus dem Fenster sehen. Wir dürfen von morgens 7.00 bis abends 8.00 auf die Straße.

28.4.45

Heute früh eine Stunde nach Kartoffeln angestanden und doch keine bekommen. Zu Hause liegen noch einige Zentner in der Miete. Es wird überall erzählt, daß die Amerikaner kommen und die Russen abziehen. Heute ist ein trüber Tag. So trüb sind auch unsere Herzen!

5.5.45

Der Führer und Goebbels sind tot. In Deutschland wurde dem Tod des Führers keine Aufmerksamkeit geschenkt, nicht einmal die Musik wurde auf Trauer umgestellt. Es ist auch keiner traurig darüber, im Gegen-

teil, wie konnte das Ganze bloß geschehen? Das fragt man sich und fragt man sich. Viele glauben noch nicht einmal, daß der Führer gestorben ist. Das ist nun egal. Das hungrige Gefühl im Magen ist bald chronisch.

10.5.45

Gestern hatte Mami ihren 45. Geburtstag. Gleichzeitig war gestern Frieden!!!

Hier in Eisenberg haben von 12.00 bis 13.00 die Glocken geläutet.

In Moskau wurde aus tausend Geschützen Salut geschossen. Außerdem war ein großes Feuerwerk. Wir sind jetzt den Siegern auf Gnade und Ungnade ausgeliefert. Heute morgen erklärte der Londoner wie auch der Moskauer Rundfunk, daß Deutschland nicht zerstückelt werden soll, sondern das deutsche Volk weiter bestehen und leben soll. Nun hoffen wir, daß wir recht bald nach Hause können.

16.5.45

Wir sind noch hier. Gestern haben Christel und ich uns mit Amerikanern ganz nett unterhalten.

21.5. 45

Es ist zweiter Pfingstfeiertag. Vor einem Jahr hat Christel ihre Verlobung mit Hans gefeiert. Wo er wohl ist? Christel und ich haben uns wieder mit zwei Amerikanern unterhalten. Sie sind im Prinzip auf die Deutschen verhaßt. Wir gehen auch oft zur Autobahn. Es ist kein langer Spazierweg. Dort strömen die Menschen mit Handwagen und mit Karren, meist aus Richtung Osten.

20.6.45

Wir haben einen Passierschein nach Madüsee-Moritzfelde!!! und planen den Heimweg. Wir haben einen Handwagen bekommen. Zwei Stunden bis Bitterfeld mit dem Zug. Der Amerikaner läßt niemandem über die Mulde. Der Passierschein nutzt nichts. Wir schlafen in einer Scheune.

1.7.45

Die Amerikaner ziehen ab und die ersten Russen kommen. Vielleicht können wir nächsten Sonntag zu Hause sein!!!

2.7.45

In endlosen Reihen marschieren die Russen ein. Zu Fuß, zu Pferd und mit Panjewagen. Wir hoffen, daß wir nun bald zu Hause sein können.

3.7.45

Wir sind noch hier. Wir schlafen mit den Russen unter

einem Dach in der Scheune. Rechts die Deutschen,
links die Russen. Sie kümmern sich nicht um uns und
tun uns nichts.

  4.7.45

Abwarten heißt die Parole.

  5.7.45

Wir haben alle Durchfall.

  6.7.

Warten. Warten. Warten. Die Brücken sind noch nicht
frei. Es wird erzählt, daß rechts der Oder die Polen das
Sagen hätten.«

Eigentlich hatten wir Glück. Viele haben grausamste
Dinge auf der Flucht erlebt. Wir waren der Front immer
entkommen und haben unser Ziel noch relativ un-
kompliziert mit der Bahn erreicht. Auf einigen Um-
wegen gelangten wir nach Berlin. Dort kam uns der
Zug der Ausgewiesenen schon entgegen. Da war klar:
Wir können nicht mehr zurück nach Hause. Es ging
uns trotzdem besser als vielen anderen. Wir waren
nicht auf der Straße und nicht in irgendeinem Notauf-
nahmelager, eine Tante hatte uns aufgenommen. In
Berlin jedoch konnte man nicht lange bleiben. Man
bekam kein Brot mehr, deshalb beschlossen wir, aus
Berlin wegzugehen, die Not war zu groß.

Ungewissheit erwartete uns in jedem Ort. Unser
Vater schlug Perleberg vor. Er sagte, Perle und Berg, das
kann doch nicht schlecht sein, das muss eine schöne
Gegend sein. Wir bekamen einen Passierschein in die
Prignitz, packten unseren Handwagen und zogen ihn
an einem glühend heißen Junitag von Pankow nach
Spandau, um einen Zug zu bekommen. In Perleberg
wurden wir in einer Turnhalle untergebracht. Tagsüber
gingen wir Brot und Kartoffeln betteln. Wenn man
noch nie gebettelt hat, ist es furchtbar, aber es war der
einzige Ausweg. Es war demütigend, aber man tut es,
wenn man Hunger hat. Wir fanden keine Perlen in Perleberg. Von dort wurden wir weitergeschickt nach Sagast, einem Gutsdorf. Unser Vater ging zum Bürgermeister, zeigte unseren Einweisungsschein und bat um
eine Wohnung. Der Bürgermeister sagte, der Ort sei
voll, total belegt, es gäbe keine Unterkunft für uns.
Schließlich fanden wir einen Bauern, der bereit war,
uns in seine Scheune zu lassen. Meine Schwester und
ich heulten, hier wollten wir nicht bleiben, in diesem
200-Seelen-Dorf. Wenn wir schon von zu Hause weg

mussten, wollten wir wieder einen Ort mit einem See,
einen Ort, wo etwas mehr Leben war. Wir waren jung.
Lange blieben wir nicht in der Scheune. Der Gutsbesitzer musste Wohnraum abgeben und wir bekamen zwei
Zimmer im Gutshaus. Das ganze Leben drehte sich ums
Essen, darum, dass man satt wurde. Früh stand man
auf, ging in den Wald und sammelte Holz, Pilze und
Beeren, in der Nacherntezeit Ähren und Kartoffeln von
den Feldern. Man lebte in den Tag hinein, mit dem Be-
dürfnis, diese Zeit zu überleben, sprach nur von den Erfordernissen des Tages und vom Heimweh. Das Heimweh war immer da, besonders wenn man sah, dass die
anderen in ihren Häusern waren. Man ging durch den
Ort und roch, da wurde Speck gebraten und dort Kuchen gebacken. Dann war man neidisch. Aber wir hatten die Hoffnung, dass es so nicht bleiben würde. Wir
hatten ja nichts verbrochen, warum konnte man uns
aus der Heimat jagen und zu Bettlern machen?

Als es auf Weihnachten zuging, war klar, dass es
zwar ein Weihnachten in Frieden, aber kein Weihnachten wie daheim werden würde. Jeden Abend war
Stromsperre. Die Bauern mussten sich beim Viehfüt-
tern mit Laternen behelfen. Wir Flüchtlinge besaßen
nichts, was man versorgen musste. Die Ofentür blieb

Auf der Flucht, 1945.

auf, damit das Feuer den Raum erhellte, so warf es Schattenbilder an Wand und Decke. Wir saßen vor dem Feuerloch und erzählten immer wieder von zu Hause und von denen, die wir nach der Flucht noch nicht wiedergefunden hatten.

Im Gutshaus haben etwa 80 Menschen gelebt. Im Esszimmer lagen 40 Menschen aus Aussig. Man hat dort friedlich zusammengelebt, es gab kaum Streit in dieser Zeit. Man hoffte auf den lieben Gott und sagte sich, es wird schon wieder besser werden. Meine Schwester bekam Typhus, dann meine Mutter und dann ich. Fast alle Flüchtlinge die im Gutshaus wohnten, bekamen Typhus und 12 Menschen starben daran. Es gab keine Särge. Mein Vater und der Stellmacher vom Gut haben Holzkisten gezimmert, um die Toten zu beerdigen. Ich selbst hatte die Krankheit Ostern 1946 überstanden.

Vater wusste, dass sich viele Heimatlose wie er selbst nach einem eigenen Haus und Grundstück sehnten. Zusammen mit anderen bauwilligen Flüchtlingen gründete er im November 1946 in Putlitz eine Baugemeinschaft. Elf Häuser sollten entstehen. Das Land bekam die Gemeinschaft von der Kirche. Es war der Acker »Lehmkuhlen 4«, Pritzwalker Straße, Ecke Mertensdorfer Weg. Anfangs gab es viel guten Willen und viele Schwierigkeiten. Baumaterial war mehr als knapp und es zu organisieren ein Kunststück für sich. Feldsteine mußten behauen werden und die Ziegel transportiert; es wurden Blaubeeren gegen Fensterscheiben

getauscht. Beim ersten Richtfest standen vielen Menschen Tränen in den Augen.

Brunhild und ihr Mann zogen 1948 in eines der Häuser. Mein Mann und ich zogen 1956 von Sagast nach Putlitz in die sogenannte "Flüchtlingssiedlung". Das Leben normalisierte sich. In Sagast habe ich meinen Mann kennen gelernt. Wir bekamen zwei Kinder; den Beruf gab ich nie auf. Viele Kinder haben in meinen fast 40 Berufsjahren bei mir Lesen und Schreiben gelernt.

Durch den Beruf und meine Familie habe ich meinen Platz im Leben gefunden, aber die Sehnsucht nach der Heimat ist geblieben. 1968 waren Mutter, Brunhild und ich mit unseren Kindern das erste Mal in Moritzfelde. Wir wussten, dass der Ort im Krieg völlig zerstört worden ist; es existierte eigentlich nicht mehr. Wo einst die Kirche und die belebte Dorfstrasse waren, kreuzen sich zwei mit Unkraut überwucherte Sandwege. Damals schrieb ich an meine Freundin Eva, zu deren Haus ich früher von unserem Grundstück aus hinübersehen konnte:

»Meine liebe Eva,
... Ich habe unseren See wiedergesehen. Der See kann sich nicht verändern. Er bleibt als Spiegel des Himmels über ihm.

Ich war an der Stelle, wo wir Osterwasser schöpften, und ich fuhr durch das Wäldchen, in dem wir so gern Liebespaare belauschten, weil wir wissen wollten, wie

▷ Brunhild W.

▷▷ Christel K.

sich Verliebte benehmen und was sie miteinander reden. Ich dachte an meinen Tanzstundenpartner Christian und an Hans, an die vielen Menschen, die mit uns lebten, die dorthin gehören.

Brenkenhofswalde ist verschwunden. Wir waren am See, wo wir schwimmen gelernt haben.

Man weint und will es nicht zeigen. Wehmut, Freude, Sehnsucht und Schmerz, alles vermischt sich. Es ist ein Wiedersehen, aber kein Wiederfinden, ihr alle fehlt. An dem was von unserem Haus noch stand, sieht man die Einschußstellen. Der Weg zum Bahnhof ist noch wie damals. Ich finde sogar, daß die Birken nicht wesentlich gewachsen sind. Wir erzählten von den vielen Schulwegen zum Bahnhof, von den Schneewehen, die wir zu überwinden hatten, von nassen und kalten Füßen, von verpaßten Zügen und dem Schummeln, wenn man die Fahrkarte vergessen hatte. Weißt du noch, wie die Birken nach dem Regen dufteten?

Ich war in unserer Heimat, ich habe sie verändert oder gar nicht vorgefunden und sie dennoch gesehen. Mein Herz war traurig und enttäuscht, ich war glücklich über jede Kleinigkeit, die ich wiedererkannte ...

Ich bin und bleibe
Deine Freundin Christel aus Madüsee.«

Es ist gut, dass Brunhild und ich so dicht beieinander wohnen. Das Leben hat es unabhängig davon, dass wir die Heimat verlassen mussten, nicht nur gut mit uns gemeint. Wir haben beide einen Sohn und unseren

Mann verloren. Wir erzählen viel von früher. Bevor wir dieses Jahr noch einmal zum Madüsee gefahren sind, wollten wir die Dose mit der Heimaterde, dem Sand vom See, aus Brunhilds Keller holen. Sie war auch da, mit verblasster Beschriftung: »Heimaterde Madüsee«. Wir hatten sie seit 30 Jahren nicht gesehen. Als wir sie öffneten, war ein feiner, pulveriger Staub darin, von dem ich dachte, das könne niemals Sand vom See sein. Ich sagte zu Brunhild, dass sie die Dosen vertauscht habe, oder dass die Kinder ihr einen Streich gespielt hätten. Und das dies hier Rattengift oder sonstwas sei. Sie war entrüstet, dass ich ihr vorwarf, sie hätte die Heimaterde nicht gehütet. Wir haben den Staub in Wasser aufgelöst, gekostet und lange diskutiert. Schließlich haben wir eine Probe in ein Bodenuntersuchungsinstitut geschickt und als Ergebnis mitgeteilt bekommen: Es ist Sand vom See. Sand kann zu Staub zerfallen.

Umherziehende Heimatlose waren
noch Jahre nach Kriegsende keine
Seltenheit in Brandenburg.

Ein Ort zum Bleiben

Die Notlage Brandenburgs

Bis Oktober 1947 waren 745 088 Menschen in Brandenburg angekommen. 745 088 Menschen, die Wohnung, Hausrat, Kleidung und Arbeit benötigten. Der Prozess ihrer Sesshaftwerdung vollzog sich in den Jahren bis 1949, Jahre, in denen mit vielen materiellen und politischen Schwierigkeiten zu kämpfen war. Kein Land verkraftet ohne weiteres die Zunahme seiner Bevölkerung um ein Drittel. Aufgrund der Beschlüsse des Potsdamer Abkommens gab es jedoch keine Alternative zur Ansiedlung der Vertriebenen in Brandenburg, in der sowjetischen Besatzungszone, im gesamten Deutschland.

Die Ankommenden hatten die Bestandsaufnahme des ihnen verbliebenen Besitzes meist schnell erledigt: das, was man am Leibe trug. Fast alle hatten Familienangehörige, Nachbarn, Freunde, jeden materiellen Besitz und die Heimat verloren. Doch war es nicht nur der materielle Verlust, der den Menschen zu schaffen machte, es war auch die psychische Dimension des Erlebten. Die Vergeltung der Roten Armee, der tschechischen und polnischen Behörden für das Leid, das ihnen, ihrem Volk, ihrem Land geschehen war, hatte Schuldige und Unschuldige gleichermaßen getroffen. Mit der Frage nach der eigenen Mitverantwortung am Geschehenen war jeder allein. Im Oktober 1945 schrieb Stephan Hermlin »Aus dem Lande der großen Schuld«: » ... Ich wiederhole: das Bewußtsein unserer Schuld ist die conditio sine qua non des Weiterbestehens Deutschlands – anderenfalls wird da wohl irgend etwas sein, ein Gelände ohne Trost, erfüllt von widerwärtigen, mißtrauischen, apathischen Geschöpfen, mit Haß und Verachtung von den zivilisierten Völkern beobachtet. Der Herbstregen schwärzt den Schutt unserer Städte, unter dem noch die Toten liegen. Bald wird es Winter sein – die Zeit der Bewährung. Deutschland ist ohne Recht auf Erbarmen, aber es besitzt ein großes und stärkendes Recht auf die Tilgung seiner Schuld.«[1]

Die Situation in Brandenburg in den ersten Monaten und Jahren nach Kriegsende gab wenig Anlass zur Zuversicht: »Einzelne Orte waren völlig zerstört, waren völlig entvölkert, waren überschwemmt, alle waren ohne Wasser, ohne Strom, ohne Gas, viele waren schließlich ohne die primitivsten Hilfsmittel und Geräte, waren ohne Wohnraum, ohne Vieh, ohne Transportmöglichkeiten. Jede Frage war lebenswichtig und brennend. Jeder Versuch einer Lösung war hoffnungslos, beinahe unsinnig, da immer eines vom anderen abhängt.«[2] Brandenburg hatte 30 Prozent seines ehemaligen Territoriums eingebüßt. Ein Viertel aller Gebäude und 18 Prozent der Wohnungen waren zerstört. Einen großen Teil der intakten Gebäude hatten die Besatzungstruppen für sich beansprucht. 430 zerstörte Brücken machten weite Umwege erforderlich. Es fehlte an Baufacharbeitern, Maurern, Zimmerern, Tischlern und Tiefbauarbeitern für die Instandsetzung der Häuser und Verkehrswege. Überdurchschnittlich viele Menschen waren in der Landwirtschaft beschäftigt. Das Land hatte fast seinen gesamten Viehbestand verloren an die Besatzungsmacht, oder die Besitzer hatten die Herden in den Westen getrieben. Dasselbe galt für fast alle materiellen Werte: »Hundert-

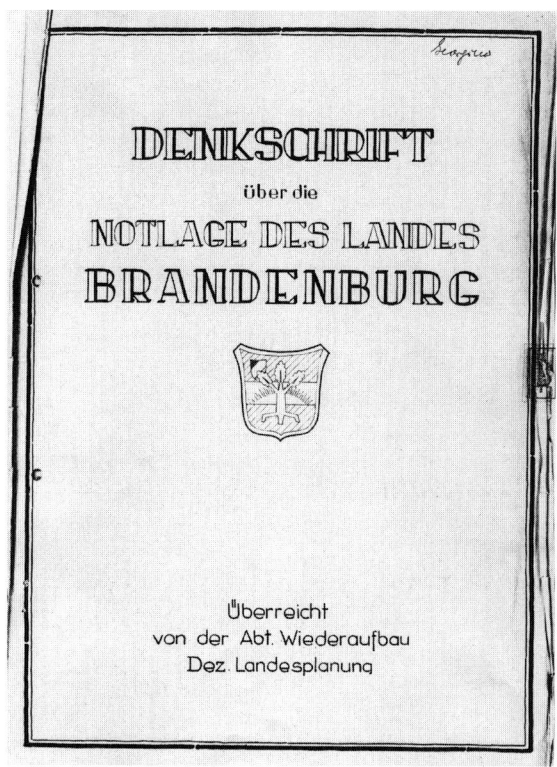

landwirtschaftlichen Erträge gering blieben. Industrie, Handwerk, Handel und Verkehr waren unterentwickelt, Betriebsanlagen wurden durch die Besatzungsmacht demontiert. Es fehlte an Kraftfahrzeugen, viele Autos waren ohne Bereifung, die nicht ersetzt werden konnte, Benzin war Mangelware.

1948 verfasste das Dezernat Landesplanung bei der Abteilung Wiederaufbau der Provinzialverwaltung eine »Denkschrift über die Notlage Brandenburgs«[4]. Die Verbreitung dieses Papiers wurde auf Anordnung des Innenministers Bechler nach kürzester Zeit gestoppt, die etwa 20 in der Behörde verteilten Exemplare wieder eingezogen. Möglicherweise widersprach der Lagebericht den sonstigen Erfolgsmeldungen beim Wiederaufbau in der sowjetischen Besatzungszone, vielleicht fürchtete man auch eine verstärkte Abwanderung in die westlichen Zonen, wenn in der Bevölkerung bekannt würde, welch schlechte Voraussetzungen Brandenburg für einen Wiederaufbau hatte. Nach der Analyse der Situation waren die Verfasser der Denkschrift zu folgendem Fazit gekommen: »Der Krieg mit seinen Zerstörungen und sonstigen Folgeerscheinungen hat das Land Brandenburg insgesamt stärker betroffen als die anderen Länder der Zone. Die Überwindung des dadurch verursachten besonderen Notstandes wird erschwert durch die natürliche Armut des Landes. Mehr als in den anderen Ländern der Zone hemmt der Mangel an Menschen, Baustoffen und Geld den Wiederaufbau des Landes, insbesondere die Durchführung des Bodenreformprogrammes und die Beseitigung der Kriegsschäden. (...) Brandenburg steht also vor der unlösbaren Aufgabe, größere Kriegsschäden und größere Armut des Landes mit geringeren Mitteln bewältigen zu müssen, als die anderen Länder der sowjetischen Besatzungszone. (...) Zu fordern ist deshalb ein Lastenausgleich, der sich auf finanzielle Hilfe, auf einen Gebietsausgleich und auf die Bereitstellung von Maschinen und Ausrüstungen für die eigene Baustoffproduktion sowie auf die zusätzliche Bereitstellung von Baustoffen und einen Baufacharbeiterausgleich erstrecken muß.

tausende haben unter Mitnahme von Kraftwagen und andern Fahrzeugen beladen mit wertvollen Gütern und Hausrat das Land geräumt und sind nach allen Himmelrichtungen geflohen. Der größte Teil dieser Fahrzeuge und Güter kam nach dem Waffenstillstand nicht mehr ins Land zurück.«[3]

Mühsam waren die Felder von Minen und Blindgängern gereinigt, die Bombenkrater zugeschüttet worden, die die Schlacht an der Oder hinterlassen hatte, da erreichte im März 1947 die Katastrophenmeldung Brandenburg, dass eine Flutwelle der Oder ins Oderbruch drückte. Die in den Kämpfen des Krieges vielfach beschädigten Deiche hielten nicht. 55 000 Hektar Ackerboden im Oderbruch, die fruchtbarsten in Brandenburg, wurden vernichtet, 7 900 Gebäude beschädigt.

Die schon von Fontane beschriebene »Kargheit der märkischen Scholle«, die schlechte Qualität der Sandböden hatte zur Folge, dass die

Die Verteilung der »Denkschrift über die Notlage Brandenburgs« aus dem Jahr 1948 wurde auf Anweisung des Innenministers gestoppt.

Dieser Ausgleich ist unbedingt notwendig, wenn nicht Brandenburg erheblich im Tempo des Wiederaufbaus hinter den anderen Ländern der Zone zurückbleiben soll und sich die Unterschiede der Wirtschaftskraft der Länder auf die Dauer verstärken sollen.«[5]

Bereits im Oktober 1945 war ein Schreiben der Zentralverwaltung für Deutsche Umsiedler an alle Landräte und Bürgermeister Brandenburgs gegangen, das erste Richtlinien zur Ansiedlung der Umsiedler enthielt: »Die Umsiedlerfrage, die sich als größte und schwer zu lösenste Frage nach Kriegsbeendigung herausgestellt hat, ruft alle verfügbaren Kräfte auf den Plan, um zu helfen, wo nur zu helfen ist. Es müssen sofort bei allen Landratsämtern Umsiedler-Auschüsse gebildet werden. (...) Die Ausschüsse müssen sich voll und ganz bewußt sein, daß nur eine gründliche Arbeit die sonst der Verelendung Preisgegebenen noch in letzter Minute retten kann. Es gilt eben, alle verfügbaren Kräfte zu mobilisieren und anzusetzen, um schließlich das unmöglich Erscheinende doch möglich zu machen. (...) Brennend ist die Frage der Beschaffung von Wohnmöglichkeiten in jedem Ort oder Dorf. Gedacht ist, die Umsiedler, die eine vierzehntägige Quarantänezeit hinter sich haben, dann in die bis dahin zu schaffenden Wohnräume einzuweisen. Auf begüterte Familien, die über größeren Wohnraum verfügen, darf jetzt keine Rücksicht mehr genommen werden. Die Umsiedler, die zugewiesen werden, müssen auf jeden Fall untergebracht werden. Selbstverständlich müssen die Ausschüsse nach sozialpolitischen, politischen und bevölkerungspolitischen Grundsätzen entscheiden. Es muß das alleräußerste getan werden, um die Landstraßen freizumachen von den endlosen Elendstrecks der abgehetzten, verhungerten und heimatlosen Menschen, die jetzt noch ihren unbekannten Zielen zustreben. Abgesehen davon, daß jeder einzelne von uns enger zusammenrücken müssen wird, sind als erstes die Wohnungen der aktiven Nationalsozialisten und Faschisten zu erfassen, denn gerade sie haben in erster Linie wieder gutzumachen. Sie können in ihren Wohnungen auf engsten Raum zusammenrücken, um Platz für Umsiedler zu machen.«[6]

Frauen, Kinder und Alte machten den größten Anteil der »Umsiedler« aus.

Ein Dach über dem Kopf

Zusammenrücken« und »Umverteilen« waren die Schlüsselworte der brandenburgischen Nachkriegsgesellschaft. Was als »Einweisung in zu schaffenden Wohnraum« formuliert wurde, beschäftigte alle Betroffenen – die Umsiedler, die Altbevölkerung und die Verwaltungen – auf Jahre. An das »Schaffen von Wohnraum« war zunächst nicht zu denken, es ging um Teilen und Abgeben. An erster Stelle wurde dabei an die Freiwilligkeit appelliert. Im Juli 1946 erließ der Alliierte Kontrollrat ein Gesetz zur Neuverteilung des Wohnraumes. Damit hatte die Arbeit der Verwaltungen, die die Vertriebenenströme zu lenken und für ihre Unterbringung zu sorgen hatten, eine rechtliche Grundlage.

Die Durchführungsbestimmungen dieses Gesetzes für die sowjetische Besatzungszone unterstellten den gesamten vorhandenen Wohnraum den Verwaltungen. Oberste Aufsichtsbehörde in der SBZ war dabei die Verwaltung für Arbeits- und Sozialfürsorge, ihr nachgeordnet wurden in jedem Ort Wohnungsausschüsse gebildet, die eng mit den Umsiedlerausschüssen zusammenarbeiteten. Diese hatten das Recht, über die Verteilung zu entscheiden. Ihre erste Aufgabe war die Erfassung des vorhandenen Wohnraums. Leer stehende Wohnungen waren meldepflichtig, Unterlassungen konnten mit Ordnungsstrafen geahndet werden. Weiterhin waren die Wohnungsausschüsse berechtigt, Einweisungen vorzunehmen und Wohnungen zu teilen; sie konnten von Besitzern verlangen, Räume wohnlich herzurichten, und den Tausch von Wohnungen anordnen.

Weil der Strom der Vertriebenen lange nicht abriss, war der Druck auf die Ämter enorm. Die eingesessene Bevölkerung begann Widerstand zu leisten, es musste zunehmend mit Anweisungen, Anordnungen und Beschlagnahmungen gearbeitet werden. Oberbürgermeister, Bürgermeister und Gemeindevorsteher waren be-

Ein Dach über dem Kopf: Flüchtlinge richten sich in einem Stall im Dorf Gorgast im Oderbruch häuslich ein.

rechtigt, die Herausgabe von Wohnraum und Gebrauchsgegenständen zu erzwingen. Nach Beschlagnahmungen standen den davon Betroffenen »ein ausreichend großes Wohnzimmer, der Sitte und dem Anstand entsprechende gemeinsame oder getrennte Schlafgelegenheiten und eine Küche«[7] zu. Außerdem musste ihnen alles gelassen werden, was zur Führung eines »bescheidenen Haushaltes« als unentbehrlich galt. Darüber, bei wem Wohnraum und Gebrauchsgegenstände beschlagnahmt werden sollten, hatte ein vierköpfiges Gremium abzustimmen. Den Betroffenen wurde Beschwerderecht eingeräumt, aber nur für den Fall, dass sie »mehr als andere in gleicher Lage Befindliche zu Leistungen herangezogen« worden waren. Für die Einheimischen bedeuteten die Einweisungen

Einschränkung und Verzicht, für die Umsiedler ein Dach über dem Kopf, Leben zur Untermiete oder in Behelfsunterkünften. Dass die Menschen irgendwie untergebracht waren, hieß aber noch lange nicht, dass sie eine Wohnung hatten, von der aus sich ein neues Leben beginnen ließ. Laut Statistik lebten 1947 in Brandenburg 84,8 Prozent der Flüchtlinge und Vertriebenen in festen Wohnungen, 14,6 Prozent in Notwohnungen und 0,6 Prozent in Massenquartieren. Im selben Jahr kritisierte man bei der Zentralverwaltung für Umsiedler die diesbezüglich veröffentlichten Statistiken: »Man hat es verstanden, aus nichts etwas zu machen. Tausende von Umsiedlern wohnen in Bodenkammern, Kellerlöchern, Waschküchen oder Stallgebäuden, die nie Wohnungen waren und auch niemals als Wohnun-

Provisorische Notunterkunft in Gorgast (Oderbruch), 1945.

*Schaffung von Wohn-
raum: Bau eines Neubau-
ernhauses.*

gen bezeichnet werden dürfen. Die Menschen sind zwar nicht obdachlos, sie sind untergebracht, jedoch nicht wohnlich untergebracht. Aber ihre Behausungen sind als Wohnungen gezählt.«[8] Die Belegung der einzelnen Orte mit Flüchtlingen und Vertriebenen wurde an der einheimischen Bevölkerungszahl gemessen. Diese wurde gleich 100 Prozent gesetzt. In der Stadt Guben lebten im August 1946 beispielsweise 26 767 Menschen, davon waren 12 612 Menschen Einheimische und 14 155 Umsiedler, nach der damaligen Rechenmethode war die Stadt also mit 111 Prozent Flüchtlingen und Vertriebenen bevölkert. In der Ostprignitz waren es 74 und in der Westprignitz 77 Prozent, die zusätzlich zur einheimischen Bevölkerung Wohnraum benötigten.[9]

Vielen erging es wie Richard N. aus Postglien in der Westprignitz. Er schrieb 1946 an den zuständigen Landrat: »Als Wohngelegeneheit steht uns nunmehr mit 5 Personen, 2 Erwachsene, 3 Kinder im Alter von 11 bis 16 Jahren, ein Raum mit 12-15qm zur Verfügung. Meine Frau hat Tuberkulose, meine Tochter ist Tbc-verdächtig. Der Raum ist naß und feucht. An den Wänden und unter der Matratze bilden sich Pilze, alles ist verschimmelt. Wir haben nur zwei Schlafgelegenheiten. (...) Meine Frau hat in der Wohnungsangelegenheit wiederholt mit unserem Bürgermeister Rücksprache genommen. Der Bürgermeister fand keine Möglichkeit, uns andere Wohnmöglichkeiten zu beschaffen. Er sagte:

›Ich werde mir wegen der Flüchtlinge keine Feindschaft schaffen mit den Alteingesessenen‹ ... Wir bitten Sie in unserer Not, uns zu helfen und auf den Bürgermeister einzuwirken. Besonders wegen der Tbc-Gefährdung der anderen Familienmitglieder.«[10]

Es war keine Seltenheit, dass vielköpfige Familien nur einen Raum zugeteilt bekommen hatten. In vielen Orten standen Umsiedlern weniger als fünf Quadratmeter Wohnraum pro Person zur Verfügung, in Prenzlau waren es durchschnittlich sogar nur zwei, in Beeskow vier Quadratmeter.[11] Angestrebt wurden zehn Quadratmeter pro Person, doch blieb in vielen Städten und Dörfern der Durchschnitt jahrelang unter diesem Wert. Die Bevölkerungszunahme in der sowjetischen Besatzungszone durch die Aufnahme der Flüchtlinge und Vertriebenen war eine der Ursachen für den Mangel an Wohnraum in der 1949 gegründeten DDR. Schon in den Nachkriegsjahren hätte das Problem nur durch Neubauten gelöst werden können, für die aber Material fehlte.

Ihre schlechten Wohnverhältnisse waren für viele Umsiedler ein Grund, sich mit Beschwerden an die Verwaltungen zu wenden. Neben fehlender Kleidung, Mangel an Hausrat, Wasch- und Kochgelegenheiten waren die Klagen über schlechte Unterbringung am häufigsten. Die Abteilung »Umsiedler und Heimkehrer« bei der Provinzialregierung vermerkte in ihrem Rechenschaftsbericht für das Jahr 1946, dass 45 000 Klagen eingegangen waren. Es ist davon auszugehen, dass jeder vierte Umsiedler sich mündlich oder schriftlich mit einer Beschwerde an die Behörden wandte. Und dafür hatte man durchaus Verständnis: »Die Not, in der sich der überwiegende Teil der Umsiedler befindet, rechtfertigt die Klagen, mit denen sie sich an die Provinzialverwaltung wenden ... Anzuerkennen ist die Einsicht, die bei den gestellten Anträgen zum Ausdruck kommt. Sie beziehen sich nur auf das unbedingt Notwendige. Es darf nicht vergessen werden, daß der überwiegende Teil der Umsiedler nur das besessen hat, was er auf dem Leibe hatte.«[12]

Einheimische und Fremde

Die zwischenmenschlichen Spannungen, die aus der Umverteilung von Wohnraum und materiellen Gütern entstanden, waren enorm, besonders in den Dörfern, wo die Familien einander seit Jahrzehnten kannten. Bürgermeistern oder Mitgliedern des Umsiedlerausschusses blieb es nicht erspart, Schulfreunde oder Verwandte aufzufordern, das Schlaf- oder Wohnzimmer für Flüchtlinge zu räumen. Wer ihm nahe stehende Personen davon verschonte, zog sich den Unmut der übrigen Dorfbewohner zu, die längst zahlreiche Einquartierungen hatten. Zunächst hatten noch viele freiwillig Menschen aufgenommen. Ernst wurde es, als immer mehr kamen, der Strom der Transporte, die die neue Grenze überschritten, nicht abriss, die Behörden rigoros allen vorhandenen Wohnraum erfassten und Vertriebene einwiesen. Teilweise war die Unterbringung nur noch durch Zwang und Polizeigewalt möglich.

Aus der Gemeinde Grube/Westprignitz berichtete der Umsiedlerausschuss von einer Flüchtlingsfamilie, die mit acht Personen ein 20 Quadratmeter großes Zimmer und eine Kammer von fünf Quadratmetern bewohnte, während der dreiköpfigen Familie des Hauseigentümers 60 Quadratmeter zur Verfügung standen:

»Auf unsere Bitte, Herr P. möge uns seinen Wohnraum besichtigen lassen, erklärte er, daß niemand die Befugnis hätte, ein Zimmer zu beschlagnahmen. Wenn die Herren nicht sofort machten, daß sie rauskämen, würde er mit seinen Fäusten alle von seinem Hof jagen. Er allein bestimmt auf seinem Hof und kein anderer.«[13] Oft standen die Vertriebenen vor der Wahl, die ungleiche Verteilung des Wohnraumes zu akzeptieren im Interesse des Hausfriedens, oder aber mit Hilfe der Behörden eine gerechte Verteilung durchzusetzen, nachfolgend aber den Schikanen des Vermieters ausgesetzt zu sein.

Im April 1947 schloss das Schöffengericht Luckau die Verhandlung gegen Hermann W. aus Rietzneuendorf, der die Aufnahme von Flüchtlingen in seinem Haus verweigert hatte, mit folgendem Urteil im Namen des Volkes: »Der Angeklagte wird wegen unterlassener Hilfeleistung zu einer Geldstrafe von 1 000 Reichsmark, ersatzweise zwei Monaten Gefängnis und den Kosten des Verfahrens verurteilt. (...) Das Gericht hat eine fühlbare Geldstrafe für notwendig gehalten, um den Angeklagten darüber zu belehren, welche Pflichten ihm als Besitzenden denen gegenüber erwachsen, die durch den Krieg restlos alles verloren haben.«[14] Der Gemeinde Rietzneuendorf waren am 23. Dezember 1946, einen Tag vor Weihnachten, 17 Flüchtlinge aus einem überfüllten Lager zur Unterbringung zugeteilt worden. Bürgermeister und Gemeinderat beschlossen, die Flüchtlinge für das Weihnachtsfest bei Bauern unterzubringen und ihnen anschließend eigenen Wohnraum zuzuweisen. Der Bauer W., an dessen Christenpflicht der Bürgermeister appellierte, verweigerte die Aufnahme einer Frau mit einem Säugling. In der Urteilsbegründung hieß es weiter: »Es kann nur betont werden, daß durch die auch in der Frostperiode nicht abreißenden Flüchtlingsausweisungen aus den polnisch besetzten Gebieten, eine die Allgemeinheit bedrohende Not der Deutschen heraufbeschworen worden ist, der nur begegnet werden kann, wenn sich alle gemeinsam zur Bekämpfung dieses Notzustandes zusammenfinden. (...) Der Angeklagte hatte hier nicht nur einem einzelnen Flüchtling zu helfen, sondern hatte zur Lösung des Flüchtlingsproblems überhaupt beizutragen. Bei der Beseitigung dieses allgemeinen Notzustandes mitzuhelfen hat sich der Angeklagte glatt geweigert. Dabei hätte er ohne eigene Nachteile einen Flüchtling aufnehmen können, denn er besaß ausreichend Wohnraum.«[15]

1947 wurden in Brandenburg 33 Strafen in Höhe von 28 700 Reichsmark gegen Einheimische wegen unsozialen Verhaltens gegenüber Umsiedlern verhängt.

Im Falle einer Einquartierung von Umsiedlern gegen den Widerstand der Einheimischen war das Verhältnis zueinander von vornherein belastet – eine schlechte Voraussetzung für zu-

künftiges Zusammenleben. Im Januar 1948 schrieb Konrad M. aus Lenzen an die Zentralverwaltung für Umsiedler: »Die Wohnverhältnisse sind sehr schlecht. Ich möchte darauf nicht weiter eingehen. Beklagen möchte ich mich über die Menschen, denen ich seit meinem Hiersein ausgeliefert bin. Ich wohne bei dem früheren Justizsekretär W. , ehemaliger Pg. Seit meiner Unterbringung auf seinem kleinen Gehöft sind wir fortlaufenden Schikanen ausgesetzt, z.B. Ausschalten des Lichts außerhalb der Sperrzeit und Verbot der Küchenbenutzung. (...) Wir hören Beleidigungen wie Lumpenpack, Zigeunerpack, hergelaufenes Gesindel usw.«[16] Aus Perleberg wurde Beschwerde darüber geführt, dass die Vermieterin Umsiedlern keinen Besen und Handfeger zum Säubern des Zimmers gab, in Havelberg bekamen Umsiedler keinen Handwagen und mussten das im Winter dringend benötigte Brennholz mit der Hand aus dem sieben Kilometer entfernten Wald herbeischleppen. Margarete P. aus Perleberg beschwerte sich über die Familie, bei der sie einquartiert war: »Wenn ich

Frau E. bitte um Licht, fragt sie gleich, habt ihr Pollacken in der Heimat Licht gehabt? Ihr Bandenzeug, Schweine, Heuschrecken, verlaustes Russenpack, raus mit euch!«[17]

Die Akten sind gefüllt mit Klagen und Beschwerden, mit Schlichtungsversuchen und erneuten Klagen, mit Kompromissen und Klageabweisungen. Wo Menschen auf engstem Raum zusammentrafen, ging es nicht nur um die Einsicht in die unabänderliche Situation nach dem Ende des Krieges. Es trafen auch charakterliche Eigenheiten von Menschen aufeinander, die das zwangsweise Zusammenleben nicht gewohnt waren. Viele Auseinandersetzungen um die Benutzung von Wasserleitungen, Kochgelegenheiten, Durchgangszimmern und Möbeln mögen den Behörden sinnlos und kleinlich erscheinen sein im Angesicht der eigentlichen Dimensionen des Wohnungsproblems. Für die Betroffenen wurden diese einfachen Alltagsprobleme jedoch oft zu existentiellen Fragen. Die Verwaltungsmitarbeiter hätten Sozialtherapeuten sein müssen, um das Zusammenleben zufriedenstellend regeln zu können.

Schon die Grundsituation barg einen nur schwer zu lösenden Konflikt: Diejenigen, die ihre Heimat hatten verlassen müssen, fühlten sich unschuldig an ihrem Schicksal, und diejenigen, die das Glück gehabt hatten, Haus und Hof behalten zu können, fühlten sich nicht notwendig verantwortlich dafür, die Not der anderen zu lindern. Menschen mit unterschiedlichen Auffassungen, sozialen, religiösen und kulturellen Hintergründen, waren gezwungen, miteinander auszukommen. Die einen besaßen das Nötigste zum Leben, die anderen mussten um alles bitten. Noch heute liegen in vielen Dörfern die Gräber der Flüchtlinge und Vertriebenen in der zweiten Reihe, getrennt von denen der Einheimischen. Die Einheimischen erklären, die Flüchtlinge hätten das so gewollt, weil sie lange dachten, sie könnten wieder nach Hause und würden dann ihre Toten mitnehmen. Die Flüchtlinge und Vertriebenen sehen darin ein Zeichen, dass sie nie als gleichwertige Dorfbewohner und Gemeindemitglieder akzeptiert

wurden. »Die armen Leute am Grabe des Groß-
vaters werden Umsiedler genannt. Sie selber
nennen sich Flüchtlinge. Verschiedene Benen-
nungen, verschiedene Standpunkte. Ein feiner
Riß, ein Haar-Riß geht durch die Nachkriegs-Ge-
meinschaft«, hat Erwin Strittmatter im zweiten
Band von »Der Laden« geschrieben.

Darüber, wie tief dieser Riss war, gab es die
unterschiedlichsten Erfahrungen. Für die einen
war er kaum wahrnehmbar, für andere war er ein
Abgrund, ihre Armut und Benachteiligung eine
einzige, Jahre andauernde Katastrophe. Johannes R. Becher, der spätere Kulturminister der
DDR, versuchte im Jahre 1947 Auskunft über die
Seelenlage der Deutschen in der sowjetischen
Besatzungszone zu geben und ihren geistig-mo-
ralischen Zustand zu ergründen: »... Nicht all-
zusehr Grundsätzliches hat sich geändert in den
Beziehungen der Menschen zueinander: wer
sich insbesondere mit dem Problem der Flüchtlinge beschäftigt hat oder mit dem harten Los
unserer Kriegsgefangenen und der Heimkehrer,
der wird mit mir darin übereinstimmen, daß der
Deutsche nach wie vor der schlimmste Feind des
Deutschen ist, und oft erscheint uns die Bemer-
kung mehr als zutreffend, daß ein neuer Typ des
Bürokraten sich entwickle: der Beamte als sur-
realistischer Verwalter des Nichts. (...) In dieser
dunklen Fühllosigkeit verharren Tausende in
einer geistig-seelischen Heimatlosigkeit und in
einem über alle Schichten, Geschlechter und Generationen hinweg sich erstreckenden Nie-
mandsland, das nur schwer zugänglich ist für
politische Überlegungen und menschliche Über-
zeugungskraft. (...) Wo aber so hemmungslos
verdrängt wird, wo das Gedächtnis schwindet
und das Erinnerungsvermögen aufhört, kann
kein Gewissen sein – das menschliche Leben
selbst hört auf zu bestehen und wird zu einem
Dahinvegetieren in Gewissenlosigkeit und
stumpfer Angst. (...) Wo ein Verlust Millionen
Tote beträgt und wo Tausende und aber Tausende ... das Sterben Tausender und aber Tausender
miterlebt haben, da scheint der Wert des einzelnen Menschenlebens aus jeder moralischen Be-
rechnung geschwunden zu sein. Jahrhunderte,
weltenweit, scheinen wir uns entfernt zu haben
von der unantastbaren Heiligkeit des einzelnen
Menschenlebens.«[18]

*Armut und das Gefühl
der Benachteiligung
dauerten für viele Ver-
triebene über Jahre an.*

»Meine liebe sowjetische Obrigkeit«

Viele Umsiedler hatten bald erkannt, dass der effizienteste Weg, auf die eigene Lage aufmerksam zu machen, darin bestand, sich direkt an die sowjetischen Militärverwaltungen zu wenden. Diese verwiesen zwar das Problem an die deutschen Verwaltungen zurück, jedoch oft verbunden mit harten Zurechtweisungen und Androhung von Strafe.

So schrieb 1947 zum Beispiel Gertrud G., die auf der Flucht aus Schlesien einen Steckschuss erlitten hatte, daher arbeitsunfähig und völlig auf Unterstützung angewiesen war, an die »sowjetische Obrigkeit«:

»Erlaube mir, folgendes Bitt- und Erhörungsschreiben Ihnen zuzuführen.

Am 16. November 1946 wurde ich mit meinem Kind gewaltsam durch die polnische Verwaltung ausgewiesen aus Steffitz-Militsch, Bezirk Breslau.

Nach vierzehntägiger Viehwaggonfahrt kamen wir ins Lager Belzig. Nach vierzehntägiger Quarantäne kamen wir am 16.12.46 nach D. Es fand sich kein Plätzchen für uns, so daß wir in eine Sommerwohnung ziehen mußten. So habe ich mit meinem Kinde den strengen Winter 46/47 durchgemacht, ohne ein Deckbett mit alten Kohlensäcken zugedeckt. Aber Gott, der uns gedeckt hat, hat uns immer wieder geweckt. Das wenige Holz, das mir vom Wirt gegeben wurde, reichte nicht, Kartoffeln zu kochen, viel weniger noch für eine warme Stube. So froren wir im Winter und niemand kümmerte sich um uns. Wiederholt ging ich zum Bürgermeister wegen Zuteilung von etwas Brennmaterial. Er verwies mich an den Wirt oder mit Grobheiten ganz ab.

Völlig zerlumpt und halb nackt kam ich hierher und beantragte eine einmalige Einkleidung, diese zog sich in die Länge und erst nach Streit und Zank und nach Aufforderung durch das Landratsamt bekam ich etwas. Das wenige, was man hier auf die Lebensmittelmarken erhält, reicht für mich und mein Kind nicht aus. So haben wir uns den vergangenen Sommer mit Sauerampfer und Gras zusätzlich ernährt.

Im August 1948 wurde mir durch meinen Wirt das elektrische Licht entzogen, ein Vierteljahr hatte ich kein Licht und der Bürgermeister hat es nicht vermocht, an diesem Zustand etwas zu ändern. Auch mit Holz bin ich weniger beliefert als die anderen.

Wo doch im Lager Belzig eine höhere Persönlichkeit der Roten Armee uns das Heimatrecht zugesichert hat. Nun habe ich nicht einmal den Schutz des Dorfes, viel weniger ein Heimatrecht. Mit einer kranken heimatlosen Witwe wird gemacht, was man will.

Von meinem Mann habe ich bis heute kein Lebenszeichen.

Sie können sich nicht vorstellen, wie ich von meinem Wirt belastet und mit Scheltworten behandelt werde, Vogelscheuche, dreckige Sau, Zigeunerin, Hexe.

Im Lager Belzig sagte eine höhere Persönlichkeit der Roten Armee: Nun seid ihr zu uns nach Deutschland gekommen, wo Deutsche nach dem erklärten Willen der Siegermächte Heimatrecht behalten sollen. Ich aber habe dies bis heute nicht verspürt, denn so oft ich um Hilfe bat, wurde ich abgewiesen.

Meine liebe sowjetische Obrigkeit, in tiefster Not schrei ich zu Ihnen, bitte weisen Sie mich ohne einen Rat oder Hilfe nicht ab, da ich doch körperlich bald zusammenbreche.«[19]

Nur der Brief von Frau G. ist erhalten geblieben; ihre Klage wurde an den zuständigen deutschen Landrat zurückverwiesen. Die Akten geben keinen Aufschluss darüber, ob und wie ihr geholfen wurde.

Bereits im November 1946 hatte die sowjetische Militäradministration in Brandenburg in die Tätigkeit der deutschen Behörden eingegriffen, weil die Versorgung der Umsiedler mit dem Lebensnotwendigen nur schleppend vorankam. Gardegeneral Tschistow schrieb an Dr. Karl Steinhoff, den Präsidenten der Provinzialregierung:

»1. Die Lebenssituation der Umgesiedelten ist schlechter als die der eingesessenen Bevölkerung, nämlich nicht genügend Möbel und Haushaltgegenstände, weniger Wohnfläche und häufig werden überhaupt keine Wohnungen zur Verfügung gestellt.

2. Die alteingesessenen Einwohner verhalten sich mit Verachtung gegenüber den Umsiedlern, betrachten sie als lästige Ausländer und halten sie für Menschen zweiter Klasse.

3. Den Umsiedlern wird nicht rechtzeitig Arbeit verschafft, sondern sie werden für private Arbeiten bei den örtlichen Bauern ausgenutzt.

4. Die Umsiedler erklären, wir Flüchtlinge sind arme und bedauernswerte Menschen geworden. Die Behörden werfen uns jedesmal solche Worte ins Gesicht: Ihr habt kein Anrecht hier zu sein, ihr habt nichts anderes verdient, euch soll Hitler eine Wohnung geben.

Die dargelegten Fälle zeugen davon, daß sowohl die Provinzialverwaltung als auch die örtlichen Behörden für die Frage der Arbeitsbeschaffung und der Lebensbedingungen für Umsiedler wenig Interesse haben und letzteren keinerlei Unterstützung gewähren.

Ich ordne an:
– Maßnahmen zur Verbesserung der Lage der Umsiedler zu ergreifen
– Kontrolle über gleichberechtigte Versorgung gegenüber den Alteingesessenen zu führen
– Aufklärungstätigkeit unter der eingesessen Bevölkerung durchzuführen und darüber an die SMA zu berichten.«[20]

Noch deutlicher wurde der sowjetische Kommandant des Bezirkes Cottbus, Oberst Wakulenko, in einem Brief an den Landrat vom 17.10.1947:

»Herr Landrat,
Mein Befehl zur Vorbereitung von Winterquartieren für Umsiedler in den Lagern und Wohnhäusern früherer Gutsbesitzer wurde nicht ausgeführt.

Deutsche sprechen bei der sowjetischen Besatzungsmacht vor.

1. Die Wohnungen, Dächer, Öfen, Türen und Fenster wurden nicht instandgesetzt.

2. Ein großer Teil der Gutshäuser des Kreises sind noch immer unbewohnbar. Öfen nicht in Ordnung, Fenster nicht verglast, Türen, Decken, Wände usw.

3. Um die Greise, Kinder und Kranken in den Gemeinden unterzubringen, sollten die Bauern zusammenrücken, doch ist das nicht geschehen.

4. Diejenigen Umsiedler, die kein Heizungsmaterial besitzen, wurden nicht versorgt.

Diese Zustände zeugen davon, daß Sie die politische Wichtigkeit der Unterbringung der Umsiedler nicht verstehen, oder nicht verstehen wollen, ungeachtet der unzulässigen Tatsache, daß Ihrerseits meine Befehle ignoriert worden sind ....

Erklären Sie den Hausbesitzern, daß Sie zur Verantwortung gezogen werden, wenn Sie etwas tun, um den Umsiedlern das Leben zu erschweren.

... Über alle Arbeiten wollen Sie alle 5 Tage der Kommandantur Bericht geben mit Zahlen und genauen Angaben. Ich mache Sie und die Herren Kreisräte darauf aufmerksam, daß ich bei Nichterfüllung dieser Direktive die Schuldigen zur strengen Bestrafung heranziehen werde.«[21]

Die deutschen Verwaltungen befanden sich in einem Dilemma: Die Probleme der Umsiedler waren ihnen wohl bekannt, aber ebenso waren sie sich der Schwierigkeiten bewusst, die ihre Lösung verhinderten, und diese Schwierigkeiten hatten auch mit der Besatzungsmacht zu tun. Die Umsiedler konnten nur schwer mit Wohnraum versorgt werden, wenn alles Baumaterial, das zur Instandsetzung von Häusern hätte dienen können, beschlagnahmt wurde, wenn Massenunterkünfte nicht genutzt werden konnten, weil sie mit Soldaten der Roten Armee belegt waren, wenn Betriebe, die Hausrat hätten produzieren können, demontiert wurden. So saßen die Mitarbeiter der deutschen Behörden nur allzu oft zwischen allen Stühlen und waren den Befehlen der Sowjets mehr oder weniger hilflos ausgeliefert.

Es rührte an einen sensiblen Punkt der Beziehung zur Besatzungsmacht, wenn ein Mitarbeiter des Umsiedleramtes die Zusammenarbeit mit der sowjetischen Militäradministration Brandenburg in einem internen Papier wie folgt einschätzte: »Eines Eindruckes kann ich mich jedoch nicht erwehren, und zwar der Feststellung, daß der Leiter des Kommandanturdienstes in erster Linie als Offizier gegebene Befehle ausführt. Ich kann zur Zeit nicht beurteilen, ob er die Interessen der Provinz Brandenburg als solche bei seinen Verhandlungen bei der SMAD in Karlshorst vertritt, ein Faktor, der für uns in unserer bedrängten Lage von großer Wichtigkeit wäre.«[22]

Die Sowjets hatten zunächst in erster Linie wirtschaftliche Interessen in Deutschland; ihr Ziel war es, durch Demontagen und Reparationen die eigene Wirtschaft wieder in Gang zu bringen. Andererseits lag es politisch in ihrem Interesse, das Kapitel Vertreibung so schnell wie möglich durch die Integration der Vertriebenen abzuschließen. Es musste daher von den deutschen Verwaltungen das Kunststück vollbracht werden, beiden Interessen gerecht zu werden, um in gutem Einvernehmen mit der Besatzungsmacht zusammenarbeiten zu können.

Arbeit und ein neues Leben

Anna Nieth, die Heldin der Erzählung »Die Umsiedlerin« von Anna Seghers, war »Ende des Krieges beim Einzug in Polen aus ihrer Provinz mit
Schicksalsgefährten nach Westen gezogen und
schließlich in dem kleinen Dorf Lossen hängen-
geblieben.« Sie »fühlte sich dort nach drei Jahren noch ebenso schlecht wie am ersten Tag. Der
Bauer Beutler, der sie aufnehmen mußte, ver-
staute sie mit ihren zwei Kindern in einem Ab-
stellraum hinter der Küche. Da er verarmt und
verbittert war durch Krieg, Besatzung und Ungewißheit, bekamen sie schon zu den ersten drei
Scheiben Brot am Abend keinen anderen Belag
als Redensarten: ›Ihr habt uns gerade noch ge-
fehlt!‹, und ›Wo vier nicht satt werden, können
sieben verhungern‹ und ›Das möcht ich wissen,
wie lange gedenkt ihr zu bleiben?‹«[23]

Eine Frage, die jeder für sich beantworten
musste und nicht beantworten konnte, da es in
dieser Angelegenheit keine Wahl gab. Oft ver-
hinderte die Hoffnung auf Rückkehr in die alte
Heimat in den ersten Jahren eine aktive Lebens-
gestaltung der »Umsiedler«. Armut, provisorische Wohnverhältnisse, Arbeitslosigkeit und
schlechte Kleidung, mit der man sich nicht gern
in der Öffentlichkeit zeigte, waren ein zusätz-
licher Grund für Depressionen und Passivität. In
diesem Zusammenhang blieben auch Schuld-
zuweisungen von offizieller Seite nicht aus. Das
Amt für Deutsche Umsiedler bei der Provinzialverwaltung Mark Brandenburg kam in seinem
Jahresbericht für 1946 zu folgender Einschätzung: »Es ist wichtig, daß die Altbevölkerung für
die Umsiedler das notwendige Verständnis auf-
bringt, ebenso wichtig ist es aber auch, daß die
Umsiedler ihre Rechte geltend machen. Sie
haben zum größten Teil selbst Schuld daran,
wenn sie sich darüber beklagen, als Menschen
zweiter Klasse behandelt zu werden. Sie fühlen
sich nur als geduldete Gäste und sind mit jeder
Maßnahme und mit jeder Unterbringung kritik-
los einverstanden. Es muß das Ziel erreicht werden, daß die Umsiedler ihr Schicksal selbst in die
Hand nehmen. Sie müssen aktiver werden bei
der Gründung von Existenzen und dem Ausbau
ihrer Wohnungen. Ihr Verhalten heute ist oft de-
mütig und abwartend.«[24]

Ein Ausweg aus dem Teufelskreis von Armut,
Heimweh und Passivität bot sich nur, wenn die
Vertriebenen Arbeit und eine neue Existenzgrundlage fanden. »Im Mittelpunkt aller Bemühungen um die Zukunft unseres Landes und den
Aufbau einer kämpferischen Volksdemokratie
steht die menschliche Arbeitskraft. Alle unsere
Hoffnungen beruhen auf diesem einzigen Wert,
den wir alle besitzen und den uns auch die
Nazikatastrophe nicht rauben konnte.«[25] Als die
Brandenburgische Landesregierung dies zu Beginn des Jahres 1946 schrieb, war an den künftigen Arbeiter- und Bauernstaat mit seinem Kult
um den werktätigen Menschen noch nicht zu
denken. Zupacken war die einzige Möglichkeit,
dem Elend und Chaos zu entkommen und Zuversicht für ein besseres Leben zu gewinnen.

Der Krieg hatte Sozialstruktur und Arbeitsmarkt durcheinandergewirbelt. Frauen und
Zwangsarbeiter hatten im Krieg die Arbeitsplätze der Männer eingenommen. 1945 gab es
in der SBZ 9,5 Millionen Frauen und nur noch
6,5 Millionen Männer; die Anzahl der Männer
im Alter zwischen 18 und 40 Jahren war um
50 Prozent reduziert gegenüber dem Anteil vor
dem Krieg.[26] Von den 4,5 Millionen Vertriebenen in der sowjetischen Besatzungszone waren
72 Prozent Frauen und Kinder, was sich auch
auf die Situation in Brandenburg auswirkte: »Es
ist leider eine Tatsache, daß uns die Transporte
aus dem Osten nicht viel Arbeitskräfte, aber viel
Wohlfahrtsempfänger bringen. Das bedeutet für
ganze Gemeinden eine Katastrophe. Es zeigt
sich, daß Gemeinden durch die Umsiedler derart finanziell überlastet sind, daß manche von
ihnen vor dem Bankrott stehen. Die letzten
Transporte sahen z.B. folgendermaßen aus: Ein
Transport von 1 100 Personen umfaßte 50 alte
Männer, ca. 450 Frauen, davon die Hälfte über
50 Jahre, ca. 550 Kinder, von denn 80 Waisen-
kinder waren. So sieht also ein üblicher Umsiedlertransport aus. Trotz allem muß man

immer wieder sehen, daß es sich um Menschen handelt, die ein Recht darauf haben, wieder irgendwo eine Heimat, ein Dach über dem Kopf zu finden.«[27] So die Leiterin des Umsiedleramtes Brandenburg, Magda Sendhoff, im Februar 1946 auf einer Rede vor Mitgliedern der KPD und SPD.

Eine Viertelmillion Menschen in Brandenburg hatte ihren Ehepartner verloren. Gegenüber 1,5 Millionen Frauen gab es nur eine Million Männer. Die Anzahl der Männer zwischen 20 und 55 Jahren war ebenfalls um fast 50 Prozent reduziert. Die Bevölkerung war überaltert.[28] Bei Kriegsende waren Landwirtschaft, Industrie, Handwerk und Verkehr fast völlig zum Erliegen gekommen. Im Sommer 1945 arbeiteten in Brandenburg noch 376 Betriebe, ein Jahr später waren es bereits wieder 2 952. Trotz der düsteren Prognosen der Leiterin des Umsiedleramtes zu Beginn des Jahres 1946 waren von den Vertriebenen, die bis 1948 in der Region ankamen, etwa 350 000 arbeitsfähig. Schnell gelangten die Behörden zu der Erkenntnis, dass die Mark Brandenburg stärker industrialisiert werden musste, wenn ihre durch den Zuzug der Flüchtlinge und Vertriebenen stark vermehrte Bevölkerung langfristig eine Existenzgrundlage haben sollte. Dabei setzte man auch auf die Kenntnisse der Umsiedler: »Die Umsiedler, die zum größten Teil hochqualifizierte Fachkräfte aller Industriezweige unter sich haben, sind mit die Voraussetzung für die Schaffung einer leistungsfähigen Industrie. Daß sie uns beim Aufbau dieser Industrie mit ihren Kenntnissen helfen, zeigen sie täglich. Wir hoffen, daß es uns mit ihrer Hilfe, ihren Erfahrungen, ihrer Einsatzbereitschaft und ihrem Fleiß gelingt, eine Industrie aufzubauen, die der Provinz Mark Brandenburg wieder zu Wohlstand verhilft, den dieser widersinnige Krieg vernichtete.«[29]

1946 hatten 153 703 Menschen in Brandenburg in der Landwirtschaft Arbeit gefunden. Das waren fast doppelt so viele wie in allen anderen Berufen zusammen. Insgesamt hatten 231 643 der neuen Brandenburger Arbeit, 1948 waren es schon 283 548; etwa 60 000 Menschen im er-

werbsfähigen Alter waren jedoch arbeitslos und auf soziale Unterstützung angewiesen.

Dass sich unter den Umsiedlern viele Facharbeiter befanden, war nicht nur Grund zur Zuversicht, sondern auch Anlass zur Hilflosigkeit bei den Arbeitsämtern. Es kamen Menschen mit Berufen, die in Brandenburg keine Tradition hatten, wie Spitzenklöpplerinnen, Facharbeiter für Glasveredelung, Schmuck-, Messer- und Kunstblumenherstellung. Zunächst gab es großes Interesse am Aufbau von Heimindustrien und der Gründung von Umsiedlergenossenschaften in diesen und anderen Industriezweigen, sofern sie auf einheimische Rohstoffe zurückgriffen und das Angebot an Gebrauchsgütern verbesserten. Die Landesregierung gewährte Kredite zu ihrer Gründung. So entstand in Grünheide eine Genossenschaft der Spitzenklöppler, in Leegebruch wurden Messer hergestellt und in Zinna Glaswaren. In Dahme gründeten Umsiedler eine Genossenschaft, die aus Schrott und Abfällen Stahlwaren und medizinische Instrumente fertigte, und ebenfalls aus Dahme berichteten Umsiedler über die Entstehung ihrer Textilgenossenschaft: »Nachdem wir keine Maschinen zur Verfügung hatten und auch keine beschaffen konnten, waren wir gezwungen, uns dieselben selbst zu bauen. Die Beschaffung des Materials für die Webstühle war sehr umständlich. Bis aus Potsdam, Luckenwalde und Jüterbog mußte das Alteisen herbeigeschafft werden. Nach dreimonatiger mühevoller Arbeit und Ausdauer konnten wir zwei Webstühle fertigstellen.«[30]

Bereits im Februar 1946 wurde von 22 sudetendeutschen Umsiedlern die »Gablonzer Glas- und Bijouteriewaren-Genossenschaft« in Zinna gegründet. Sie war eine der Vorzeigegenossenschaften, über die in Zeitungen und Rundfunk regelmäßig berichtet wurde. Das in der Nähe von Jüterbog gelegene Dorf war 1939 geräumt worden, das Gebiet wurde als Truppenübungsplatz genutzt. 90 Umsiedlerfamilien, zum größten Teil aus der sudetendeutschen Stadt Gablonz, besiedelten 1946 das menschenleere Dorf. Alle Häuser waren von Granaten zerstört, überall lag noch Kriegsgerät herum. Aus den zurückgelassenen Maschinen haben die ehemaligen Glasarbeiter die Produktion von Glasknöpfen, Halbedelsteinen und Schmuck aufgebaut. 260 Menschen fanden bis 1948 dort Arbeit, Fabrikgebäude und Wohnungen wurden neu gebaut. In einer von der SED herausgegebenen Broschüre hieß es 1947 über diese Genossenschaft: »Jeder Tag bringt den Umsiedlern neue Freuden, wenn sie den schnellen Fortgang ihres Werkes verfolgen, aber auch neue Sorgen, wenn es hier und da an manchem noch mangelt. Doch die Sorgen werden im Laufschritt überwunden, unermüdlich und schaffensfreudig fassen sie jedesmal gemeinsam mit an, um die Schwierigkeiten zu beseitigen. Sie geben ein schönes Beispiel erfolgreichen, friedlichen Wiederaufbaus, diese Menschen im Dorf Zinna.«

Das »schöne Beispiel« konnte die Zinnaer jedoch nicht davor bewahren, dass 1950 allen Umsiedlergenossenschaften Namen untersagt wurden, die an die alte Heimat erinnern. Aus der »Gablonzer Glas- und Bijouteriewaren-Genossenschaft«, wurde ein »VEB Glasveredelung«.

Die Strukturprobleme des Arbeitsmarktes konnten diese Genossenschaften nicht lösen, meist erhielten auch nur ausgewiesene ehemalige Antifaschisten die Lizenz zur Gründung eines Betriebes. Ungedeckt blieb der Bedarf an Baufacharbeiten, Berg- und Forstarbeitern. Überdurchschnittlich viele Umsiedler kamen aber aus der Landwirtschaft und kaufmännischen Berufen, für die es keinen aureichenden Bedarf gab. »Wir wissen genau, daß der Platz, wo der Umsiedler Arbeit findet, ihm und seiner Familie zur Heimat wird. Aus dieser Erkenntnis versuchen wir, dafür zu sorgen, daß jeder sofort Arbeit erhält«[31], erkannte die Abteilung Umsiedler der Provinzialregierung 1946. Die Vermittlung von Arbeitskräften an die Stellen, wo sie gebraucht wurden, scheiterte oft an fehlenden Möglichkeiten, die Familien unterzubringen. So wurden 1946 im Kraftwerk Finkenheerd 200 Arbeiter benötigt, für deren Familien sich aber am Ort keine Wohnungen fanden.

Arbeit zu haben war ein wichtiger Schritt hin zu neuem Selbstbewusstsein der Vertriebenen

und der erste Schritt zu ihrer Integration. Diese ging in den Städten leichter vor sich als auf dem Lande. Dort herrschten egalitärere Verhältnisse, viele Stadtbewohner hatten ebenfalls Wohnung und Besitz durch Bomben und Brände verloren und mussten wie die Vertriebenen neu anfangen. Auf dem Lande, in kleinen Dorfgemeinschaften, war die Atmosphäre vielfach dadurch belastet, dass die Bauern unter den Vertriebenen schwer unter dem Verlust von Haus und Hof litten und darunter, nun als Hilfskräfte bei Bauern arbeiten zu müssen, die ihren gesamten Besitz hatten behalten können. So schien die angestrebte Industrialisierung Brandenburgs ein möglicher Weg, Gleichberechtigung zwischen Einheimischen und Vertriebenen zu schaffen.

Auf Kriegszerstörung folgte Demontage durch die Besatzungsmacht, bevor mit dem Wiederaufbau von Industrieanlagen begonnen werden konnte.

Neuheim – die Geschichte eines Dorfes

Etwa drei Kilometer von der alten Garnisonsstadt Jüterbog entfernt liegt das kleine märkische Dorf Neuheim. Nichts deutet von außen darauf hin, dass Neuheim so etwas wie ein »Umsiedler-Musterbeispiel« war. Was auffällt, sind allenfalls die Apfelbäume, die vor vielen Häusern zur Straße hin stehen.

»Gablonka« heißt im Tschechischen »Äpfelchen«. Die heutige tschechische Stadt Jablonec hieß bis 1945 Gablonz und trug in ihrem Stadtwappen einen Apfelbaum. Aus der Glas- und Schmuckhandwerksregion um Gablonz kamen die Menschen, die ab Februar 1946 das heutige Neuheim bevölkerten, nachdem es über Monate verwahrlost und menschenleer gestanden hatte. Damals hieß der Ort noch Dorf Zinna. Schon 1936 hatten seine einstigen Bewohner, Brandenburger Bauern, ihre Gehöfte auf Anweisung der deutschen Wehrmacht räumen müssen, da das Gebiet, auf dem sich ihr Dorf befand, dem angrenzenden Schießplatz einverleibt werden sollte. Die Häuser wurden nicht, wie ursprünglich geplant, abgerissen, sondern dienten der Wehrmacht bis Kriegsende als Unterkünfte und für Verwaltungszwecke.

Als am 14. Februar 1946 ein in Pirna zusammengestellter Transport ausgewiesener Sudeten-

Neuheim, das ehemalige Dorf Zinna, galt schnell als Musterbeispiel geglückter Sesshaftmachung von Umsiedlern.

deutscher auf dem Jüterboger Bahnhof einfuhr, quartierte man die 286 Menschen aus Gablonz, die in 22 Güter- und 4 Personenwaggons ankamen, zunächst in die Kasernen ein, die als Quarantänelager benutzt wurden. Die Vertriebenen sollten in Luckenwalde unterkommen, doch die Stadt war überbelegt. Zwei der Ausgesiedelten hatten im nahe gelegenen Dorf Zinna als Soldaten gedient und kannten die militärisch genutzte Dorfanlage. So schlugen die Gablonzer kurzerhand der Umsiedlerbehörde vor, sich in die verwaisten Anwesen einzusiedeln. Schon drei Tage nach der Ankunft machten sich die ersten sechs Familien, noch ohne offizielle Einweisung, auf den Weg und nahmen Besitz von den leer stehenden Häusern. Am Tag darauf kamen die anderen Familien an.

Viele Häuser befanden sich in sehr schlechtem Zustand. Fenster und Türen waren ausgebaut, die Dächer stark beschädigt. Doch die Gablonzer hatten mit ihrem neuen Ort mehr Glück als manch andere Vertriebene in der sowjetischen Besatzungszone: Sie waren zusammen geblieben und sie hatten alle wieder ein Dach über den Kopf, wenn es auch oft halb verfallen war.

Schon am 24. April 1946 wurde Dorf Zinna vom damaligen Präsidenten der Provinzialverwaltung des Landes Brandenburg, Dr. Steinhoff, und dem Vizepräsidenten Heinrich Rau den sudetendeutschen »Umsiedlern« übergeben. Gleichzeitig erhielt jede Familie im Zuge der Bodenreform ein Stück Land. Dass diese Übergabe auf allerhöchster Ebene erfolgte, hatte einen triftigen Grund. Viele der in Jüterbog angekommenen Sudetendeutschen waren Kommunisten und Antifaschisten.

Anfangs hatte es noch so ausgesehen, als könnten die deutschen Antifaschisten im Sudetenland bleiben; sie waren jahrelang gegen die »Heim ins Reich«-Politik Hitlers gewesen und hatten teilweise im Widerstand gegen die Nazis gekämpft. Doch bald wurden auch sie von den Zwangsausweisungen betroffen. Die Tschechen machten keinen Unterschied mehr, ob ein Sudetendeutscher gegen oder für Hitler gewesen war, es zählte nur noch die Nationalität. Die antifaschistischen Sudetendeutschen, so auch die Gablonzer, erhielten vor ihrer »Umsiedlung« von den Ortsgruppen der Tschechoslowakischen Kommunistischen Partei ein »Führungszeugnis« ausgestellt, inklusive einer »Begründung« für die Maßnahme der Ausweisung. Die Gablonzer, so hieß es darin, verließen »als gute Genossen und Antifaschisten und als ehemalige Nachbarn, nicht als Feinde des tschechoslowakischen Volkes die Republik«, und zwar »deshalb, weil sie die tschechoslowakische Sprache ungenügend beherrschen und aus diesem Grunde in der CSR im politischen Leben keine richtige Fühlung nehmen können.« Weiter wurden als »Gründe« für die Aussiedlung angeführt, »daß die Ausreise dem Neuaufbau eines demokratischen Deutschlands dient, welches dann auch der beste Garant für die Freiheit und die Demokratie der CSR«[32] wäre.

Die kommunistischen Sudetendeutschen stellten sich bei ihrer Ankunft in der sowjetischen Besatzungszone dem »Aufbau eines neuen Deutschlands« nicht entgegen, sondern übernahmen oft aktiv Aufgaben und Positionen. Die Ortschronik zum 20-jährigen Jahrestag der Ankunft in Dorf Zinna schildert die Anfänge des »gesellschaftlichen Lebens« der neuen Dorfgemeinschaft: »Im September 1946 wurden die Kreis- und Landtagswahlen für den Ort ein voller Erfolg. 99 % aller Stimmen fielen auf die SED. Der 1. Mai brachte die gesamte Bevölkerung auf die Beine. Das festliche Bild und die Vorbereitungen zum Arbeiterfeiertag wiederholten sich jedes Jahr. Transparente und Fahnen wurden mitgeführt. Die Räder bunt geschmückt, zog der Demonstrationszug geschlossen nach Jüterbog. Alte Leute und Kinder wurden auf geschmückten Pferdewagen zur Demonstration gefahren.«[33] Über die Bindung an die alte Heimat ist in der Chronik nur Folgendes zu lesen: »An Bräuchen und Sitten aus der alten Heimat hat sich nichts erhalten. Nur einige Jahre sah man das Eierabholen der Kinder zum Gründonnerstag von den Verwandten. Lediglich die Sprache aus dem Isergebirge blieb Gewohnheit der älteren Bürger.«[34] Doch noch heute können sogar die, die damals

Kinder und junge Leute waren, in ihrer sudetendeutschen Mundart sprechen, können den Fleckkuchen backen, erzählen vom »Janschko«, dem höchsten Berg, den man von überall in der Gegend sah, und schwärmen von ihrer »Weltstadt Gablonz« mit den vielen Straßen und Geschäften.

Dorf Zinna hatte kaum zwei Straßen, ein Geschäft musste erst eingerichtet werden. »Der Anfang war sehr schwer. Es gab kein Ladeninventar. Als Verkaufspult und Regale wurden die Wehrmachtschränke, welche aus den Baracken geholt wurden, verwendet. Waagen und Gewichte wurden von den Einwohnern ausgeliehen. Es gab kein Packmaterial. Die Kunden mußten sich Gefäße und Behälter mitbringen. Die Milch für Kinder mußte mittels Handwagen täglich von der Molkerei Jüterbog selbst abgeholt werden.«[35] Die Verbesserung der Versorgungslage in den ersten Nachkriegsjahren blieb wie überall mit größten Schwierigkeiten verbunden. Lothar F. leitete die neu geschaffene Verkaufsstelle im Dorf: »In der ersten Zeit gab es 25 Arten von Lebensmittelkarten, Bezugsscheinen und Marken. (...) Beim Eintreffen der Lieferungen kamen auch gleichzeitig die Käufer, so dass umgehend der Laden voller Menschen war. Alle wollten die Ersten sein. Viele glaubten, dass es für die Letzten nicht mehr ausreicht. (...) Eine Zeit raubende Arbeit war das Markenkleben. Nächtelang musste geklebt werden, zumal die Vielart der Marken

Festumzug in Neuheim, das vor allem durch seine von »Umsiedlern« gegründete Genossenschaft »Gablona« bekannt wurde.

Festumzug in Neuheim.

und die kleinen Mengen, die die Lebensmittelkarten enthielten (5, 10, 15, 20 Gramm usw.), eine gewissenhafte Arbeit erforderlich machten, denn bei der Abrechnung – welche beim Wirtschaftrat vorgenommen wurde – musste alles genau stimmen.«[36]

Im September 1949 fasste der Gemeinderat den Beschluss, Dorf Zinna in »Neuheim« umzubenennen, weil, so die Begründung, »dieser Ort, der einstmals durch den deutschen Faschismus aus der Geschichte des deutschen Volkes gestrichen war, wieder zu neuem Leben erwacht ist und für Siedler ein neues Heim werden sollte«[37]. Die offizielle Umbenennung erfolgte im November 1950.

Dorf Zinna war schon durch die Neubesiedlung bekannt geworden, berühmt aber wurde es durch den im März 1946 neu gegründeten Betrieb zur Fertigung von Glas- und Bijouterieerzeugnissen. Die Gablonzer besannen sich auf das, was sie konnten und in ihrer sudetendeutschen Heimat gelernt hatten. Sie gründeten eine Genossenschaft, die in der Folgezeit oft als Vorbild für den Tatendrang und den Aufbauwillen der »Umsiedler« herhalten musste. Die Zahl der Beschäftigten stieg von zwei Personen im März 1946 auf 158 im Jahr darauf. »Gablona« nannte sich die Genossenschaft, ein Name, der bei den ostdeutschen Behörden kein Argwohn weckte. Später aber forderte die tschechoslowakische Konkurrenz aus Jablonec das alleinige Recht auf die Tradition der Gablonzer Glas- und Schmuckindustrie ein.

Aus der Genossenschaft, die Ende der vierziger Jahre knapp vor dem Konkurs stand, wurde 1950 ein Volkseigener Betrieb: VEB Gablona Schmuckwaren. 1962 unterhielt der VEB Gablona Exportverbindungen zu 40 Ländern, die ein Finanzvolumen von fast zwei Millionen DDR-Mark ausmachten. Nicht nur die Dorfbewohner, auch viele Einwohner der Stadt Jüterbog und der Umgebung fanden Arbeit in der ehemaligen Genossenschaft; bis 1989 hatte der VEB 900 Beschäftigte. Heute sehen viele Neuheimer ihr Lebenswerk, den Gablona-Betrieb, zerstört. Die neue GmbH hat kaum mehr 20 Mitarbeiter. Eine alte Handwerkstradition, ein Stück Brandenburger Industriegeschichte der Nachkriegszeit, gerät in Vergessenheit.

Heimatlose Heimkehrer

Vom Sommer 1945 bis zum Frühjahr 1950 war Frankfurt/Oder der zentrale Anlaufpunkt für entlassene Kriegsgefangene aus der Sowjetunion und aus Polen – eine Menschenschleuse. Tausende Eisenbahnzüge kamen auf dem Frankfurter Bahnhof an mit fast 1,6 Millionen deutschen Kriegsgefangenen. Viele von ihnen zerschlagen und ausgemergelt, doch vor allem froh, wieder in Deutschland zu sein und die Arbeitslager überlebt zu haben.

»Die aus Kriegsgefangenschaft kommenden Soldaten sind meist nur notdürftig bekleidet. Versuche, für diese eine einigermaßen ausreichende Bekleidung zu beschaffen, sind auch zum größten Teil gescheitert, ja es sind sogar Fälle eingetreten, wo Soldaten aus Krankenhäusern nicht entlassen werden konnten, weil ein-fach nichts für sie zum Anziehen vorhanden war, denn die wenigen Bekleidungsstücke, die sie besaßen, sind durch die Desinfektionsmaßnahmen völlig zerfallen und unbrauchbar geworden.«[38]

Die Heimkehrer wurden sofort nach ihrer Ankunft in das so genannte sowjetische Entlassungslager geführt, das sich in der ehemaligen Frankfurter Hornkaserne befand, und dort formell aus der Kriegsgefangenschaft entlassen. Zwischen einem und zehn Tagen dauerte ihr Aufenthalt hier[39], die Männer wurden entlaust, konnten sich waschen und wurden mit den notwendigen Papieren ausgestattet. Von der Kaserne aus marschierten sie, bereits in Zivilkleidung, zu dem 1946 ausgebauten Barackenlager Gronenfelde, sechs Kilometer von Frankfurt/Oder entfernt, um von hier nach weiteren 24 Stunden per Eisenbahn in ihre Heimatregionen oder andere Sammellager weitergeleitet zu werden. An man-

15. April 1949. Heimkehrer aus russischer Kriegsgefangenschaft im Lager Gronenfelde bei Frankfurt/Oder.

Heimkehrer 1946.

chen Tagen wurden bis zu 5 000 Menschen durch das Lager Gronenfelde geschleust. Doch nicht für alle gab es ein wirkliches Ziel und Zuhause. Unter den hunderttausenden Heimkehrern waren Zehntausende, deren Heimatorte einst östlich von Oder und Neiße, im Sudetengebiet oder in den von Deutschen bewohnten Gebieten in Ungarn oder Jugoslawien lagen. Allein bis Ende 1946 wurden von 143 228 aus Gronenfelde entlassenen Kriegsgefangenen 26 160, also über 18 Prozent, als »heimatlose Heimkehrer« registriert. Heinz H. aus Ochelhermsdorf in Schlesien, den man noch kurz vor Kriegsende eingezogen hatte, war einer von ihnen: »Mit sechzehn bin ich dann in amerikanische Gefangenschaft geraten, zuerst ging es da nur ums Essen. Und dann dachte man natürlich

auch: ›Wann kommen wir nach Hause?‹. Wir waren ja praktisch noch Kinder, wo sollten wir sonst hin, außer nach Hause? Doch dann hat man mir gesagt ›Nach Schlesien kannst du nicht mehr, das ist jetzt Polen.‹ Ich habe das erst gar nicht richtig verstanden und wusste nicht mehr, wie alles weitergehen sollte. Ich hatte keine Heimat mehr, wusste nicht, wo meine Angehörigen sind. Ein Vierteljahr bin ich umhergewandert, habe meine Verwandten gesucht. In Berlin hatte ich eine Tante und da hat dann auch mein Bruder hingeschrieben. So habe ich dann alle wiedergefunden hier in Brandenburg, in der Niederlausitz. Wir hatten großes Glück. Mehr noch es gab hier auch noch andere Familien, die wir kannten, und so waren wir wieder wie eine kleine Dorfgemeinschaft. Das gab uns Kraft und auch einen gewissen Mut zum Neuanfang.«[40] Bis 1947 wurden in Brandenburg etwa 7 000 heimatlose Heimkehrer aufgenommen. Drei Viertel von ihnen konnten bald ihre Familienangehörigen wiederfinden, 25 Prozent blieben auf sich allein gestellt. Von den Jüngeren wurden einige in Familien aufgenommen, die ihre Söhne im Krieg verloren hatten.

Reinhard Sch. erreichte im Herbst 1946 das Entlassungslager Glöwen in der Westprignitz: »Wir kamen aus jugoslawischer Kriegsgefangenschaft, zerlumpt und zerrissen. Für uns, die wir heimatlos geworden waren, ohne Kenntnis vom Schicksal unserer Angehörigen oder mit der Gewissheit ihres Todes, war nun die brennende Frage: Wohin? Lumpen hatten wir an und keinen Pfennig Geld in der Tasche. Viele wurden wieder sehr bedrückt, trotz der Freude über die Rückkehr nach Deutschland – da wurde uns gesagt, es gäbe Familien, die an Sohnes statt Heimkehrer aufnehmen wollen, wir waren 15, die wir uns dazu meldeten. Um die Zeit der Vermittlung zu überbrücken, wies uns die Provinzialverwaltung Mark Brandenburg in ein neu einzurichtendes Heim ein.«[41]

Gerade für die Jugendlichen unter den heimatlosen Heimkehrern bemühte sich eine Verwaltungsstelle der Landesregierung Brandenburg um Pflegestellen. In einem Rundschreiben der »Abteilung Heimkehrer« an alle Bürgermeister hieß es: »Die materielle Not und das Bewußtsein, jahrelang einer unserem Volke zum Verhängnis gewordenen Sache gedient zu haben, löst bei vielen Heimkehrern eine tiefe Niedergeschlagenheit aus. Daher müssen die Heimkehrer bei ihrer Rückkehr fühlen, daß die Heimat sie erwartet und ihnen helfen will.«[42] Die Behörden achteten darauf, jedem Dorf nach Möglichkeit nur einen heimatlosen Heimkehrer zuzuweisen, um sicher zu sein, dass ihm besondere soziale Betreuung zuteil wurde. Durch die Landesregierung wurden die Männer mit folgendem Schreiben an die Bürgermeister der aufnehmenden Gemeinden ausgestattet: »Wir sind nun verpflichtet, ähnlich wie bei den eingemeindeten Umsiedlern, uns auch der ehemaligen Kriegsge-

fangenen anzunehmen, die heimatlos geworden sind und darüber hinaus über das Schicksal ihrer Familien bisher nichts erfahren konnten. Zu diesem Zweck wird Ihnen nach Übereinkunft mit dem Landrat ihres Kreises der ehemalige Kriegsgefangene ... überwiesen, mit dem Ersuchen, ihm eine neue Heimat zu schaffen. Veranlassen Sie, daß er zunächst eine geeignete Unterkunft am Ort erhält bei Menschen, die sich in die Seele des Mannes hineinfühlen können, der seine Familie vermißt und eine neue Heimat sucht. Wählen Sie eine Unterkunft, wo er den notwendigen Familienanschluß findet und den Verhältnissen entsprechend versorgt wird. Es muß Aufgabe der ganzen Gemeinde sein, den wenigen heimatlosen Kriegsgefangenen, die jedem Ort zugeteilt werden, die notwendige Kleidung zu beschaffen und auch sonst jede Fürsorge angedeihen zu lassen.«[43]

Nicht nur für Kriegsgefangene war Frankfurt/Oder die erste Station in Deutschland, auch in die Sowjetunion verschleppte Zivilpersonen, die so genannten »Volksdeutschen« aus Ungarn,

Wiedersehen auf dem Schlesischen Bahnhof in Berlin.

Mütter suchen ihre Söhne, Frauen ihre Männer: ein alltägliches Bild in deutschen Heimkehrerlagern.

Rumänien und Jugoslawien, waren bei ihrer Ankunft »heimatlose Heimkehrer«. Unter der Überschrift »Mit frischem Mut an die neue Arbeit« berichtete die Zeitschrift »Die Neue Heimat« in Heft 9 im Jahre 1948 über die Ankunft von 300 Mädchen und jungen Frauen, meist »Banater Schwäbinnen«, im Lager Gronenfeld: »Es sind gut genährte, gesunde, meist von Kraft strotzende, modern gekleidete« Frauen, die auf ihre Weiterreise warten und »noch einmal Hand anlegen, an ihre schweren Gepäckstücke – vollgefüllt mit Wäsche, Kleidung, Decken und Stoffen ...« Ganz anders liest sich der Bericht von Karolina G., die aus Bulkes, Jugoslawien, Ende 1944

in ein Arbeitslager in der Nähe von Woroschilowgrad verschleppt worden war: »Am 13.11. 1946 wurden in unserem Lager die Frauen, die über 35 Jahre alt waren, insgesamt etwa 180 an der Zahl, darunter auch ich, in Güterzüge verladen, an einen Krankentransport angeschlossen und nach zwanzigtägiger Fahrt nach Frankfurt/Oder gebracht. Während der Reise erhielten wir täglich 500 g Schwarzbrot, eine bis zwei Kartoffeln, für sechs Tage einen Hering und einmal sieben kleine Bonbons. Viele haben die deutsche Grenze nicht mehr erreicht, sie sind auf dem Transport gestorben. In Frankfurt wurde ich auf der russischen Militärkommandantur gefragt, wohin ich entlassen werden wolle; ich sagte, in meine Heimat nach Jugoslawien. Von einer deutschen Krankenschwester erfuhr ich dort zum erstenmal, daß wir Volksdeutsche nicht mehr in unsere Heimat zurückkönnen. Ich erhielt einen russischen Entlassungsschein, der auf Brandenburg lautete.«[44]

Je später Kriegsgefangene zurückkamen, desto größer wurde das Problem, sie in die Nachkriegsgesellschaft zu integrieren, und desto eindringlicher wurden die Appelle an die Bevölkerung, die Heimkehrenden zu unterstützen: »Alle Heimkehrer, die jetzt kommen, sind keine ›Zuspätgekommenen‹, sondern sie sind Helden der Wiedergutmachung, die einen wesentlichen Teil der Reparationen für die Zuhausegebliebenen abgetragen haben. Ihnen zu helfen ist unsere Pflicht. Unsere Stellung zu ihnen darf nicht von einem falschen ›Mitleid‹ diktiert sein, das die Anständigen unter ihnen sowieso ablehnen. Es kommt darauf an, ihnen durch die Tat zu beweisen, daß die Heimat sie wirklich erwartet.«[45]

Das Jahr 1948 wurde als Jahr der Heimkehr propagiert, bis Ende Dezember 1948 sollten alle Kriegsgefangenen zurück in Deutschland sein. Doch diese selbst gesetzte Vorgabe wurde von den Alliierten nicht eingehalten. Die letzten Heimkehrerzüge kamen 1950 in Frankfurt/Oder an.

Vom Lager Gronenfelde gibt es heute nur noch Dokumente, Akten und Fotos. Alle Baracken, alle Zäune, alle Spuren sind verschwunden. Das Gelände wurde 1950 der Landesregierung Brandenburg zur Nutzung als Umsiedlerlager, die noch im Lager befindlichen Materialien und Einrichtungen an den Baustab des im Aufbau befindlichen Eisenhüttenkombinats Ost in Fürstenberg (»Stalinstadt«) übergeben.[46] So war es möglich, dass manch heimatloser Heimkehrer, der beim EKO in Fürstenberg Arbeit fand, wieder in den Barackenbetten schlief, in denen er die erste Nacht in Deutschland nach dem Ende seiner Kriegsgefangenschaft verbracht hatte.

Wilhelm Pieck spricht zu Heimkehrern.

Auszug zur Landverteilung
auf dem Rittergut Kränzlin
bei Neuruppin, 1945.

Freier Bauer auf märkischer Scholle: Flüchtlinge und Bodenreform

Junkerland in Bauernhand

Im Sommer 1945 war es nicht gut bestellt um die märkische Landwirtschaft. Weite Anbauflächen waren vom Krieg zerstört oder immer noch vermint, der Viehbestand stark dezimiert, Felder lagen brach, ein großer Teil des noch vorhandenen Ertrages ernährte die sowjetischen Besatzungstruppen. Allein im Oderbruch konnten durch die Kriegsverwüstungen zeitweilig 20 000 Hektar fruchtbares Ackerland nicht bestellt werden.[1] Das Agrarland Brandenburg war in diesen Monaten trotz größter Anstrengungen nicht in der Lage, sich selbst zu ernähren, geschweige denn, wie früher üblich, erzielte Überschüsse in die Millionenstadt Berlin zu liefern. In den Landratsämtern trafen täglich Schreckensmeldungen über die Situation der Flüchtlinge ein. Kinder und ältere Menschen starben; es fehlte an Milch, Fleisch, Getreide. Zwar gab es Hilfe durch die einheimische Bevölkerung, man »brach das Brot«, aber aus einem Brot können nur zwei halbe werden. Wunder gab es nicht. Viele Türen blieben verschlossen und nicht jeder Brandenburger Bauer teilte mit den »Habenichtsen«.

Diese Erfahrung machten auch Volkhard K., seine Mutter und seine sechs Geschwister, nachdem sie in einem Dorf bei Neuruppin eine erste Bleibe nach der Flucht gefunden hatten: »Wir mussten im Sommer Brennessel, Löwenzahn und Sauerampfer sammeln, mussten Hagebutten und Holunder pflücken, Ähren lesen, wochenlang, und Kartoffeln stoppeln. Manchmal sind wir auch stehlen gegangen. Es war eine

schlimme Zeit. Die Zeit war schlimmer als die Flucht, manchmal hatten wir wirklich nichts mehr zu essen. Dann gingen wir betteln. Ich habe die Bauern hassen gelernt. Man muss sich das einmal vorstellen, man lebte in einem Dorf, das ein Bauerndorf war, und man musste fast verhungern, weil die Leute nichts gaben. Ab und zu bekam man schon etwas, aber meistens wurde man abgewiesen, auch mit dem Hund vom Hof gejagt. Da hatte ich wirklich Wut auf diese Leute. Mit Mohrrüben und Kohlrüben haben wir uns dann über Wasser gehalten. Ich esse heute keine Mohrrüben mehr, ich such sie aus jeder Suppe raus, ich kann sie einfach nicht mehr essen.«[2]

Ein Ausweg aus dieser kritischen Versorgungslage war für die KPD, die mittlerweile in allen wichtigen Gremien und Verwaltungsstellen als engster Verbündeter der Besatzungsmacht die führenden Positionen eingenommen hatte, die Neuverteilung des Bodens. Aus Flüchtlingen und landarmen Bauern sollten Selbstversorger werden, die soviel produzierten, dass es für alle reichte. Diese Trumpfkarte im politischen Kalkül der »revolutionären Umgestaltung auf dem Land« lag schon einen Monat nach Kriegsende auf dem Tisch. Zwar sprachen auch andere Parteien von einer Veränderung der Besitzverhältnisse auf dem Land – Reformen wurde immerhin seit Mitte des 19. Jahrhunderts in Deutschland angemahnt –, am radikalsten jedoch trieb die KPD-Führung die Entwicklung voran. Schon in ihrem ersten »Aufruf an die deutsche Bevölkerung« vom 11. Juni 1945 forderte sie: »Die Liquidierung des Großgrundbesitzes, der großen Güter der Junker, Grafen und Fürsten und Übergabe ihres ganzen Grund und

nach Kriegsende der Aussicht, in Brandenburg neu zu siedeln, eher ablehnend gegenüber. Sie rechneten damit, früher oder später in ihre Heimat zurückkehren zu können. Manch einer brauchte nur über die Oder zu blicken und sah sein Dorf, seinen Hof, sein Feld. Doch die Würfel waren schon längst gefallen. Der Landwirtschaftsexperte der KPD, Edwin Hörnle, sprach bereits im Februar 1945 in einem Vortrag in Moskau über die Frage der Bodenreform im Hinblick auf ein zukünftiges Flüchtlingsproblem und hob als besonders schwierige und wichtige Aufgabe die »Ansiedlung von Zehntausenden bäuerlich-landproletarischen Flüchtlingsfamilien aus dem Osten« hervor.[4] Ein Hinweis darauf, dass Stalin und die Exil-KPD schon Anfang 1945 die rigorose Vertreibung der angestammten Bevölkerung aus den deutschen Ostgebieten als eine beschlossene Sache betrachteten.

Kaum einer jedoch hatte sich im Frühsommer 1945 das Ausmaß der Vertreibungen wirklich vorstellen können. In den am stärksten betroffenen Dörfern im Oderbruch und in der Prignitz herrschten Hoffnungslosigkeit, Wut, Verzweiflung. Eva T. wurde im Landratsamt Kyritz Tag für Tag mit der Not der Flüchtlinge konfrontiert: »Es gab tausend Probleme: Wo konnte man die Flüchtlinge, sie hießen ja dann Umsiedler, unterbringen, wie ihnen eine ausreichende Versorgung garantieren, bei wem konnten sie eine Arbeit finden, wer gab Kleidung oder Möbelstück oder irgendetwas für sie ab, wie konnte man die armen Menschen medizinisch einigermaßen betreuen? Fragen über Fragen, auf die wenigsten gab es eine schnelle und befriedigende Antwort. Das Wichtigste war Brot und Milch für die Kinder. Aber woher nehmen, wenn nicht stehlen? Dann kamen immer mehr Umsiedler. Irgendetwas musste passieren, das spürte man, damit sich die Leute wieder an etwas klammern konnten.«[5]

In dieser kritischen Situation und mit dem Flankenschutz der Besatzungsmacht beschloss die KPD Ende August 1945, eine Bodenreform per Gesetz durchzuführen. Doch wollte sie diese »revolutionäre Maßnahmen« durch die Zustim-

Bodens sowie des lebenden und toten Inventars an die Provinzial- bzw. Landesverwaltungen zur Zuteilung an die durch den Krieg ruinierten und besitzlos gewordenen Bauern.«[3]

Die meisten Flüchtlinge und unter ihnen gerade die »besitzlos gewordenen Bauern« aus den »verlorenen« Gebieten, standen unmittelbar

mung der ländlichen Bevölkerung, der Bauern, Landarbeiter und Flüchtlinge, quasi absegnen lassen. Im nördlichen Zipfel Brandenburgs, in der Prignitz, schienen die Voraussetzungen für eine solche Kampagne günstig. Zum einen war die Prignitz traditionell ein Landstrich mit vielen berühmt-berüchtigten Rittergutsbesitzern, zum andern war hier die Not der Flüchtlinge und Landarbeiter besonders groß.

Nicht zuletzt von den Heimatlosen erhoffte man sich eine aktive Unterstützung für die Kampagne »Junkerland in Bauernhand«, hatten sie doch keine sozialen und ökonomischen Bindungen an die alten märkischen Großgrundbesitzer. In den letzten Augusttagen informierte sich der KPD-Sektretär Walter Ulbricht persönlich über die Stimmung der Brandenburger Landbevölkerung. Wolfgang Leonhard, damaliger Mitarbeiter des Zentralkomitees der KPD, erinnert sich: »Eines Nachmittags ließ mich Ulbricht kommen. ›Richte deine Arbeit so ein, dass du morgen ganz frei sein kannst. Du fährst mit mir in die Provinz Brandenburg.‹ Wir fuhren Richtung Kyritz, um dort mit den Bürgermeistern insbesondere über die Ablieferungspflichten zu sprechen. Auf dem Rückweg nach Berlin hielten wir in einem kleinen Dorf und Ulbricht forderte den Gemeindevorsteher auf, alle Bauern zusammenzuholen. Plötzlich sprach er über die Aufteilung des Großgrundbesitzes. Er fragte: ›Nun sagt doch mal, was ihr dazu meint!‹ Es gab verhaltene Zustimmung. Für Ulbricht schien damit alles klar, die Massen waren auf seiner Seite. Im Grunde handelte Ulbricht immer nach der gleichen Devise: ›Es muß demokratisch aussehen, aber die Fäden müssen wir in der Hand behalten.‹ Bei der Durchführung der Bodenreform war das nicht anders.«[6]

Wenige Tage nach Ulbrichts Inspektionsreise bekam die Kreisleitung in Kyritz den Auftrag, für den 2. September eine Bauernversammlung zu organisieren – der Startschuss für die Bodenreform.

◁ △

Mit der Losung »Junkerland in Bauernhand« wurde besonders unter den Flüchtlingen in der SBZ für die Bodenreform geworben.

Die Kürzel von Kyritz

Als am Mittag des 2. September 1945 die Flüchtlinge und Landarbeiter auf den Feldern der Ostprignitz im Land Brandenburg eilig von Verwaltungskräften zusammengerufen wurden, ahnte noch niemand, dass er an diesem regnerischen Sonntag Zeuge, ja sogar Mitwirkender einer »historischen Versammlung« werden sollte. Noch heute steht auf dem Platz neben dem abgewickelten Kulturhaus in Kyritz ein Denkmal, das an dieses Ereignis erinnert. Die Buchstaben sind verwittert, einige fehlen schon, doch kann man noch von einem »revolutionären Akt«, einem »jahrhundertelangen Kampf« lesen. Ein Relief zeigt eine Gruppe ausgemergelter Gestalten, die einem Agitator zuhören. Einsam steht das Denkmal in einer ungepflegten Blumenanlage.

Den »Schwarzen Adler«, die Gaststätte am Markt, in der die historische Versammlung stattfand, gibt es nicht mehr; eine Gedenktafel verstaubt in einem Lagerraum im Rathaus: »In diesem Haus verkündete Wilhelm Pieck am 2. September 1945 die demokratische Bodenreform«. Die Rede des damaligen KPD-Vorsitzenden Pieck ließ Kyritz zu einem Wallfahrtsort sozialistischer Geschichtsschreibung werden. Zu einer Revision der Landverteilung kam es auch nach 1989 nicht, die hölzerne Tafel aber wurde entfernt.

Die Bodenreform ist für die einen ein eher erfolgreiches, für andere ein missglücktes Experiment. Für Zehntausende Vertriebene veränderte das Stück Land, das sie hier in Brandenburg bekamen, ihr Leben.

Am ersten Sonntag im September 1945 lud die KPD zu einer Bauernkonferenz in den »Schwarzen Adler« nach Kyritz an der Knatter. Wenige Tage zuvor war die Kreisleitung von den Genossen in Berlin instruiert worden, die Versammlung perfekt zu organisieren. Bürgermeister aller umliegenden Gemeinden, Mitarbeiter der Landverwaltung und ausgesuchte Mitglieder der KPD erhielten eine Einladung. Am Ende fehlten allerdings noch die eigentlichen Hauptakteure, die landlosen Bauern und Flüchtlinge.

Der aus Ostpreußen stammende Hugo Steffen, ein heimatloser Heimkehrer, wenige Wochen zuvor aus der Kriegsgefangenschaft in die Prignitz entlassen, war einer derjenigen, die an diesem Sonntag auf den Feldern nahe Kyritz arbeiteten. Er hatte Glück gehabt und eine Anstellung auf einem Landesgut gefunden. Andere Flüchtlinge mussten sich als Knechte bei Bauern verdingen; eine der ungezählten Demütigungen, die viele Heimatlose erfuhren. Aber Arbeit war Brot und Hunger oftmals schlimmer als Heimweh. Hugo Steffens Hände waren noch voller Erdkrumen, als man ihn für die Konferenz vom Feld holte. »Ich war gerade bei der Kartoffelernte, da kamen sie mit dem Pferdewagen. Los, Hugo, lass alles stehen und liegen, du musst jetzt mitkommen, es ist Versammlung in Kyritz. Einer aus Berlin wird sprechen. Hier soll dann alles anders werden, auch für euch Flüchtlinge. Los, Hugo, komm mit! So ging es dann sofort ab. Ich hatte keinen blassen Schimmer, wer sich da trifft und was ich da sollte. Die Kartoffeln aus dem Acker zu graben schien mir eigentlich viel wichtiger als irgendeine Versammlung in Kyritz.«[7]

Auch Eva T., Flüchtling aus Pommern, musste sich zum »Schwarzen Adler« begeben. Dienstlich, denn sie war Stenotypistin im Landratsamt. Ihre Aufgabe war, jeden Satz und jedes Wort, das auf der Versammlung gesprochen wurde, mitzuschreiben. Ein schwerer Tag für sie. »Ein gewis-

Gedenktafel für die »Bauernkonferenz« in Kyritz, bei der die Bodenreform verkündet wurde.

Jeder Neubauer erhielt eine Urkunde, die ihn als Eigentümer eines Stücks Land auswies.

ser Wilhelm Pieck sollte der Hauptredner sein. Ich wusste gar nicht, wer das ist. Mich interessierte nur, spricht der schnell oder spricht der langsam. Dass Wilhelm Pieck der 1. Sekretär der KPD im ganzen Land war, erfuhr ich erst, als ich seine Rede stenographierte. Sein Vortrag stand unter der Überschrift: ›Die demokratische Bodenreform und ihre Bedeutung für die Zukunft Deutschlands.‹ Ich schrieb also meine Kürzel aufs Papier, aber immer wenn Pieck von der demokratischen Bodenreform und vom Sozialismus sprach, geriet ich ins Schwitzen, denn ich kannte dafür einfach keine Kürzel.« Nicht nur die Sekretärin hatte ihre Schwierigkeiten mit der »Bodenreform« und dem »Sozialismus«. Viele der Anwesenden trauten ihren Ohren kaum, als sie hörten, dass der KPD-Chef schon für die nächsten Tage eine radikale Enteignung des Großgrundbesitzes für die Ostzone Deutschlands ankündigte.

Ein Schwerpunkt in Piecks Rede war die Situation der Flüchtlinge. Er erklärte die preußischen Junker und Großgrundbesitzer zu den Hauptverantwortlichen für den Verlust ihrer Heimat und warb für die Bodenreform als eine »Verwirklichung der jahrhundertelangen Forderungen nach einer gerechten Verteilung des Bodens, an die, die ihn beackern« und auch als eine Art Entschädigung für die, die alles verloren hatten. Pieck versprach den Zuhörern viel. Die Einheimischen sollten endlich »Herren« auf eigenem Boden werden, die Vertriebenen ein greifbares Stück neue Heimat bekommen und für immer »freie Bauern auf eigener Scholle« sein. Natürlich hofften die Genossen auch, die so Beschenkten an sich binden zu können. Schließlich standen in wenigen Monaten die ersten freien Wahlen auf der Tagesordnung und jede Stimme zählte. Die fast vier Millionen Vertriebenen in ganz Ostdeutschland waren ein gewaltiges, noch unentschlossenes Wählerpotential.

Doch schon in Kyritz zeigte sich, dass die Bodenreform für Politiker wie für zukünftige Neubauern nicht die widerspruchslos, begeistert aufgenommene Reform war, zu der sie später in den Geschichtsbüchern der DDR verklärt wurde.

Eine »begeisterte Stimmung« der 350 Delegierten im Kinosaal des »Schwarzen Adler« blieb aus. Auch Hugo Steffen hatte Bedenken: »Ein Präsidium hat es im Saal nicht gegeben, ein Pult stand vorne auf der Bühne. Weiter war da nichts, da saß nur eine Sekretärin. Dann kam Wilhelm Pieck und sprach über die Bodenreform. Danach war ein großes Schweigen, einer hat den anderen angeguckt, keiner wollte an eine Verteilung des Bodens glauben. Eine Enteignung? Da sagte man sich, das kann ja auch schiefgehen und die alten Gutsherren verlangen alles zurück. Und wir als Flüchtlinge, wir kannten kaum die alten Besitzer. Zum einen Teil war das ganz gut, aber unsicher war man schon. Einen großen Beifall hat es da nicht gegeben. Na ja, es wurde geklatscht, aber nicht gejubelt. Und zu Wort hat sich auch kaum einer gemeldet. Das mit der Enteignung kam zu schlagartig, darauf war keiner so richtig vorbereitet, das musste erst einmal verdaut werden.«[8]

Noch während Pieck sprach, wurde seine Rede in die Schreibmaschine diktiert. Auf dem nahen Hinrichsfelder Flugplatz wartete ein sowjetisches Militärflugzeug darauf, das Schriftstück auf schnellstem Wege nach Berlin zu bringen.[9] Die Begutachtung durch die Besatzungsmacht hatte unverzüglich zu erfolgen. In derselben Nacht noch ging »Die Entschließung der Bauernschaft in Kyritz«, wie die Versammlung nun genannt wurde, in Druck. Gut gesetzt hieß es dann: »Wir Bauern sind bereit, aus dem Grund und Boden herauszuholen, was nur möglich ist. Dazu brauchen wir freie Bauernwirtschaften ... Wir verlangen die Aufteilung des Bodens der Kriegsverbrecher und Kriegsschuldigen und der ganzen Großgrundbesitzer über 100 Hektar an die kleinen Bauern, Landarbeiter und Kriegsvertriebenen.«[10] Am Montag nach Piecks Rede in Kyritz beschloss Sachsen die Enteignung der Großgrundbesitzer mit mehr als 100 Hektar Land, drei Tage darauf, am 6. September 1945, folgte das entsprechende Gesetz der Provinzialregierung in Potsdam. Ein radikaler Einschnitt im Leben der Brandenburger Landbevölkerung und der über 300 000 Flüchtlinge auf dem Land.

Eine Mütze voll Glück

Für diejenigen, die in der verlorenen Heimat keinen Besitz hatten, konnte die Verteilung von Land die Chance für ein neues Leben bedeuten. Die Presse versuchte, die »Heimatlosen« für die Bodenreform zu begeistern. Flüchtlinge, die nun erstmals ein Stück Acker besaßen, kamen zu Wort. So erklärte der »Neusiedler« Otto Reinhardt in der »Täglichen Rundschau«: »Ich will siedeln, ich siedle gern. Nichts hat mir größere Freude bereitet als die Mitteilung der Bodenreform. Ich bin Flüchtling und vor mir stand immer das Gespenst der Ungewißheit, ich wußte nicht, was anfangen, zumal meine Familie neun Personen zählt. Ich kann es kaum aussprechen, mit welcher Begeisterung ich von der Bodenreform gelesen habe. Die Bodenreform scheint mir vor allem ein Akt der Gerechtigkeit zu sein ... Mein Traum ist Wirklichkeit geworden.«[11]

Doch die Zahl der Bewerbungsanträge von »Umsiedlern« zeichnet ein anderes Bild. Kaum die Hälfte, knapp 23 000 der in Frage kommenden Flüchtlinge, hatte sich bis Ende 1945 um ein Stück Land beworben. So musste die Brandenburgische Provinzalverwaltung in einem Bericht über die Ergebnisse der Bodenreform Anfang Dezember 1945 immer noch ein eher geringes Interesse konstatieren: »Bei den Umsiedlern stellte sich eine gewisse Zurückhaltung bei der Beantragung von Land heraus. Insbesondere Bauern, die von östlich der Oder und Neiße kommen und dort ihre Höfe verlassen mußten, hoffen, noch einmal in ihre Heimat zu kommen, und haben daher keine Bodenzuteilung bei den Gemeindekommissionen beantragt.«[12] Drei Monate später fällt die Einschätzung der Brandenburger Behörden noch drastischer aus: »(Es) finden sich die bäuerlichen Umsiedler aus den Gebieten östlich der Oder nur langsam und schwer mit dem Verlust ihres Landes ab und erliegen leicht faschistischen Parolen, die besagen, daß sie eines Tages wieder in ihre Wirtschaften zurückkehren könnten. Diese Umsiedler kommen dadurch nicht zur Ruhe, lehnen zum Teil ab,

sich neu anzusiedeln, und sind nicht mit Lust und Liebe bei der Sache, um den Aufbau ihrer Siedlerstelle mit der nötigen Energie anzupacken. Alles in der stillen Hoffnung einer zukünftigen Rückkehr in die von ihnen verlassenen Gebiete.«[13] Eine Einschätzung geprägt von den politischen Vorgaben, die Erfahrungen von Flucht und Vertreibung zu ignorieren, ihre bloße The-

Das Los entschied über den Acker: Neubauern ziehen ihr Stück Land.

Szenenfoto aus dem DEFA-Spielfilm »Freies Land«, der die Geschichte einer Flüchtlingsfrau schildert.

matisierung als »faschistische Parolen«, als Angriff auf die Staatsmacht zu interpretieren.

Willi B. kam mit seinen Eltern am 28. Juli 1945 in Altranft im Oderbruch an, etwa 50 Kilometer entfernt von seinem Geburtsort, aus dem die Familie drei Tage vorher vertrieben worden war. Zurückgelassen hatte die Familie eine intakte Wirtschaft, Felder, Wiese, Vieh, ein Wohnhaus mit Stallungen und Scheune. »Nachdem Vater auf einem Gut, das unter russischer Verwaltung stand, in Altranft im Oderbruch Arbeit gefunden hatte, wurde uns in den Schnitterkasernen ein Raum zugewiesen, 10 Quadratmeter. Immer gab es das Angebot, ein Stück Land zu bekommen. Aber mein Vater sagte: ›Wir werden schon zurück dürfen, dann wird alles wie früher.‹ Doch die Zeit verging und mehr und mehr Flüchtlinge bewarben sich um ein eigenes Stück Acker. Mein Vater war Bauer, der musste einfach seinen eigenen Acker bewirtschaften, und so entschloss er sich nach vielem Zögern 1947,

doch erst einmal einen Antrag auf Bodenreformland zu stellen. Zwar war da noch immer die Hoffnung auf ein Zurück, doch daran geglaubt hat er wohl nicht mehr so richtig.«[14]

Für viele Klein- und Mittelbauern, auch für die B.s, glich die erste Zeit nach Flucht oder Vertreibung einem Leben im Trancezustand. Sie konnten nicht fassen, alles verloren zu haben, ohne Besitz dazustehen, vom Bauern zum Tagelöhner gefallen zu sein. Genauso wenig konnten sich die meisten von ihnen zunächst vorstellen, praktisch aus dem Nichts heraus wieder eine Wirtschaft aufzubauen.

Die Bodenreform und die Verteilung von Land an Flüchtlinge bekamen rasch eine solche Bedeutung für die politisch Verantwortlichen, dass schon der zweite Spielfilm der DEFA Bodenreform und Flüchtlingsproblem zum Thema machte. Unter dem Titel »Freies Land« kam der von Milo Harbrich gedrehte Streifen 1946 in die Kinos. Schauplatz der Handlung ist die Mark Brandenburg. Im Vorspann heißt es: »Dieser Tatsachenbericht schildert den schweren Anfang, den Tausende von Heimatlosen in dieser Zeit erleben. Gedreht wurde in der Westprignitz und im Notstandsgebiet Lebus. Mitwirkende sind die Flüchtlinge selbst.« Erzählt wird die Geschichte einer Familie aus Königsberg. Eine Frau mit zwei Kindern kommt mit einem Treck in ein Dorf in Brandenburg, ein Kind stirbt auf dem Weg, ihr Mann ist gefallen oder in Gefangenschaft. Der Kommentar appelliert an das Mitgefühl der Zuschauer: »Dann kamen die endlosen Trecks. Die Heimatlosen flüchteten in die Dörfer. Sie kamen übers Eis der Flüsse, über zerfahrene Landstraßen zogen Millionen Flüchtlinge ins Ungewisse. Sie alle waren über Nacht heimatlos geworden. Von den kümmerlichen Resten Ihrer Habe büßten sie bei den wochenlangen Irrfahrten noch vieles ein. Tausende gingen vor Hunger und Elend zugrunde.« Die »Hauptdarstellerin« aus Königsberg erlebt die Bodenreform in der Prignitz und bekommt ein Stück märkischen Boden zugeteilt. »Die Menschen verlangen selbst die Aufteilung der großen Güter, damit die Not ein Ende hat«, so der Kommentar. Die Frau ergänzt: »Es gibt

doch immer wieder einen Anfang.« Von einem
Sowjetoffizier erhält die Neubäuerin ein Pferd:
»Nix Pferde, nix Maschinen. Hier hast du Pferd
vom Kommandant. Wenn du brauchen nicht
mehr, dann bringen wieder zurück.« Zum guten
Ende kehrt der Mann aus der Kriegsgefangenschaft zurück und findet seine Familie. Der Bürgermeister spricht ihm Mut zu: »Du hast eine
neue Heimat gefunden.« Ob der Film dazu beitragen konnte, die Heimatlosen von der Not-
wendigkeit und den Vorteilen der Bodenreform
zu überzeugen oder ihnen sogar ein neues Heimatgefühl zu verleihen, ist schwer zu ermitteln.
Doch Tatsache ist, dass mit der Zeit die Landverteilung von vielen Flüchtlingen als eine Chance
für einen Neuanfang angenommen wurde.

Ein gutes Verhältnis zwischen Alteingesessenen und Heimatlosen war für viele Jahre eher
Seltenheit. Bei der Größe der Landvergabe wurden die Vertriebenen oftmals bevorzugt, sie erhielten im Durchschnitt 1,2 Hektar mehr als die
einheimischen Kleinbauern oder Landlosen.[15]
Bei der Qualität der Böden sahen sie sich dagegen oftmals benachteiligt, da die so genannten
»Bodenkommissionen«, eine Art Erfassungs-,
Aufsichts- und Kontrollgremium zur Durchführung der Reform, die meist aus den Landempf-
fängern selbst bestanden, mehrheitlich von den
Alteingesessenen beherrscht wurden.[16] Trotz Beschwerden der »Umsiedlerausschüsse« und der
Regierungsstellen blieb dieser Zustand bestehen,
sogar die eingesetzten Vertreter der Staatsmacht

untermauerten diese Politik. Edwin Hörnle, Präsident der Zentralverwaltung für Forst- und
Landwirtschaft, kritisierte: »Beschwerden von
Bauern zeigen, daß recht häufig der Bürgermeister in die Befugnisse der Bodenkommission eingegriffen hat. Wenn ein Umsiedler in irgendei-
ner Weise nicht zu Willen war oder nicht gefiel,
oder der Bürgermeister vielleicht einen anderen
an seine Stelle bringen wollte und er dafür nach
einem Argument suchte, hat er einfach gedroht:
Ich nehme dir den Boden wieder weg. Man hat
Neubauern, denen nach dem Gesetz der Boden
bereits als persönliches Privateigentum übergeben war und die auch schon die Urkunde mit
der Unterschrift des Präsidenten in der Hand
hatten, den Boden wieder weggenommen.«[17]

Dennoch, bis zum Abschluss der Bodenreform Ende 1948 erhielten über 90 000 Heimatlose in der sowjetischen Besatzungszone
Land, mit ihren Familien waren das etwa
350 000 Menschen.[18] Allein in Brandenburg

△

*»Hier hast du Pferd vom
Kommandant ... « Sze-
nenfoto aus dem Film
»Freies Land« von 1946.*

◁

*Landvermesser auf dem
Rittergut Kremplin bei
Neuruppin im September
1949.*

wurden 900 690 Hektar Boden beschlagnahmt. Damit hatte die Enteignung in Brandenburg 28 Prozent der landwirtschaftlichen Nutzfläche erfasst, vier Prozent mehr als in der gesamten sowjetischen Besatzungszone. Der Anteil der individuell vergebenen Flächen an Umsiedler betrug 36,6 Prozent.[19]

8,1 Hektar bekam Familie B.: »Mein Vater hat dann gesagt: ›Jetzt siedeln wir hier auch, da haben wir wenigstens wieder etwas Eigenes unter den Füßen.‹ Dann kamen die Landvermesser, haben alles vermessen, und dann wurden Lose gezogen mit Nummern drauf. Eine Mütze voller Glück. So wurde das ausgemessene Land verteilt. Irgendwie ein ganz seltsames Gefühl, irgendwie die Hoffnung, wir können was daraus machen.«[20]

Die Bodenreform wäre auch ohne die Probleme der Integration hunderttausender heimat-

und landlosen Menschen durchgeführt worden. Sie war ein politischer Akt, um die neuen Machtverhältnisse in der SBZ zu etablieren. Aber ohne die Flüchtlinge und Vertriebenen wäre sie sicher anders verlaufen. Ohne die Bodenreform wiederum hätten über neunzigtausend »Umsiedler«-Schicksale einen anderen Verlauf genommen. Für viele neue Brandenburger war das Stück märkisches Land ein Stück Hoffnung in einer schweren Zeit.

Auf dem Weg zur Land-
verteilung.

Sechs Sack Zement für den ganzen Bau

Wenn man aufmerksam durch Brandenburger Dörfer fährt, fallen neben den typischen Dorfkirchen aus Feldsteinen, den rar gewordenen Ziegelbauten und den heute wie Fremdkörper erscheinenden, oftmals verwaisten riesigen LPG-Ställen bei genauerem Hinsehen sechs oder zehn, manchmal mehr gleich gebaute Häuser auf: in fast preußischer Ordnung stehen sie nebeneinander am Dorfeingang oder Ausgang. An manchem kann man noch die Fachwerkkonstruktion erkennen. »Neuer Weg« oder »Neue Siedlung«, so lauten oftmals die Namen auf den Straßenschildern dieser Häuserzeilen. Die Gebäude haben einen kleinen Vorgarten, einen Hof, meist eine Scheune und nach hinten einen Garten: so genannte »Neusiedlerhäuser«.

Die »Umsiedler«, die nach dem Krieg durch die Bodenreform ihren Acker, ihre Wiese und vielleicht auch noch etwas Wald bekommen hatten, besaßen damit das Wichtigste, was ein Bauer braucht, ein Stück Land. Aber sonst hatten sie oft nicht mehr als ihr eigenes Hemd. Nicht einmal jeder dritte brandenburger Neubauer besaß 1947 einen Pflug oder einen Wagen, nur 1,4 Prozent der »Umsiedler«-Neubauern eine Drillmaschine. Noch dramatischer war ihr Viehbestand. Auf zehn neue Wirtschaften kamen im Durchschnitt vier Schweine, vier Kühe, drei Pferde und zwei Hühner.[21] Die fehlenden Gebäude, sowohl Wohnhäuser als auch Ställe, aber waren mit das größte Handicap für die neuen Landwirte. Ende April 1946 lebten in Brandenburg noch 87,6 Prozent der Heimatlosen bei ortsansässigen Einwohnern, nur 8,1 Prozent besaßen ein eigenes Wohnhaus.[22] Es gab mannigfache Schwierigkeiten, die sich aus der Einquartierung bei Altbauern ergaben. Familien, die nicht zur Untermiete wohnten, lebten in völlig überfüllten Herrenhäusern, die meisten in Notunterkünften. Im Oderbruch wurden Fälle von Umsiedlern bekannt, die in Erdhöhlen hausen

mussten. Dazu kam das Gespött mancher Alteingesessenen, was das wohl für Bauern seien, die nicht einmal einen eigenen Hof besaßen. »Hungerbauern« wurden die Neusiedler nicht selten genannt. Viele Umsiedler gaben ihr Land oftmals nach wenigen Monaten wieder ab – der Mangel an Wohnraum, an Ställen, Scheunen und Geräten ließ sie an ihrem neuen Glück, »freier Bauer auf eigener Scholle« zu sein, verzweifeln.

Schon bald erkannten die Organisatoren der Bodenreform, dass das Problem von Haus und Hof für die Neusiedler zu einer Schicksalsfrage wurde. Der KPD-Sekretär für Landwirtschaft, Edwin Hoernle, stellte im Ferbruar 1946 unumwunden fest: »Zwar kann man vorübergehend – vielleicht einige Monate lang, vielleicht 1 oder 2 Jahre lang – diese Neubauern zu einem Teil auf den Gutshöfen unterbringen: man kann auch die alten Gutsstallungen vorrübergehend so einrichten, daß das Vieh des Neubauern dort untergebracht wird: das geht aber nur auf kurze Zeit. Das Ziel muß sein: Jedem Bauer seinen eigenen Hof! Das bedeutet, daß das landwirtschaftliche Bauen zu einer zentralen Aufgabe geworden ist bei der Durchführung der Bodenreform und

Notunterkunft von Vertriebenen in Gorgast im Oderbruch.

WIR SCHAFFEN AUS TRÜMMERN UND SCHERBEN

NEUBAUERN HÖFE

REIHE DICH EIN UND HILF MIT AM
15. OKTOBER 1949
5. VOLKSAKTION

beim Wiederaufbau der deutschen Landwirtschaft.«[23]

Das Ziel schien richtig formuliert, doch die sowjetische Besatzungszone ein knappes Jahr nach dem Krieg war immer noch eine Mangelgesellschaft, auch und gerade wenn es um Baumaterialien ging. Nägel waren schwer zu beschaffen, Zement eine Rarität, Fenster ein unschätzbarer Reichtum – es fehlte praktisch an allem. Zum einen musste Baumaterial für die Neubauern bereit gestellt werden, zum anderen wäre es dazu nötig gewesen, die kriegszerstörte Baustoffwirtschaft neu anzukurbeln, was aber wegen der Reparationsleistungen an die sowjetische Besatzungsmacht nicht möglich war. Doch stand fest, dass ein Zusammenbruch der Neubauernstruktur das Scheitern der Bodenreform in ihrem Kern bedeutet hätte und damit die »revolutionäre Umgestaltung auf dem Land« ein Schlag ins Wasser gewesen wäre.

An die 40 000 Wohn- und Wirtschaftsgebäude für Neubauern sollten entstehen.

Für die KPD beziehungsweise die am 21./22. April 1946 gegründete SED wäre das einem politischen Debakel gleichgekommen. Auch die sowjetische Besatzungsmacht konnte kein Interesse haben, die von ihr geforderte und flankierte Bodenreform scheitern zu lassen. So versuchte die Sowjetische Militäradministration in Ostdeutschland mit ihrem Befehl Nummer 209 »Über Maßnahmen zur wirtschaftlichen Sicherung der Neubauernwirtschaften« die sich abzeichnende katastrophale Entwicklung aufzuhalten. Der Befehl, der im September 1947 veröffentlicht wurde, sah vor, fast 40 000 Wohn- und Wirtschaftsgebäude für die Neubauern zu errichten. Am 7. Oktober 1947 wurde der Befehl für das Land Brandenburg vom Chef der dortigen Militärverwaltung, Generalmajor Scharow, konkretisiert: »Die Neubauernwirtschaft ist eine eindrucksvolle demokratische Macht, welche das ganze öffentliche politische Leben der sowjetisch okkupierten Zone Deutschlands beeinflußt. Jedoch vieles ist noch nicht getan in Bezug auf die wirtschaftliche Einrichtung der Neubauern. Ein bedeutender Teil der Neubauern besitzt keine Höfe, Wohn- und Wirtschaftsgebäude und ist in ungenügendem Maße mit Arbeits- und Nutzvieh versehen (...) daher befehle ich dem Minister-Präsidenten der Regierung des Landes Brandenburg, Dr. Steinhoff: Aus dem festgesetzten Bauplan von 10 000 Häusern für Neubauernwirtschaften bis Ende 1947 1000 und im Jahre 1948 weitere 9 000 zu bauen.«[24]

Diesen Befehl der Besatzungsmacht galt es umzusetzen. Materialkontingente und Kredite wurden zur Verfügung gestellt, besser gesagt: aus anderen Bereichen abgezogen. Doch die erforderliche Menge an Baumaterialien für die hoch gesteckten Vorgaben konnte trotz Befehl nie beschafft werden. So blieb vielen nur die Chance, aus dem Wenigen, was zur Verfügung stand, mit Improvisationstalent und der tatkräftigen Hilfe der Nachbarn die eigenen vier Wände zu bauen. Auch für die Neusiedlerfamilie B. waren anfangs das Fehlen eines eigenen Hauses, der Mangel an Vieh und Gerätschaften die größten Probleme. Dazu kamen dann die Folgen der schweren

Hochwasserkatastrophe im Frühjahr 1947: »Aus Thüringen bekamen wir eine Kuh zugewiesen, aus der Hochwasserhilfe, die haben wir dann auch für die Feldarbeit vor den Pflug gespannt. Als die Kuh das erste Kalb kriegte, das war ein Festtag, gab ich dem Kälbchen gleich einen Namen, Bonek. Später nahmen wir einen Neubauernkredit für den Hausbau, ein Typenbau, Stall und Haus in einem. Doch das Geld hat nie richtig gereicht und auch die Ziegelsteine nicht, den Keller haben wir aus Feldsteinen bauen müssen. Und wenn heute jemand sagt, das Haus ist eigentlich nur mit Lehm und Kalk errichtet, drei Sack Zement für den ganzen Bau, also, das glaubt keiner nicht.«[25]

Die ersten Erfolgsmeldungen im Bauprogramm wertete der Landesverband der SED in Brandenburg in seiner Broschüre zur »Umsiedlerwoche« im Spätherbst 1947 als rigorose Zustimmung für die Bodenreform. So liest man

über ein kleines Dorf in der Nähe von Luckenwalde: »Ein überwältigender Anblick, dieses Gebersdorf. Als wir den Ortseingang passieren, können wir nur unsere Bewunderung zum Ausdruck bringen. ›Donnerwetter, hier ist aber schon viel geschafft worden.‹ Wohin man blickt, überall sind neue Siedlungshäuser wie Pilze aus dem Erdboden gewachsen. Allen Menschen, die an die Richtigkeit der Durchführung der Bodenreform noch irgendwelche Zweifel haben, sei gesagt: ›Gehen Sie nach Gebersdorf und sehen Sie sich das an, dann werden Sie Ihre Meinung schnellstens ändern.‹«[26] In derselben Broschüre findet sich auch ein kleiner Leitfaden zur Selbsthilfe eines schlesischen Umsiedlers: »Wo das Material her ist? Ganz einfach! Das abgebrannte Forsthaus hat viele Steine geliefert, die Mauer vom Gutshof haben wir abgerissen und einen Stall ebenfalls. Den großen Stall des Gutshofes brauchen wir noch, bis jeder der 42 Vollsiedler einen eigenen Stall hat, aber dann ist auch er fällig. Wir wollen dies alles verschwinden lassen, damit wir nicht mehr an diese Zeit erinnert werden. Dann haben wir die Ziegelei selbst in Betrieb gesetzt. Die Balken für das Fachwerk schneiden wir mit der Kreissäge. Sieben Maurer sind im Dorf, davon fünf Umsiedler ...« Und auch der politische Fingerzeig fehlt nicht: »Das Getreidesoll hat Umsiedler Jahns schon 100 prozentig abgeliefert und darüber freut er sich be-

△

Willi B., Neubauer im Oderbruch, läßt sich mit seiner ersten Kuh fotografieren. Der Mangel an Vieh und Gerätschaften war ein schwer wiegendes Problem beim Aufbau einer funktionstüchtigen Landwirtschaft.

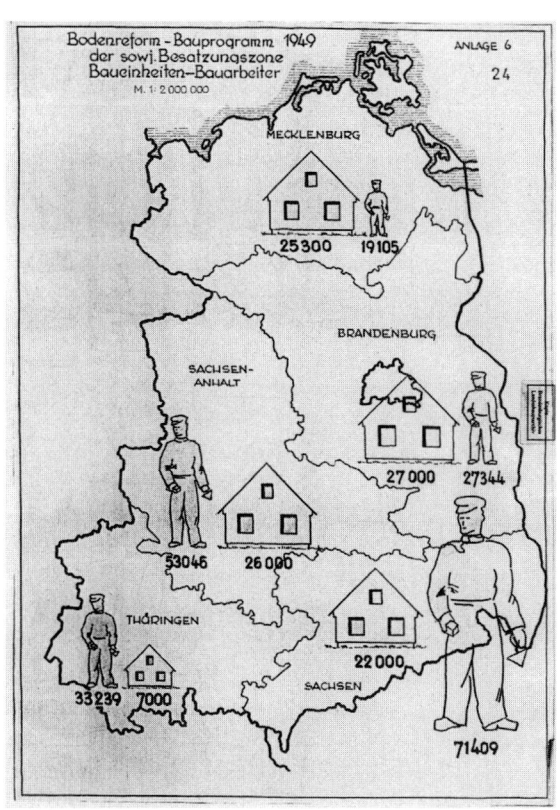

◁

Bodenreform-Bauprogramm: 27 000 Neubauernhöfe für Brandenburg.

halten werden. Insbesondere die Baumaterialien blieben weiter knapp. Man versuchte, aus den Kriegstrümmern Ziegelsteine zu gewinnen oder riss die alten Guts- und Herrenhäuser mit ihren Stallungen ab. Fontanes Romanhelden, die ostelbischen Junker und Gutsherren, verloren so nicht nur ihr Land – alle Spuren der alten Zeit sollten getilgt werden. Neue »alte« Bauweisen wurden propagiert und gefördert. So die Lehmbauweise: anstatt Ziegel wurden einfach gepresste Lehmquader verwendet oder der Lehm direkt in eine Schalung eingestampft (»Man muß das zum Bauen nehmen was man an Ort und Stelle vorfindet.«[29] Sogar ein »Lehmgewölbe«, ein neuartiges Behelfsheim aus Lehm, Pappe und Trümmerbeton, wurde entwickelt und hatte angeblich viele Vorzüge: Es war nicht brennbar und bot »für die Wohneinrichtung vielerlei Möglichkeiten für Einbauschränke, Regale, Truhen, Klappbetten und anderes mehr«[30]. Eine Ausgabe der DEFA-Wochenschau »Der Augenzeuge« aus dem Jahr 1948 berichtete über ein Ingenieurbüro in Ferch, das sich auf Holzhäuser mit Schilfdach spezialisiert hatte, die tatsächlich probeweise mit märkischem Kiefernholz und Schilf aus den umliegenden Seen gebaut wurden. Trotz aller Provisorien, für viele Neubauern blieb der Moment, endlich wieder vier eigene Wände bewohnen zu können, wohl einer der glücklichsten, vielleicht auch stolzesten in ihrem neuen Leben.

△

Gewinnung von Baumaterial: Neubauern in Gebersdorf, Kreis Luckenwalde, beim Abriss des zerstörten Herrenhauses.

▷

Musterhaus in Ferch 1948 – erbaut aus märkischer Kiefer und Schilf vom Schwielowsee.

sonders. Frau Jahns ist erfreut über unseren Besuch. Auf unsere Frage, ob sie sich hier wohlfühlt, antwortet sie: ›Wir haben uns hier seßhaft gemacht und haben hier eigenen Besitz, das ist besser, als Gutsarbeiter zu sein, bei einem Baron, der vor Übermut und Langeweile nicht weiß, wen er zuerst schikanieren soll. Aber jetzt ist es ja vorbei mit diesen Burschen.«[27] In einem Interview der Zeitschrift »Die neue Heimat« für die Ausgabe Februar/März 1949 erklärte der Brandenburger Regierungsrat Walter Volck, dass »auf Grund des Befehls 209 insgesamt 10 047 Personen neuen Wohnraum« erhalten hätten. Weiter führte er aus: »Da das Bausoll 10 000 betrug, konnte das Land Brandenburg die ihm gestellte Bauaufgabe sogar übererfüllen. Für das Jahr 1949 sieht der Zweijahresplan ein Bausoll von 19 400 Bauten vor. Danach verbleibt nur noch ein kleiner Rest für 1950, der ohne Schwierigkeiten bewältigt werden dürfte. Spätestens Ende 1950 wird also ein jeder Neubauer einen fertigen Hof sein eigen nennen können.«[28]

Ganz so positiv fielen die Resultate der kommenden zwei Jahre dann allerdings doch nicht aus, die Zahlen von 1947/48 konnten nicht ge-

Vom Ich zum Wir

Wem es gelungen war, eine Wirtschaft mit Hof und Vieh aufzubauen, sah sich neuen Zwängen ausgesetzt: dem ständigen Druck, seine Sollabgaben erfüllen zu müssen. Wenn auch mit weit weniger Abgaben belastet als die alteingessenen Großbauern, deren Pflichtsoll oftmals an ihre Existenz ging, waren doch auch die Neubauern Teil des Versorgungsnetzes der sowjetischen Besatzungszone, deren größter Bevölkerungsanteil in den Städte lebten. Die Erfüllung des Solls wurde nach Bodenreform und Bauprogramm zunehmend das beherrschende Thema in der ostdeutschen Landwirtschaft.

Der Neubauer Siegfried H., der schon in Grünberg, Niederschlesien, eine Wirtschaft betrieben und dann in Dorf Zinna bei Jüterbog Bodenreformland erhalten hatte, äusserte sich 1947 zur Frage der Sollablieferung in der Broschüre »Umsiedler schaffen sich eine neue Heimat« der brandenburger SED: »Wir fragten nach der Ablieferung. Siegfried Hirthe winkt ab. ›Es war für uns selbstverständlich, mit unter den ersten zu sein‹, meint er nur bescheiden. (...) Getreide, Milch Eier und Fleisch hat er zu 100 %, sein Kartoffelsoll schafft er auch (...) Für seine vierköpfige Familie und zwei ältere Leute, die bei ihm in Kost wohnen und dafür helfen, wird es schon reichen, und Futtermittel für das Vieh sind ebenfalls vorhanden, versichert er uns auf die zweifelnde Frage, ob denn nach der Erfüllung des Solls überhaupt etwas übrig bleibt. ›Es wird sogar noch einiges für unsere Industriearbeiter abfallen, denn auch die müssen noch besser leben. Die Parole ›Stadt und Land – Hand in Hand‹ darf nicht zur Phrase werden, darum wollen wir mit gutem Beispiel vorangehen.‹«[31]

Die Meinung des Neubauern Max F. hätte dagegen nur wenig Chancen gehabt, veröffentlicht zu werden: »Schlachten können nur die, die voll abgeliefert haben, wir essen nach wie vor trockenes Brot und trockene Kartoffeln und sollen dieselbe Arbeit leisten, eben noch mehr. Wir wollen gern die Siedlung abgeben, aber es nimmt sie keiner, weil sich das Elend der Siedler schon derart herumgesprochen hat, daß man einer Siedlerstelle im großen Bogen aus dem Weg geht. Ganze Gruppen von Siedlern haben nachts die Siedlungen verlassen und sind nach dem Westen geflüchtet, sie haben alles im Stich gelassen, und es wird nichts unternommen, um Abhilfe zu schaffen.«[32]

Auch nach der Gründung der DDR im Oktober 1949 blieb die Lage der Neubauern weiterhin kritisch. Noch 1950 hatten über 4 000 Neubauernhöfe kein Rind im Stall. So ist es nicht verwunderlich, wenn in einer der letzten staatlichen Massnahmen die »Umsiedler« betreffend, in dem »Gesetz über die Verbesserung der Lage der ehemaligen Umsiedler in der DDR«, das am 3. September 1950 veröffentlicht wurde, die Hilfe für Neubauern den ersten und weitaus längsten Abschnitt einnimmt. Dabei wird neben der Fertigstellung aller Neubauten auf Grundlage des SMAD-Befehls Nr. 209 die Schaffung von weiterem Wohn- und Wirtschaftsraum für die »ehemaligen Umsiedler« gefordert. Auch zinslose Kredite bis zu 5 000 DM und Unterstützung bei der Baustoffbeschaffung stellt das Gesetz in Aussicht. Unter § 4-6 heißt es weiter:»Den bedürftigsten Neubauern-Umsiedlern sind 10 000 Milchkühe bis zum 1. Juni 1951 zu festen Preisen zur Verfügung zu stellen. Für Neubauern-Umsiedler, die wirtschaftlich noch nicht genügend gefestigt sind, sowie Witwen und Invaliden kann das Ablieferungssoll bis auf 50 Prozent herabgesetzt werden. Die Maschinen-Ausleih-Stationen haben in erster Linie Neubauern-Umsiedlern, die nicht genügend Zugkräfte und landwirtschaftliche Geräte besitzen, bei der Bodenbearbeitung und Ernte Hilfe zu erweisen.«

Auch sowjetische »Bruderhilfe« in Form neuer Technik wurde den Neubauern zuteil: die so genannten MAS (Maschinen-Ausleih-Stationen), später MTS (Maschinen-Traktoren-Stationen), wurden stationiert. Dazu rückblickend Hugo Steffen: »1949 kamen dann die ersten sowjetischen Maschinen, Traktoren. Die UNIS, das waren Petroliumkocher. Das war ein gräuliches Zeug. Wenn man einen ganzen Tag auf diesen

Dingern gesessen hatte, dann wusste man am Abend nicht mehr, wo man den Kopf hatte von dem ganzen Dunst, der aus den Dingern hochstieg. Und die liefen auch nicht gut. Von den drei Stück, die wir nachher hatten, lief, wenn überhaupt, immer nur einer.«[33]

Im Juli 1952 verkündete Walter Ulbricht auf der 2. Parteikonferenz der SED den »Aufbau des Sozialismus« und in diesem Zusammenhang die Bildung von landwirtschaftlichen Produktionsgenossenschaften auf »völlig freiwilliger Grundlage«. In der »Geschichte der SED« aus dem Jahre 1978 ist dieser jähe agrarpolitische Kurswechsel folgendermaßen begründet: »Den Weg hatten Karl Marx, Friedrich Engels und W. I. Lenin gewiesen. Wie die sozialistische Umgestaltung der Landwirtschaft in der Sowjetunion und in den anderen sozialistischen Ländern bestätigte, ist der Übergang der Bauern zur gemeinschaftlichen Produktion am besten geeignet, die Produktivkräfte frei zu entfalten, die Produktion zu steigern, die soziale Lage der Bauern grundle-

gend zu verändern und die kulturelle Rückständigkeit des Dorfes zu überwinden.«[34]

Die Realität jedoch sah anders aus: »Den ersten LPG traten vor allem Neubauern bei, die sich im genossenschaftlichen Zusammenschluß eine Lösung ihrer Probleme erhofften. Besonders ungünstige Startbedingungen, familiäre Schwierigkeiten und vor allem die im Ganzen unzureichende staatliche Hilfe beim Aufbau ihrer Höfe – in den Kerngebieten der Bodenreform war 1950 erst die Hälfte der erforderlichen Produktions- und Wohnbauten errichtet – hatten einen sozialen Differenzierungsprozeß in vielen Neubauerndörfern und auch -regionen nach sich gezogen. Extremster Ausdruck dessen war, daß 1950/51 30 000 Neubauern ihre Stellen aufgaben und diese meist nicht mehr besetzt werden konnten.«[35]

Aus den alten Grenzsteinen, die bei der Bodenreform zur Vermessung der einzelnen Landstücke zu Tausenden gesetzt wurden, errichtete man mancherorts Anfang der sechziger Jahre, als die Kollektivierung der DDR-Landwirtschaft abgeschlossen war, Denkmäler. Symbolisch aufeinandergeschichtet, wurde dann meist eine Platte mit vier schlichten Worten auf diesen Steinen angebracht: »Vom Ich zum Wir«.

Zu einem der Pioniere »der Genossenschaftbewegung der sozialistischen Landwirtschaft« avancierte Bernhard Grünert, ein gelernter Maurer aus Schlesien, seit 1925 KPD-Mitglied, der im März 1946 nach Worin kam, wo er als Neubauer und Bürgermeister wirkte. Als 1. Sekretär der VdgB (Vereinigung der gegenseitigen Bauernhilfe) des Kreises Lebus und Abgeordneter des Landes Brandenburg gründete er 1952 mit dreizehn Einzelbauern eine der ersten landwirtschaftlichen Produktionsgenossenschaften der DDR, die LPG ›Thomas Müntzer‹.[36] Bis November 1952 gab es allein im Bezirk Potsdam 79 Genossenschaften. Unter ihren 1 236 Mitgliedern waren 966 Neubauern, 209 Landarbeiter und nur 61 Altbauern. Bis zum Mai 1953 waren rund 800 LPG in den brandenburgischen Bezirken gegründet: 225 im Bezirk Frankfurt, 229 in Cottbus und 388 in Potsdam.[37] Aber nicht alle »Umsiedler« wechselten mit fliegenden Fahnen in die LPG. Vielen, die die harten Jahre der Entbehrungen überstanden und sich mittlerweile einen guten Viehbestand aufgebaut hatten, fiel es schwer, dies wieder aus den Händen geben zu sollen.

Willi B. entschloss sich erst nach Jahren zu dem Schritt, seinen Acker, sein Vieh und seine Arbeitskraft in die LPG zu geben: »Wie ich dann mein erstes Pferd hatte, ach, das ist ja gar nicht zu beschreiben, das war mein ganzer Stolz. Es gab ja diesen Spruch, freier Bauer auf eigener Scholle, so hat man sich dann schon gefühlt. Und mit der Zeit hatten wir einen Viehbestand, dass wir viele Schweine als freie Spitzen für gutes Geld verkaufen konnten. Dann ging's los mit der LPG, aber da gingen zuerst nur die rein, die bankrott gemacht haben, ich nicht. Ich kann mich erinnern, wie wir getrietzt wurden, ständig kamen Agitatoren und auch das Soll wurde erhöht. Viele sind damals abgehauen, in den Westen. Ich wollte nicht noch einmal neu anfangen, ich hatte ja hier mein Zuhause gefunden, so bin ich 1958 dann doch in die LPG eingetreten.«[38]

Ab Ende der fünfziger Jahre wurde verstärkt Druck auf frei wirtschaftende Bauern ausgeübt. Agitatoren »besuchten« die Höfe. Die DEFA-Wochenschau gab propagandistischen Flankenschutz: »Auch in Stolzenhagen, Bezirk Franfurt/Oder haben sich die wenigen noch einzeln wirtschaftenden Bauern von der Kraft des Beispiels überzeugen lassen und sind der LPG ›Vorwärts‹ beigetreten. Sie wissen wie Otto Görsdorf und Erich Schalck genau, warum: ›Nun schaffen wir viel mehr und außerdem freuen wir uns, daß unser Dorf nun vollgenossenschaftlich geworden ist.‹« Und im besten ostpreußischen Dialekt erklärt Erich Schalck: »Es ist mir eine große Freude, daß wir vollgenossenschaftlich geworden sind, und daß wir genossenschaftlich besser arbeiten können, und daß mehr produziert wird.«[39]

Der DEFA-Bericht weist durch das nun »partnerschaftliche« Miteinander von Alt- und Neubauern, bewußt oder nicht, auf die Tatsache hin, dass die Kollektivierung und der Generations-

wechsel in den späten fünziger und frühen sechziger Jahren die beträchtlichen wirtschaftlichen, gesellschaftlichen und kulturellen Unterschiede zwischen den einheimischen Landwirten und den »Umsiedler«-Neubauern Stück für Stück beseitigt hat. Zumindest in dieser Hinsicht kam es für viele Flüchtlinge und Vertriebene von einem »Ich zum Wir«.

Zu Beginn der sechziger Jahre war die Kollektivierung der Landwirtschaft nahezu abgeschlossen.

Aus der Neumark in die Prignitz

Gertrud J.

Ich denke gern und oft an meine Kindheit zurück. Das ist es aber auch, was mich manchmal so traurig macht: dass meine Kindheit so schön war. Eigentlich war alles völlig normal, wir haben gespielt und sind zur Schule gegangen. Meine Eltern hatten ein kleines Häuschen am Ortsrand. Wie wir dort gelebt haben, meine Eltern, meine Geschwister und ich, das ist das Paradies in mir, von dem ich nicht loskomme. Manchmal würde ich es gern vergessen und verdrängen, weil es mich so oft hindert, im Heute zu sein, aber ich kann es nicht.

1930 wurde ich geboren und 1936 kam ich zur Schule. Uns Kindern wurde nur ganz langsam klar, dass Krieg war. Hitler war ja einfach Gott, so hatten wir es in der Schule gelernt, was der macht, das ist richtig. Wir wollten ein großes, stolzes Volk sein. Es gab die Hitlerjugend und den BDM. Mein Vater war vorsichtig und hat immer gesagt, lasst das mal, drängelt euch da nicht rein. Während des Polenfeldzuges bekamen viele Nachbarn die Nachricht, dass die Männer gefallen waren. Ich kann mich erinnern, dass da viel Trauer war. Mein Brüder haben sich freiwillig gemeldet, Hitler hat es ja verstanden, die jungen Leute für sich zu gewinnen. Mein Vater hat viel vom Ersten Weltkrieg erzählt, viel Grausames und dass das hier auch alles noch kommen würde. Da verstand ich langsam, dass, wenn man in den Krieg zieht, man darin umkommen kann. Von da an hatte ich Angst um meine Brüder.

Die älteren Lehrer haben geahnt, dass der Krieg nicht gut ausgehen kann. An unserem letzten Schultag, bevor wir zur Konfirmation gingen, hat unser Klassenlehrer, ein alter Kantor, bitterlich geweint, als er uns gehen lassen musste. Er hat gesagt, dass er trauert wegen dem, was uns alles noch bevorsteht. Damals habe ich das nicht verstanden und mich gewundert, warum der Mann weinte. Später hab ich öfter daran denken müssen. Die Russen kamen am 29. Januar 1945. Früh um vier klopfte es an die Tür. In einigen Ki-

lometern Entfernung waren Panzer gesichtet worden. Mein Vater sollte mit raus und eine Gruppe Hitlerjungen anleiten, die sie mit Panzerfäusten aufhalten wollten. Er hat erreicht, dass sie einsahen, dass das nichts mehr wird. Dann holte er uns aus den Betten und sagte, wir sollten uns anziehen, die Panzer wären gleich da.

In der Thälmannzeit war mein Vater Kommunist. Nachdem er meine Mutter geheiratet hatte und die Kommunisten verfolgt wurden, hat er mit der Politik aufgehört. Er wollte die Russen freudig begrüßen und mit ihnen sprechen, aber das war für die überhaupt kein Thema. Mit den ersten war es noch ganz friedlich, sie sind reingekommen, haben sich an den Tisch gesetzt und wollten etwas zu essen. Der eine setzte sich gleich neben mich und schenkte mir eine Kette, die er wahrscheinlich anderswo mitgenommen hatte. Aber dann kamen immer mehr, immer mehr, und sie haben alles zerschlagen und kaputt gemacht.

Am übernächsten Tag musste mein Vater auf den Marktplatz kommen und die Männer sind weggetrieben worden. Ich bin nebenher gelaufen und habe gerufen: »Geh nicht, geh nicht!« Er hat gesagt, er habe nichts Böses getan, er wolle helfen, Russland wieder mit aufzubauen. »Ich komme bald wieder«, sagte er. Das waren die letzten Worte, die ich von ihm gehört habe. Er ist in einem Lager in Stalino gestorben.

Es begannen die Vergewaltigungen. Die russischen Soldaten haben uns erzählt, was die Deutschen in Russland getan hatten: »Frau tot. Kind tot.« Erst wollten wir das nicht glauben, aber sie haben es immer wieder gesagt. So ging das immer und immer wieder. Ich bin auf Knien gerutscht und habe gebettelt, bitte lasst mich. Wir mussten alles machen, was sie von uns verlangt haben. Sie sind in die Häuser gestürmt, haben nur nach Frauen gesucht. Wenn wir uns versteckt haben ... Sie haben uns immer gefunden. Am Tag der Kapitulation haben sie Handgranaten in den See geworfen. »Hitler kaputt.« Aber Ruhe gab es nicht. Einmal sollte ich erschossen werden, weil ich mich gewehrt hatte. Meine Mutter hat gesagt, erschießt mich, meine Tochter ist noch so jung. Es kamen Offiziere dazu und wir haben überlebt.

Im Juni 1945 waren polnische Soldaten bei uns einquartiert. Sie sagten uns, dass wir packen sollten. Als wir fragten warum, sind sie nicht richtig damit rausgerückt, sagten nur, dass wir wahrscheinlich weg müssten. Unsere Ziege hatte gerade ein Lämmchen. Das hat ein Soldat geschlachtet und meiner Mutter zum Kochen gegeben. Es hieß, wir würden eine ganze Strecke wandern müssen.

Einige Tage später kam der Befehl: »Sachen packen, nur das Nötigste mitnehmen und raus aus dem Haus.« Dann standen wir auf der Straße mit unserem Handwagen und sie nahmen uns den Schlüssel weg. Wohin? Erst einmal geradeaus, nach Soldin. Dort brach der Handwagen. Wir konnten ihn nur notdürftig reparieren, er ließ sich nur noch sehr schwer ziehen. Mein Vater hatte uns gesagt, wenn wir weg müssten, sollten wir nach Berlin gehen, zu seiner Schwester, er würde dort nach uns suchen. Also immer weiter, jeden Tag zehn bis 15 Kilometer Richtung Oder. Am Anfang haben wir noch mehr geschafft, dann wurden wir immer ausgemergelter. Wir hatten keine Hoffnung, wir wussten nicht, was werden würde. Meine Mutter hat immer zu uns gesagt: »Wartet, Kinder, wir können wieder zurück.« Das hat sich natürlich eingeprägt. Die Hoffnung haben wir erst sehr spät aufgegeben.

Unterwegs war viel Trauer. Die Häuser waren verlassen, aber wir haben aus Angst vor den Soldaten lieber im Wald übernachtet. Kinder mussten in den Straßengräben begraben werden. Auf den Feldern lagen noch tote Soldaten, die niemand beerdigt hatte. Und überall weggeworfene Sachen, die die Menschen nicht mehr tragen konnten. Drei Wochen waren wir bis zur Oder unterwegs und die Vergewaltigungen hörten nicht auf. Neben uns wurde einmal eine Mutter mit einem Baby an der Brust missbraucht.

Meine Mutter war schon etwas älter als die Frauen, die ganz kleine Kinder hatten, und hat sie getröstet. Sie hat geholfen, wo sie konnte. Mütter hielten tote Kinder im Arm und wollten sie nicht hergeben. Meine Mutter hat dann auf sie eingeredet: »Ihr müsst sie be-

graben.« Diese Zeit ist noch tief in mir drin. Ich stelle mir vor, mir wäre es mit meinen Kindern so ergangen, ich hätte es nicht ertragen. So viele mussten es ertragen.

Schließlich kamen wir bei Schwedt an die Oder. Die Brücke über den Fluss war zerstört, es war ein klapprige Holzfähre eingerichtet worden. Man erzählte, dass auf den letzen beiden Überfahrten viele Menschen ertrunken waren. Wir wurden getrennt, meine Mutter und der Handwagen waren auf der Fähre und mein Bruder und ich standen am Ufer. Als die Fähre angekommen war, hieß es, sie würde nicht mehr fahren, es wäre zu gefährlich. Meine Mutter hat solange diskutiert, bis die Holzkiste noch einmal ablegte. Wir haben die ganze Zeit aufs Wasser gestarrt. Bloß nicht untergehen, war der einzige Gedanke, sonst sehen wir unsere Mutter nicht wieder.

Als wir es geschafft hatten und über die Oder waren, wurden wir von Diakonissenschwestern betreut. Es gab etwas zu essen. Meine Mutter wollte unbedingt weiter nach Berlin, weil sie dort die vage Verabredung mit meinem Vater hatte. Meinen Bruder und mich wollten sie in Schwedt behalten, um das Werk aufzubauen. Gegen die Taschenuhr von meinem Vater und die Schmuckstücke, die wir noch hatten, durften

**13. Mai 1954, das Flücht-
lingsmädchen heiratet
den Bauernsohn.**

wir dann weiter mit meiner Muter gehen. In den Dörfern in Odernähe waren überall Zettel an den Hoftoren: »Flüchtlinge unerwünscht«, weil sie zu Hunderten dort bettelten.

Als wir nach Berlin kamen, sahen wir die Bombentrichter, die Ruinen, es war ein schrecklicher Anblick. An den Hauswänden überall Namen und Zettel, wo die Menschen hingegangen waren. Die Schwestern meines Vaters konnten uns nicht aufnehmen, sie waren ausgebombt. Schließlich fanden wir in Spandau Aufnahme. Als Transporte zusammengestellt wurden, die Flüchtlinge zum Landeinsatz brachten, hat meine Mutter sich gemeldet. So kamen wir in die Prignitz. Mein Vater hatte mir zu Hause noch in paar wunderbare Stiefel geschenkt. Die wurden mir von einer Soldatenfrau ausgezogen. Als ich mit Strümpfen am Hoftor stand, war nachmittags ein polnischer Soldat gekommen, hatte das gesehen und sagte: »Du bekommst Schuhe.« Er holte mir ein paar Männerschuhe, die ich auf der ganzen Flucht getragen habe. Mit polnischen Männerschuhen kam ich in der Prignitz an.

Wir kamen nach Felsenhagen auf ein Gut und haben in der Landwirtschaft gearbeitet. Die ersten Nächte verbrachten wir in einer Baracke mit tausenden Wanzen. Danach haben haben wir in den ehemaligen Büros des Gutes gewohnt. Drei Flüchtlingsfamilien, natürlich ohne Männer, hatten je ein Zimmer und haben sich eine Küche geteilt. Unter den Flüchtlingsfrauen ging es recht solidarisch zu. Von den Bauern brachten sie mit, was eben zu bekommen war, und abends wurde davon gemeinsam ein Topf Essen gekocht. Weihnachten 1946 haben wir zusammengesessen und gesungen. Eine Frau hat Tischerücken veranstaltet und jedem geweissagt, dass Mann und Söhne noch leben. Ich weiß nicht, ob sie wirklich daran geglaubt hat und ob sich der Tisch wirklich bewegt hat, aber man war bereit, nach jedem Strohhalm zu greifen.

Die Erlebnisse der Flucht bin ich nicht losgeworden, sie waren immer mit mir. Zu meiner Mutter habe ich oft gesagt, wenn ich das noch einmal erleben muss, will ich lieber tot sein. Eines Tages bin ich mit einem Strick in den Wald gegangen. Es waren Holzarbeiter da, deshalb hab ich es gelassen. Ich hatte es jedoch ganz fest vor.

Das Dorf, in dem ich heute noch lebe, hatte damals 560 Einwohner und musste 260 Flüchtlinge aufnehmen. Ich habe bei einem Bauern als Magd gearbeitet. Meinen Mann hab ich auf dem Feld kennengelernt. Er hat gepflügt und wir waren drei Flüchtlingsmädels, die ihm die Vesperbrote stibitzt haben. Zum Tanz haben wir uns wiedergesehen und unsere Liebe zueinander entdeckt. Von seinen Eltern aus hieß es bald, nimm dir bloß eine, die mehr Geld hat. Sie hatten einen eigenen Hof und haben sich so recht und schlecht durchgeschlagen. Mein Mann hat immer zu mir gehalten. Wir waren sehr verliebt. Ein paarmal haben wir versucht auseinanderzugehen, aber wir waren so verliebt, dass wir uns einfach nicht trennen konnten. Für ihn war es auch nicht leicht, er konnte sich ja von seiner Mutter nicht lossagen. Das hab ich auch nicht verlangt. Trotzdem bin ich 1950 erst einmal nach Potsdam gegangen und habe im Krankenhaus gearbeitet. Aber dann hat doch dieser Bauernsohn seine poetische Ader entdeckt und mir liebevolle Briefe geschickt, bis ich 1952 zurückgekommen bin. Im selben Jahr haben wir uns verlobt und zwei Jahre später geheiratet. Eine große Bauernhochzeit mit dem ganzen Dorf. Am 13. Mai, der Schleier wehte im Frühlingswind, Musikkapelle voneweg und zur Kirche durchs Spalier von Verwandten, Nachbarn und Freunden.

Wir haben glückliche Jahre gehabt und sehr schwere Zeiten. Zunächst haben wir die Landwirtschaft der

Eltern meines Mannes weitergeführt. Etwa 20 Hektar bewirtschaftet, Kühe, Pferde, Schweine, Hühner. 1960, wir hatten inzwischen zwei kleine Kinder, waren wir am Ende unsere Kräfte. Es war unmöglich, den Hof zu zweit weiterzuführen, und auch die Abgabenormen haben wir nie geschafft. In die LPG einzutreten war der einzige Ausweg. 500 Mark mußten wir pro Hektar Land, das wir einbrachten, bezahlen. Bei 20 Hektar waren das 10 000 Mark, die wir natürlich nicht hatten, jedoch wurde der Wert der Tiere und Ackergeräte angerechnet. Die drei Pferde starben nach wenigen Wochen und auch die Kühe, weil sie so schlecht versorgt wurden. Wir waren jetzt keine Bauern mehr, sondern Landarbeiter. 1961 wurde unser drittes Kind geboren und ich ging halbtags arbeiten. Es war alles noch Handarbeit: Rüben hacken, Heu laden, Kartoffeln sammeln, Getreide ernten. Wir bekamen noch zwei Kinder. Das Geld war immer knapp, weil ich wegen der Kinder nicht viel arbeiten konnte. Manchmal habe ich mich richtig geschämt, ins Lohnbüro zu gehen und die 50 Mark abzuholen, die mir zustanden. In den siebziger Jahren hatten wir etwa 600 Mark für sieben Personen. Der Garten hat uns größtenteils ernährt und zusätzlich haben wir Bullen und Schweine gefüttert. Das hieß aber auch jeden Morgen um fünf Uhr aufstehen und niemals am Wochenende ausschlafen.

Mein Mann hat immer gesagt, dass ich zur Bauersfrau geboren bin. Vielleicht ist es so, vielleicht war das meine Bestimmung. Als Kinder hatten wir in der Schule über die Prignitz gelernt, dass es die Bauern hier sehr schwer haben und dass der Boden so steinig ist. Daran, dass ich das im eigenen Rücken spüren werde, wenn ich hier den Garten umgrabe, hatte ich nicht gedacht.

Meinem Mann habe ich es zu verdanken, dass ich nach der Vertreibung aus meiner Heimat wieder Lebensmut gefasst habe, trotz aller Schwierigkeiten mit seinen Eltern. Meine Schwiegereltern hatten kein Verständnis für meine Situation und ich habe mich auch nie richtig akzeptiert gefühlt. Ein Bauer sollte eine Frau haben, die etwas mitbringt in die Ehe. Ich hatte nichts und wir haben uns trotzdem geliebt. Nicht einmal zur Aussteuer hat es bei mir gereicht. Nie konnte ich Vater und Mutter zu den Eltern meines Mannes sagen. Sie waren nicht schlecht zu mir, haben aber immer Distanz gehalten. Wenn ich meinem Schwiegervater etwas von der Flucht erzählt habe, hat er immer gesagt, so etwas

gibt es nicht. Woher sollte er es auch wissen? In der DDR wurde ja nie öffentlich darüber geredet. Aber er hätte mir einfach glauben können. Wir haben doch zusammen auf einem Acker gearbeitet.

Hätte ich eher darüber reden können, wäre vielleicht heute vieles nicht so schmerzlich für mich. Nachdem meine Mutter gestorben war, fühlte ich mich sehr einsam. In dem Moment hab ich gespürt, was Heimat ist. Das merkt man erst, wenn es verloren ist. Heimat hat man, wenn man gar nicht merkt, dass man eine hat. Es ist etwas, was da ist, so dass man nichts vermisst.

Ich würde gern wieder in meiner alten Heimat wohnen, aber dazu bin ich zu alt. Die Liebe zu meiner Heimat werde ich wohl mit ins Grab nehmen. Viele Menschen verstehen das nicht und sagen immer, ich soll dem nicht nachtrauern. Ich kann aber nicht vergessen, wie glücklich wir dort waren.

»Heimat hat man, wenn man es gar nicht merkt.«

Heimat
und Zuhause

Die »Umsiedler« in Brandenburg waren
ein nicht zu unterschätzendes Wählerpo-
tenzial. Plakat der SED von 1946.

»Gebt den Umsiedlern eine neue Heimat!«

Funktionäre gegen Heimweh?

Bereits im Oktober 1945 wurden von der Zentralverwaltung für Deutsche Umsiedler in Berlin alle Orte zur Bildung von Ortsumsiedlerausschüssen aufgefordert. Sie sollten paritätisch mit Einheimischen und Flüchtlingen besetzt sein und sich »allen mit der Umsiedlung zusammenhängenden Fragen« widmen. Die Tätigkeit dieser Ortsausschüsse konzentrierte sich hauptsächlich auf das Sammeln von Hausrat, Kleidung und Möbeln bei der Altbevölkerung und die Weitergabe an die Vertriebenen; sie bildeten ein über das ganze Land verteiltes Netzwerk. Entsprechend optimistisch äußerte die Zentralverwaltung in ihrem Jahresbericht für 1947 die Hoffnung, dass mit Hilfe der Umsiedlerausschüsse alle anstehenden Probleme gelöst werden könnten: »Die Sehnsucht der Umsiedler nach der alten Heimat hat ihren Nährboden in Elend und Verlassenheit. Das eine verschwindet mit dem anderen. Zehntausende Umsiedlerausschüsse sind eine Masse von 50.000 Funktionären. Werden diese, vom eigenen Pflichtbewußtsein beseelt, in Bewegung gesetzt, wird von Stunde zu Stunde der Druck von den Gemütern weichen.«[1] Funktionäre gegen Heimweh – ein Konzept, das nur schwer aufging.

Mit der Vereinigung der KPD und SPD zur Sozialistischen Einheitspartei Deutschlands (SED) im April 1946 war diese zur mitgliederstärksten Partei in der sowjetischen Besatzungszone geworden und machte ihren Führungsanspruch in allen Bereichen geltend, so auch in der Umsied-lerpolitik. Alle Gremien, Behörden und Verwaltungen wurden zunehmend von Mitgliedern der SED dominiert. Die sowjetische Besatzungsmacht betrachtete die SED als »tragende Staatspartei innerhalb der russischen Zone« und gewährte ihr die entsprechende Unterstützung. In Brandenburg machte sich die SED zur Interessenvertreterin der Vertriebenen und warb um ihre Stimmen: »Umgesiedelt oder heimgekehrt, jedem wieder Heim und Herd – wählt SED!« und »Umsiedler, die SED hilft euch, eine neue Heimat zu finden!« war auf Wahlplakaten zu lesen. Bei den Wahlen zum Brandenburgischen Landtag 1946 bekam die SED 43,9 Prozent der Stimmen, die CDU 30,6 und die LDPD 20,6. Unter Missachtung der tatsächlichen Mehrheitsverhältnisse – die »bürgerlichen« Parteien hatten zusammen über 50 Prozent der Wählerstimmen errungen – verschaffte die sowjetische Militäradministration der SED (bis auf das Justizministerium, das jedoch völlig dem Einfluss des Innenministers Bernhard Bechler, SED, unterlag) sämtliche Ministerposten und das Präsidentenamt. Im Zuge dieser Entwicklung wurde auch das »Umsiedlerproblem« immer mehr zu einer politischen Frage. Die Umsiedlerausschüsse sollten nicht mehr nur Vermittler zwischen Einheimischen und Vertriebenen sein, sondern sie waren nun verantwortlich für die »politische Mobilisierung« der Altbevölkerung, um die Gleichberechtigung der neuen Gemeindemitglieder zu gewährleisten.

In der Praxis jedoch ging es mit der Bildung der Ausschüsse nur schleppend voran. Einige Gründe dafür benannte der Landrat des Kreises Luckau 1946 in einem Schreiben an die Provinzialregierung: »Bei der Masse der bereits in allen

600 Paar Socken für
Notleidende. Bekannt-
machung der Landesre-
gierung vom September
1947.

Verwaltungszweigen bestehenden und fortge-
setzt neu zu bildenden Ausschüsse, Kommissionen und Komitees ist es kaum noch möglich,
eine Person zur Übernahme eines Amtes zu be-
wegen, bei dessen Bekleidung von vornherein
mit Anfeindungen und Beleidigungen zu rechnen ist. Wenn sich letzten Endes doch jemand
zur Mitarbeit (wenn von solch einer überhaupt
die Rede sein kann) bequemt oder gefunden
werden mußte, ist es meistens nicht der Richtige. Man ist entweder zu weich und langweilig,
zu uninteressiert und stets nachgebend, so daß
in den seltensten Fällen brauchbare Mithilfe
wirklich zu erwarten ist. Kommt man in eine Gemeinde, ganz gleich, ob an einem Wochen- oder

Sonntag, ist selten ein Mitglied eines Ausschus-
ses anzutreffen, angeblich sind sie gerade in der
Heide, in der Kreisstadt oder sonstwo, meistens
lassen sie sich erst gar nicht sprechen. Gerade in
Wohnungsfragen versagt der größte Teil der Umsiedlerausschüsse, da in den Gemeinden kein
Mensch dem andern zu nahe treten möchte. Die
Umsiedler, die in diesen Ausschüssen tätig sind,
werden überstimmt oder müssen sich fürchten,
ein Wort zu sagen.«[2]

Und in der Tat, dass die Heimatlosen in den
Umsiedlerausschüssen eine Interessenvertretung
fanden, wurde oft durch verwandtschaftliche
und freundschaftliche Beziehungen unter den
Eingesessenen verhindert, die niemand wegen
seines Engagements für die Flüchtlinge aufs Spiel
setzen wollte. Die Umsiedler selbst scheuten die
Mitarbeit in den Ausschüssen, weil sie sich bei
der Benennung von Missständen keine Feinde
machen wollten. In Anna Seghers Erzählung
»Die Umsiedlerin«, die im Jahre 1948 spielt, werden diese Probleme anhand der Schilderung
einer Ortsversammlung deutlich: »Der Landrat
ermunterte nun die Versammlung, da er schon
einmal in Lossen war, alle Sorgen zur Sprache zu
bringen. Er drehte sogar seinen Kopf nach der
Umsiedlerbank. Er fragte sogar die Umsiedler, ob
sie alle schon in den Wohnungen säßen, die
ihnen gesetzlich zuständen. Bei dieser Frage
sahen alle Dorfleute streng die Flüchtlinge an,
als ob sie sie warnen wollten, hier eine Beschwerde verlauten zu lassen. Die nickten auch
bloß, denn es war ihnen klar, das Dorf blieb zurück und der Landrat ging, und wer etwas sagte,
der hatte dann nichts zu lachen.«[3]

In den 2 176 Gemeinden Brandenburgs gab
es 1946 in 1 870 einen Umsiedlerausschuss.
1947 dann hatte jede Gemeinde einen, was jedoch nichts über die Qualität ihrer Arbeit aus-
sagte. Viele Ausschüsse existierten nur auf dem
Papier und man tat der Statistik Genüge, indem
man die regelmäßig von der Landesregierung
verschickten Fragebögen zur Situation im Ort
ausfüllte. Die Landesregierung versah den gesamten Schriftverkehr zu Umsiedlerfragen mit
dem Stempelaufdruck »Gebt den Umsiedlern

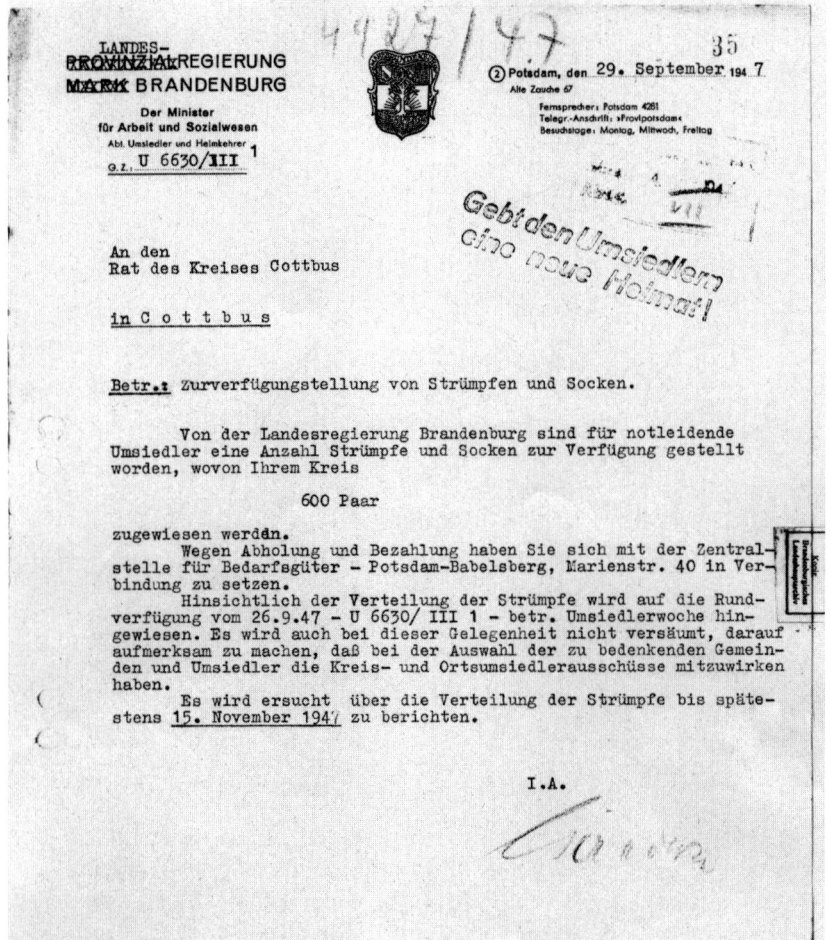

eine neue Heimat!« Wenn es wieder einmal
nicht so recht vorwärts ging, wurde die Arbeit
der Umsiedlerausschüsse von der Landesbehör-
de kritisiert: »Es sind die eingemeindeten Umsiedler den ortsansässigen Einwohnern gleichge-
stellt. Sie sind Einwohner wie jede andere und
haben auch die gleichen Rechte und Pflichten.
In vielen Gemeinden haben jedoch diese Ausschüsse ihre Aufgabe nicht recht erkannt. Der
Orts-Umsiedlerausschuß hat in der Gemeinde
dafür zu sorgen, daß die ehemaligen Umsiedler
ausreichend Wohnraum, Hausrat, Mobiliar und
Bekleidung erhalten und Existenzmöglichkeiten
für sie nach besten Kräften zu beschaffen.«[4]

In zahlreichen Gemeinden jedoch arbeiteten
die Umsiedlerausschüsse erfolgreich und konnten durch so genannte »Sammel-Selbsthilfeak-
tionen« die Flüchtlinge mit den lebensnotwendigen Dingen versorgen. Schuhmachereien und
Nähstuben wurden eingerichtet, um Hosen,
Mäntel, Jacken und andere Kleidungsstücke zu
reparieren, denn viele Flüchtlinge getrauten sich
wegen ihrer schlechten Kleidung kaum in die
Öffentlichkeit oder konnten nicht arbeiten
gehen, weil sie keine Schuhe hatten. Auch mit
vermeintlichen Kleinigkeiten wie fehlenden
Nähnadeln und Schiffchen für Nähmaschinen
mussten sich die Ausschüsse befassen. Da diese
Gegenstände absolute Mangelware waren und
dadurch viele Nähmaschinen unbrauchbar,
waren Gemeindevorsteher berechtigt, bei ehemaligen Nationalsozialisten Nähmaschinen zu
beschlagnahmen. Überhaupt erhielten die Umsiedlerausschüsse die Berechtigung, bei »unso-
zial eingestellten Zeitgenossen« Beschlagnahmungen durchzuführen, wenn Worte und Argumente nicht zum Ziel führten.[5]

Derartige Beschlagnahmungen aber blieben
nicht folgenlos. Unter der Überschrift »Möbel-
prozesse« erschien am 10. März 1948 in der
»Märkischen Volksstimme« ein Artikel, der sich
mit der Flut von Klagen befasste, die die »Umverteilung« von Gebrauchsgegenständen durch
Beschlagnahmung nach sich zog: »Als Folge des
wahnsinnigen Hitlerkrieges herrschte in vielen
Orten ein völliges Durcheinander. Möbel und

Hausgerät waren oft so durcheinandergebracht,
daß zur Klärung der endgültigen Besitzverhältnisse Tausende von Klagen notwendig wären,
deren Bearbeitung Jahre dauern würde.« Mit
eben diesen Klagen um Eigentumsrechte an Ein-
richtungsgegenständen wurden die Gerichte
überhäuft und sahen sich außerstande, die Ein-
gabeflut zu bewältigen und Recht zu sprechen,
da in vielen Fällen das Besitzrecht nicht eindeutig nachweisbar war.

Als die Flüchtlingsströme im Frühjahr und
Sommer 1945 nach Brandenburg gekommen
waren, trafen sie zum Teil auf verlasse Güter
und Schlösser. Viele Häuser und Wohnungen
standen leer, da die Bewohner ihrerseits geflüchtet waren. Kamen diese nun zurück, fanden
sie ihren Hausrat oft an Flüchtlinge verteilt,
nicht nur in den Dörfern, sondern auch in Städten wie Berlin, Cottbus, Brandenburg, Potsdam
und Frankfurt/Oder, wo die Menschen vor Bombenangriffen geflohen oder zwangsevakuiert
worden waren. Und es betraf auch diejenigen,

*Vor dem Umsiedleraus-
schuss. 1946 gab es in
Brandenburg 1870 dieser
örtlichen Ausschüsse.*

die aus politischen Gründen ihre Wohnorte verlassen hatten, weil sie befürchten mussten, als aktive Nationalsozialisten zur Rechenschaft gezogen zu werden.

Um die Prozesswelle hinsichtlich der festzustellenden Eigentumsrechte einzudämmen, wurde nun verfügt, Anträge auf Herausgabe von Möbeln kostenpflichtig abzuweisen. Die Verfügung wurde damit begründet, dass Möbel und Gebrauchsgegenstände durch Amtshandlungen der Verwaltung verteilt worden waren und diese als solche Hoheitsakte darstellten, die nicht durch Gerichtsurteile aufgehoben werden konnten. Es wurde eingeräumt, dass diese Verfügung Ungerechtigkeiten und Härten beinhalten könnte, die jedoch durch verständnisvolle Aussprachen der Beteiligten behoben werden sollten, statt vor Gericht geklärt zu werden.

In Mitteilungsblättern an alle Gemeinden informierte die Umsiedlerabteilung der Landesregierung monatlich über erfolgreiche Arbeit von Umsiedlerausschüssen verschiedener Orte und empfahl diese zur Nachahmung: In Spremberg

beispielsweise wurde eine Textilgenossenschaft gegründet, die Kleidungsstücke »nach der Devise aus Alt mach Neu« umarbeitete; in Kaltenborn wurden in Heimarbeit Wäscheklammern angefertigt; in Falkenberg wurde alles Brachland, das von den Besitzern nicht bestellt werden konnte, an Umsiedler abgegeben; in Wittenberge wurden Korbweiden angepflanzt, um Flechtmaterial zu gewinnen. In vielen Orten wurde mit der Zucht von Angorakaninchen zur Wollgewinnung begonnen, in der Gemeinde Pohlitz erhielten 53 Umsiedlerkinder regelmäßig von den Bauern ein kräftiges Mittagessen; in Oranienburg wurden 1 000 Kinderschuhe aus Ersatzstoffen hergestellt, in Liebenwalde hatte man sich auf die Traditionen des Lehmstampfbaus besonnen und konnte damit einige Gehöfte wieder instandsetzen. In verschiedenen Gemeinden hielten Lehrer heimatkundliche Vorträge, um die Umsiedler für ihre neue Heimat zu interessieren. In Werder gelang es dem Umsiedlerausschuss zu organisieren, dass jeder Umsiedler täglich einen halben Liter Magermilch von den Bauern erhielt.

Im April 1946 schrieb der Vorsitzende des Umsiedlerausschusses Dergenthin folgenden Bericht: »Dergenthin ist ein schön gelegenes Dorf an der Perleberg-Lanzer Chaussee. Unser Dorf zählt 50 Bauernhäuser und 27 Wohnhäuser. Zur Zeit leben 268 Umsiedler hier. Unser Bürgermeister, welcher im Kriege seinen rechten Arm verloren hat, ist nicht ein Beamter, sondern ein Mensch mit Verständnis für die Umsiedler. Das Einvernehmen zwischen Umsiedlern und Einheimischen ist ein gutes. So wie auch im vorigen Jahr stellten die 68 Bauern auch in diesem Jahr jeder Flüchtlingsfamilie 2 Kubikmeter Brennholz zur Verfügung. (...) Schon im Jahre 1946 verheiratete sich ein Einheimischer mit einem Umsiedlermädchen. (...) Kurz vor dem Osterfest machte die Vorsitzende des Frauenbundes dem Bürgermeister und Gemeinderat den Vorschlag, alle Umsiedlerkinder am ersten Feiertag bei den Bauern unseres Dorfes in volle Verpflegung zu geben. Der Bürgermeister sowie der Gemeinderat waren sofort mit dem Vorschlag einverstanden und schon nach wenigen Tagen waren alle 86 Kinder mit Freuden und ohne Schwierigkeiten bei den Bauern zu Ostern eingeladen. Ich selbst konnte beobachten, wie schon gegen 11 Uhr die Kinder ihrer Einladung folgten. Der Osterhase hatte gelegt, dann gab es Mittagessen und Kuchen und die guten Abendbrotstullen, ja sogar mit Milchkannen zogen die Kleinen mit strahlenden Augen wieder nach Hause und viele sind schon wieder für Pfingsten eingeladen.«[6]

Vielleicht ist es die Realität, vielleicht auch eine falsche Idylle , die hier beschrieben wurde, um Erfolge zu melden. Auch für diejenigen, die freundliche Aufnahme fanden, konnte das Leben als dankbarer Bittsteller eine seelische Belastung sein, wenn man eine selbstständige Existenz hatte aufgeben müssen und auf das Mitleid anderer angewiesen war.

Die brandenburgische Nachkriegsgesellschaft war keine absolut und unter allen Umständen solidarische und harmonische Notgemeinschaft. Obwohl Solidarität und gutes Einvernehmen zwischen Einheimischen und Flüchtlingen oft erzwungen werden musste, herrschte doch nicht nur blindwütige Konkurrenz um den knappen Wohnraum und die wenigen Nahrungsmittel. Viele der Vertriebenen hatten keinen Kontakt zu dem aufwendigen Apparat von Ausschüssen und Behörden, ihre einzige Hoffnung war die einheimische Bevölkerung. So berichtet zum Beispiel Giesela W., die mit einem Treck aus Schlesien in einem kleinen Dorf in der Lausitz Unterkunft gefunden hat: »Eine Behörde hat sich nie um uns gekümmert. Davon haben wir überhaupt nichts gehört. Unterstützung gab es auch keine. Unsere einzige Hoffnung waren die Einheimischen, dass man bei einem Bauern arbeiten konnte und etwas zu essen bekam.«[7] Hannelore N. fand an ihrem achten Geburtstag im selben Dorf freundliche Aufnahme: »Eine Frau hat Mutter, Großmutter und mich mit in ihr Haus genommen. Zu meinem Geburtstag gab es einen Blumenstrauß aus Schnittlauchblüten und es wurden Plinse gebacken. Ich habe es dort vielleicht besser gehabt als manche Bauernkinder.«[8] Die Erfahrung des Bettelns aber blieb auch diesen Frauen nicht erspart: »Wir hatten zu Hause eine Landwirtschaft mit über 300 Morgen. Jetzt wurde morgens erst einmal eine Runde geheult, weil wir alles verloren hatten und jetzt betteln gehen mussten. Meistens musste ich gehen, weil mein Mutter und Großmutter ihren Stolz nicht so einfach überwinden konnten. Und dann bin ich losgezottelt. Zu Familien, die selbst zehn Kinder hatten, konnte man immer kommen und bekam etwas, bei anderen, wo man sah, dass etwas da war, gab es nichts.«[9]

»Wir fordern die helfende Tat«

Ohne die Bereitschaft der Einheimischen, auf eigenen Besitz zu verzichten, wäre die Ansiedlung der Flüchtlinge und Vertriebenen in Brandenburg nicht möglich gewesen. Wie stark auf diese Bereitschaft gebaut werden konnte, zeigte der materielle Erfolg der »Umsiedlerwoche« vom 25. Oktober bis 2. November 1947. In großen Buchstaben war überall im Land auf Plakaten zu lesen: »Brandenburger! Unter den Folgen der faschistischen Katastrophenpolitik haben unsere Umsiedler ganz besonders schwer zu leiden. Sie haben fast alles verloren. Es betrachte jeder, dessen Hab und Gut erhalten geblieben ist, als Ehrenpflicht, nach Kräften Hilfe zu leisten. Jeder versetze sich in die Lage derer, die alles verloren haben.
Keiner stehe jetzt abseits!
Wir fordern die helfende Tat!
Gebt Möbel und Hausrat für Umsiedler und Ausgebombte!«[10]

An der Organisation der Umsiedlerwoche beteiligten sich die Landesregierung Brandenburg, die Märkische Volkssolidarität, SED, CDU, LDPD, DFD, FDJ, die evangelische und die katholische Kirche. Es war die letzte große gemeinsame Aktion von Staat und Kirche der sowjetischen Besatzungszone. »Das Umsiedlerproblem muß in dieser Woche das Tagesgespräch sein. Die Maßnahmen der Woche sollen von dem Willen und dem Idealismus getragen sein, jedem Umsiedler eine ausreichend mit Mobiliar ausgestattete Unterkunft zu verschaffen. Wir wollen das Jahr 1947 abschließen mit dem Bewußtsein, daß bei unseren neuen Mitbürgern die größten Mißstände beseitigt sind«[11], schrieb die Landesregierung über die Zielsetzung an alle Landräte, Oberbürgermeister, Bürgermeister und Umsiedlerausschüsse. Die Aufrufe hatten Erfolg. Es konnten 12 673 Betten, 5 703 Tische, 17 694 Stühle, 6 139 Schränke, 116 672 Küchengeräte, 10 828 Kleidungsstücke und über eine Million Reichsmark gesammelt und 9 Kilogramm Stricknadeln, 86 Kilogramm Steckkämme, 8 Tonnen Steingutwaren, 3 800 Glühbirnen, 357 Meter Mantelstoff, 3 500 Rasierklingen und 4 000 Meter Wäscheleine verteilt werden.[12]

Doch 1947 ging es längst nicht mehr nur um Idealismus und materielle Hilfe. Besonders bemühte sich die SED um die Umsiedler und verband mit der Umsiedlerwoche eigene politische Ziele: »Den Umsiedlern muß ersichtlich werden, in welchem Maße sich gerade die Sozialistische Einheitspartei ihrer Sorgen und Nöte annimmt«[13], hieß es in einem internen Informationsschreiben an alle Kreis- und Ortsvorstände. Die SED wollte die Flüchtlinge und Vertriebenen, immerhin ein Wählerpotential von fast 30 Prozent, für ihre Politik gewinnen, bei der es 1947 noch ausdrücklich um die Einheit Deutschlands ging. »Unsere Not kann nur überwunden werden, wenn wir als Volk eins sind und gemeinsam und solidarisch handeln«, erklärte der Brandenburgische Landesvorstand der SED in einer Broschüre mit dem Titel »Umsiedler schaffen sich eine neue Heimat«, von der 50 000 Exemplare zur Umsiedlerwoche verteilt wurden. Die Broschüre beschreibt sieben Beispiele erfolgreicher, fast völlig problemloser Integration von Umsiedlern in Brandenburg. Für die dort zitierten Menschen gab es keine Schwierigkeiten, die nicht gelöst werden konnten. Alle hatten Arbeit gefunden, die meisten in ihrem Beruf, und waren dankbar für die Hilfe, die sie bekommen hatten.

Den wenigsten jedoch wird es in der Realität so ergangen sein wie Friedrich Domröse aus dem Bezirk Danzig. Sein Weg wird in der SED-Veröffentlichung folgendermaßen beschrieben: »Am 30. August erfolgte seine Umsiedlung in das Lager Brandenburg. Er ist sich klar, daß er durch seine Arbeit an der Beseitigung der von den faschistischen Machthabern hinterlassenen Trümmer beitragen muß. Als darum nach 14 tägigem Lageraufenthalt die Frage nach Schiffsbau-Spezialisten gestellt wurde, meldete er sich sofort. Einige Tage später stand er bereits an seinem neuen Arbeitsplatz.«[14] Es scheint, als hätte Friedrich Domröse einfach nur den Wohnort gewechselt. Ebenso geradlinig geschildert wird das

Schicksal des Schusters Emil Gummelt, der 1 500 Reichsmark von der Landesregierung erhielt, um wieder selbstständig arbeiten zu können: »Sorgen? Ja, die hat er nebenbei auch. Aber keine unüberwindlichen. Nein, nicht wegen der Menschen. Er hat im Gegenteil schnell einen freundlichen Kontakt zu den Alteingesessenen geschaffen. Aber er benötigt eine Reparaturmaschine. (...) Und dann klappt nicht alles mit der Materialzuteilung. (...) Doch bei der Unterstützung durch den Umsiedlerausschuß und die Verwaltungsstellen wird wohl auch hier Abhilfe zu schaffen sein.«[15]

Trotz aller Schönfärberei haben diese Geschichten einen wahren Kern. Die meisten der Vertriebenen hatten bis 1947 Arbeit gefunden und damit eine neue Existenzgrundlage. Allerdings waren nicht alle »Umsiedler« in Brandenburg zufrieden mit ihrem Leben fern der Heimat, wie ein Bericht über eine Versammlung zur Umsiedlerwoche in Rathenow zeigt: »Politisch bemerkenswert ist der Vorschlag eines Versammlungsteilnehmers, die Regierung zu bitten, sich unmittelbar mit den Siegermächten in Verbindung zu setzen, um die Rückführung der Umsiedler in die alte Heimat zu ermöglichen. (...) Wenn auch die Argumente, die gegen diesen Vorschlag einzubringen waren, mit Ruhe angehört wurden, so scheint doch ein erheblicher Teil der Umsiedler sich tatsächlich noch der Hoffnung hinzugeben, daß sie ihre alte Heimat wieder aufsuchen können. Die politische Einstellung der Anwesenden war schwer zu ergründen. Aus der Aufnahme des Referats, das zum Teil mit höhnischem Lachen in einzelnen Parteien aufgenommen wurde, läßt sich aber schlußfolgern, daß die Umsiedler politisch den Erfordernissen der Zeit ablehnend gegenüberstehen. Es handelt sich um wurzellose und politisch charakterlose Menschen.«[16]

Mit derartigen Etikettierungen waren die »Berichterstatter«, die im Auftrag des Innenministeriums die Stimmung im Land erkundeten, schnell bei der Hand, wenn sich die Vertriebenen nicht sofort und mit Begeisterung mit ihrer Situation abfinden wollten. Für die politische

Agitation während der Umsiedlerwoche hatte die SED eine Anleitung für die Redner herausgegeben, die während der »Umsiedlerwoche« vor den Flüchtlingen und Vertriebenen sprechen würden.[17] Die Redner wurden angehalten, das Leben der »Umsiedler« in der sowjetischen Besatzungszone mit dem der »Vertriebenen« in den westlichen Zonen zu vergleichen. Wie Hohn musste es den Zuhörern klingen, wenn die Redner der SED in größter Naivität Beispiele katastrophaler Zustände aus den westlichen Zonen zitierten, die unter Umständen exakt der Lage der Flüchtlinge und Vertriebenen in der SBZ entsprachen. Von Unterbringungen in Notquartieren war die Rede, von Arbeitslosigkeit unter den Vertriebenen im Westen, von toten Vertriebenen, die nicht auf bayerischen Dorffriedhöfen beerdigt werden sollten, von Problemen der Protestanten in katholischen Gegenden und natürlich davon, um wieviel besser es um dies alles in

Aufruf zur »Umsiedlerwoche« in Brandenburg vom 25. Oktober bis 2. November 1947, der letzten großen gemeinsamen Aktion von Staat und Kirche in der SBZ.

der Ostzone bestellt war. Jedoch waren auch in Brandenburg die Hälfte aller Arbeitslosen Vertriebene, war ihre Unterbringung noch immer schlecht, hatten die etwa 100 000 katholischen Schlesier Probleme im überwiegend protestantischen Brandenburg. Die Verleugnung der Realität, das Verdoppeln der Erfolge verstellte den Blick auf das tatsächlich Erreichte. Wohl niemand erwartete von der SED, dass sie zweieinhalb Jahre nach Beendigung des Krieges in der sowjetischen Besatzungszone paradiesische Zustände für Vertriebene hätte schaffen sollen. Doch dass sie behauptete, dies zu tun, machte ihre Redner den Zuhörern suspekt und weckte falsche Erwartungen und Hoffnungen, die nicht eingelöst werden konnten.

Schon mit dem Wort »Umsiedler« konnten sich die meisten Betroffenen nicht anfreunden; sie sahen sich als Flüchtlinge. Die meisten dachten so, wie es Helga Lippelt in ihrem Roman »Ein Atemzug der Zeit« für ihre einunddreißigjährige Heldin Liesa aus Ostpreußen formulierte: »Am meisten ärgerte sie bei den Gesprächen das Wort Umsiedler, daß alle so taten, als hätten sie mal eben einen ganz normalen Umzug hinter sich, als hätten sie freiwillig ihre Wohnung verlassen, nur um hier die Wohnungsnot zu vergrößern. Noch schlimmer klang das Wort Neubürger. Umsiedler mußten wenigstens irgendwoher gekommen sein. Neubürger sind einfach da, geradewegs vom Himmel gefallen. Sie haben keine Vergangenheit und kein Vorleben. Sie sind eben neu. Man muß wohl mit diesen heuchlerischen Bezeichnungen leben, sie waren immer noch besser als das Schimpfwort ›Pollacken‹, mit dem sie auch schon manchmal bedacht worden waren.«[18]

1947 erschien eine weitere Broschüre der SED mit dem Titel »Die nächsten Schritte zur Lösung des Umsiedlerproblems«. Autor dieser Schrift war der aus dem mexikanischen Exil zurückgekehrte Kommunist Paul Merker, der 1946 in Abwesenheit in den Vorstand der SED gewählt worden war. Die Broschüre belegt die Entschlossenheit der SED, das »Umsiedlerproblem« um jeden Preis zu lösen, und sie verdeutlicht die bewährte

Verknüpfung der Lösung eines Problems mit dem Glauben an die Allmacht der Partei: »Gibt es ohne unsere Partei und die Verbreitung ihres Einflusses für die Umsiedler überhaupt die Möglichkeit, ihre berechtigten Forderungen zu realisieren? Diese Möglichkeit besteht nicht. (...) Die Beteiligung der Umsiedler am Kampfe der Sozialistischen Einheitspartei ist deshalb eine wichtige Voraussetzung für ihre eigene Zukunft und damit für einen neuen friedlichen Aufbau unseres Volkes.«[19]

Die Möglichkeit, dass die Entwicklung in der SBZ anders verlaufen würde, als von der SED geplant, bestand 1947 wohl tatsächlich nicht mehr. Innerhalb der Partei wurden ehemalige Sozialdemokraten immer mehr zurückgedrängt und durch Genossen ersetzt, die bereit waren, sich am stalinistischen Vorbild zu orientieren. Trotz des angestrebten Ziels, die Gleichstellung und »Assimilation« der Umsiedler so schnell wie möglich zu erreichen und zu vermeiden, dass zwei Lager in der Gesellschaft entstanden, formulierte Merker sehr unglücklich bei der Beschreibung der Ursachen der Vertreibung, dass die umgesiedelten Deutschen sich in besonderer Weise »als Werkzeug des Faschismus« hätten mißbrauchen lassen. Er verstärkte damit eine Tendenz, der Vertriebene bei Einheimischen oft begegneten: der Auffassung, dass das Schicksal der Vertreibung ihnen persönlich galt und nicht dem gesamten Deutschland, dass die Betroffenen mehr als andere Schuld auf sich geladen hätten und mit Recht bestraft würden. Diese Auffassung erschwerte die Akzeptanz bei den Einheimischen weiter.

Die zitierten Broschüren der SED belegen, dass alle Konzepte von »Vorläufigkeit« bei der Unterbringung der Umsiedler aufzugeben waren, dass es um ihre endgültige Sesshaftmachung mit allen Konsequenzen ging, insbesondere der vollständigen Gleichstellung der Umsiedler gegenüber den Alteingesessenen. Weiter hieß es: »Worin muß nun das Neue in unserer Arbeit zur Lösung des Umsiedlerproblems bestehen? Weder in der Partei noch in der Verwaltung darf diese Arbeit als eine Ressortangelegenheit

Broschüre der SED Brandenburg zur »Umsiedlerwoche«, von der 50 000 Exemplare gedruckt wurden.

betrachtet werden. Sie gehört zur allgemeinen politischen, volkswirtschaftlichen und sozialen Tätigkeit. Sie muß als solche bewertet werden.«[20] Das bedeutete die endgültige Abkehr von kurzfristiger Unterbringung und Versorgung der Flüchtlinge mit dem Nötigsten, wie sie von den Umsiedlerausschüssen geleistet wurde, hin zu einer langfristigen Planung in Politik und Wirtschaft. Die Abkehr von der Ausschussarbeit leitete einen deutlich spürbaren Kurswechsel ein, der nicht nur den Landesumsiedlerausschuss Brandenburg bald klagen ließ: »Das zum Druck unserer Mitteilungsblätter benötigte Papier war trotz aller Bemühungen nicht zu beschaffen, ein Zeichen dafür, daß wir oben bei der Landesregierung nicht anerkannt werden«, wie es ein Ausschussmitglied auf einer Arbeitstagung im September 1947 formulierte.[21]

Die 1947 begonnene Strategie, den Umsiedlern keinen Sonderstatus mehr zuzugestehen, fand 1949 mit der Auflösung der Umsiedlerausschüsse ihren logischen Abschluss. Am 26.8.1949 ging ein Runderlass des Brandenburgischen Innenministers Bechler über die Abschaffung der Umsiedlerämter und -ausschüsse an alle Räte der Stadt- und Landkreise. Konkret hieß es: »Die Sachgebiete für Umsiedlerfragen sind mit sofortiger Wirkung aufzulösen. Sämtliche vorgedruckten Kopfbögen müssen abgeändert und Türschilder mit der Aufschrift ›Umsiedler‹, ›Referat für Umsiedlerfragen‹ müssen entfernt werden.«[22] Für diesen Schritt gab Bechler folgende Erklärung: »Die Auflösung der Umsiedlerämter darf auf keinen Fall so verstanden werden, daß auf diesem Gebiet keine Arbeit mehr zu leisten ist. Es soll vielmehr nur erreicht werden, daß unter Fortfall gesonderter Ämter und Ausschüsse der Verschmelzungsprozeß beider Bevölkerungsteile schneller vor sich geht. Es soll verhindert werden, daß sich die Bevölkerung des Landes in zwei verschiedene Interessengruppen spaltet. Der Verschmelzungsprozeß der Umsiedler mit der Stammbevölkerung muß im Zuge der organischen Entwicklung des gesamten wirtschaftlichen, politischen und kulturellen Lebens im Lande Brandenburg vor sich

gehen und muß von der gesamten Verwaltung des Landes, den Blockparteien und demokratischen Organisationen beobachtet und gefördert werden. Es muß die vornehmste Pflicht aller öffentlichen Dienststellen sowie der gesamten Bevölkerung des Landes sein, mitzuarbeiten, daß durch die praktische Durchführung der Gleichberechtigung der Umsiedler in diesen auch das Bewußtsein erweckt wird, vollwertige Bürger des Landes zu sein, die sowjetische Besatzungszone als ihre endgültigen engere Heimat anzusehen und vorwärts und nicht rückwärts zu schauen.«[23]

Was zunächst logisch gedacht klingt, hieß für Jahrzehnte Verleugnung der Vergangenheit und Verschweigen von Geschichte. »Vorwärts schauen«, wie im Auflösungsbeschluss gefordert, hieß, von Realitäten nichts wissen zu wollen, den Riss in der Gesellschaft mit Aufbauoptimismus zu kitten. Der besondere Status eines Drittels der Bevölkerung verschwand mit dem Beschluss aus den demographischen Statistiken. Die DDR wurde am 7. Oktober 1949 ohne Umsiedler gegründet. Die Flüchtlinge und Vertriebenen, die in der SBZ lebten, hatten damit, ob sie wollten oder nicht, ein neues Vaterland, sie waren Staatsbürger der DDR. Für wen die DDR eine Heimat werden würde, konnte nur die Zeit zeigen. Was die materielle Seite der Integration der Flüchtlinge und Vertriebenen betraf, hat die SED als »führende Staatspartei« ihre mit Hilfe der sowjetischen Besatzungsmacht erworbenen Machtpositionen sicher nicht nur missbraucht. Bei politischer Anpassung war ein relativ schneller sozialer Aufstieg möglich, die Sozialpolitik förderte egalitäre Verhältnisse. Allein gelassen waren die Vertriebenen mit ihrer Sehnsucht nach Heimat und mit der Verarbeitung ihrer Erlebnisse während Flucht und Vertreibung. Ein Umstand, der manchen daran hinderte, in der DDR wirklich heimisch zu werden.

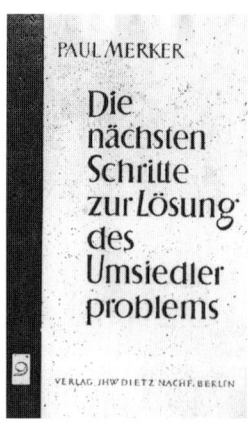

SED-Broschüre aus dem Jahre 1947, in der die »Beteiligung der Umsiedler am Kampfe der Sozialistischen Einheitspartei« gefordert wurde.

»Die neue Heimat«

»Drei Aufgaben stellt sich unsere Zeitschrift. Sie will das Sprachrohr aller jener sein, die als Neubürger im neuen Deutschland ein neues Leben beginnen. Sie will Waffe gegen bürokratische Hemmnisse sein, gegen Engherzigkeit, Engstirnigkeit, gegen alle Überbleibsel des Gestern. Sie will das Bindeglied zwischen den Eingesessenen und den Neuankommenden sein. Drei Aufgaben, ein Ziel: eine neue Heimat aufbauen helfen, ein friedliches, demokratisches und somit glückliches Deutschland. Dafür wollen wir alle wirken; jeder auf seinem Platz und alle für die gute Sache.« Diese Worte gab sich die im Mai 1947 erstmals erschienene illustrierte Monatszeitschrift »Die neue Heimat« zum »Geleit«. Sie kostete 30 Pfennig und wurde herausgegeben von der »Zentralverwaltung für deutsche Umsiedler im sowjetischen Okkupationsgebiet«: eine Mischung aus Reportagen, Stellungnahmen, Prosatexten und Gedichten, einer Rubrik »Unter die Lupe genommen«, den »Kleinen Nachrichten für den Umsiedler«, dem »Gartenkalender«, einem Kinder-Suchdienstblatt und einer Rätselseite. Auf dem Deckblatt der Ausgaben 1 bis 8 prangte wie ein Stempel die Forderung »Heim und Arbeit für jeden«.

Die erste Reportage schrieb die Mitarbeiterin Elfriede Brüning über das Dorf Zinna und seine Gablonzer Glasbläser – eine dankbare, positive Geschichte. »Mit 50 000 Abzeichen zum 1. Mai 1946 ist die Produktion in Zinna angelaufen. (...) Denken sie nicht mehr zurück? Bilder von der Heimat sind in jeder Wohnstube zu finden, die Zinnaer betrachten sie oft. Aber sie betrachten sie mit Wehmut, wie das Bild eines Verstorbenen. Das dort ist für immer vorbei. Ihr Leben gehört dem Aufbau in der neuen Heimat, der Genossenschaft, an der sie alle teilhaben. ›Weshalb sollen wir jammern?‹, sagt eine Frau. ›Wo ich meine Arbeit habe, da bin ich zu Hause.‹ Und die anderen, die um sie herumstehen, nicken dazu.«[21] Elfriede Brüning fuhr im Land herum, suchte neue positive Beispiele, schrieb über Spitzenklöpplerinnen in Grünheide, die ebenfalls eine Genossenschaft gegründet hatten, und über »engstirnige Bauern oder Bürgermeister, die sich weigerten, die Ärmsten der Armen in ihrer Gemeinde aufzunehmen[22]«.

In den ersten Ausgaben der Zeitschrift überwog das Verständnis für die schwierige materielle, aber auch seelische Lage der Heimatlosen. So heißt es in einem Artikel in Heft 3: »Eine bange Frage beherrscht die Millionen Umsiedler seit dem Tage, an dem sie vor über zwei Jahren ihre Wanderungen in eine ungewisse Zukunft antreten mußten: ›Werden wir nie mehr etwas besitzen? Sollen wir dauernd Bettler bleiben?‹ Der Besitz, der ihnen verblieb, war meist nicht größer als das, was sie auf dem Leibe trugen oder in ein paar Säcken oder Kisten mit sich führten. Ihr in jahrelanger Arbeit erworbenes Hab und Gut blieb zurück. Sie haben alles, was sie besaßen, auf das Konto der Wiedergutmachung der Schandtaten des Hitlersystems abgeben müssen.

»Die neue Heimat«, »Umsiedler«-Zeitschrift in der SBZ, erschien von Mai 1947 bis Juni 1949. Titel von Heft 1, 1947.

Sie wurden die Ärmsten der Armen, die wir alle geworden sind. Sie verloren noch etwas mehr als die total Ausgebombten – nämlich ihre Heimat.«[23]

Gleichzeitig wurden den Lesern Ratschläge erteilt, wie diese Leere zu füllen wäre. In Heft 5 beispielsweise forderte man die »Umsiedler« im Land auf, »ihre« Mark Brandenburg kennenzulernen: »Junge und Mädel! Mann und Frau! Seht euch um in eurer neuen Heimat! Lernt sie erkennen und verstehen. Nutzt die Zeit. Nicht in Träumereien, Illusionen und nur in Vergnügen liegt der Sinn des Lebens. Lernt eure Umwelt kennen und erkennt sie, die Menschen, die Landschaft, die Natur. Das ist die Wahrheit, das ist das Leben. Nutzt eure Freizeit, die euch die Arbeit läßt. In fröhlicher Gemeinschaft wandert mit Freunden durch das Land, das eure neue Heimat ist.«[24] Ratschläge dieser wohlmeinenden Art blieben jedoch eher die Ausnahme. Hand-

feste Artikel über die Rechte als Untermieter und kleine Tipps für den eigenen Wohnungsbau waren hilfreicher.

Im Frühjahr 1948, als mit der zunehmenden Konfrontation zwischen Ost und West die erste Berlin-Krise eskalierte und in die Berlin-Blockade der Sowjets und die Luftbrücke der Amerikaner und Engländer mündete, wehte auch in der »Neuen Heimat« ein rauerer ideologischer Wind. Unter dem Artikel »Das Gesicht des Umsiedlers« griff man diejenigen, die den Glauben auf eine Rückkehr in die alte Heimat nicht aufgegeben hatten, äußerst scharf an: »Das ungleichartige Gesicht, dieses – um das Bild zu vervollständigen – Januskopfes bedarf keiner Erklärung. Es ist durch gesellschaftliche, landmannschaftliche, sprachliche sowie politische und religiöse Unterschiede bedingt. Wie aber verhält es sich mit dem Gesicht, das uns gleichförmig und unbeweglich entgegenstarrt? Dieses Stereotype, Star-

Reportage in »Die neue Heimat«, Heft 1, 1947.

re, scheinbar Unlösbare stellt sich dem, der amtlich oder caritativ mit dem ankommenden Umsiedler beschäftigt ist, hemmend, wenn nicht gar abweisend entgegen. (Die Antifa-Umsiedler bleiben hier selbstverständlich außer Betracht.) Was ist es, was die Millionenmasse der deutschen Umsiedler, so verschiedenartig sie auch zusammengesetzt ist, mit einem sozusagen klischeehaften Antlitz ausstattet? Es ist der Ausdruck zusammengesunkener Hoffnungslosigkeit oder sinnloser Auflehnung gegen unabwendbares Geschick. Es ist das Unvermögen, den Verlust des bisherigen Wohnplatzes als endgültig anzusehen. Dieses Unvermögen, das den Hilfsaktionen die größten Schwierigkeiten bereitet, ist nichts anderes als eine Frucht der faschistischen Volkserziehung.«[25] Und weiter: »Es muß ihnen klargemacht werden, daß ihre Aussiedlung aus der bisherigen Heimat nicht anderes ist als der logische Schluß, der letzte Akt des Trauerspiels, das 1933 mit der Todesangst und Flucht von 300 000 deutschen Juden begann und nach und nach mehr als 20 Millionen Menschen von 40 verschiedenen Nationen erfaßte, sie auf die Landstraßen trieb, dem Elend und der Not und damit einem langsamen Tod aussetzte.«[26]

Wenig später, in Heft 8, wieder versöhnliche Worte, die die Hoffnungslosigkeit vieler Umsiedler auch auf andere Ursachen zurückzuführen suchten als nur auf die »Frucht der faschistischen Volkserziehung«. Möglich, dass es Leserzuschriften oder Kritik aus der Zentralverwaltung für Umsiedler gegeben hatte. Unter der Überschrift »Eine neue Heimat – für alle« wurde nun eher um Verständnis und Mitleid mit den Heimatlosen geworben: »Die Tatsache ist nicht zu bestreiten, daß die Neubürger in ihrem Hauptanteil noch nicht das Gefühl bekommen haben, in einer wirklich neuen Heimat zu leben. Die wohnliche Unterbringung ist bei allen Verbesserungen oft doch noch sehr unzureichend. Die Einquartierung bei fremden Menschen führen zu ständigen persönlichen Reibungen, die das Leben verbittern, und in der Frage des Besitzes an den Dingen des täglichen Bedarfs klafft noch eine große Kluft zwischen den Alt- und

Neubürgern. Dazu kommen nicht zu unterschätzende psychologische Hemmungen. Die Neubürger werden noch allzu oft als unerbetene Eindringlinge betrachtet, die augenscheinlich die schmal gewordene Existenzbasis noch mehr zu schmälern drohen.«[27]

Wieder und wieder veröffentlicht wurden »psychologische Ratschläge«, so zum Beispiel ein Appell an die Frauen: »Denkt gütig! Vor allem ihr Frauen, die ihr berufen seid Heimat zu schaffen, Heimat zu sein, für eure Männer und Kinder. Versucht einmal zu denken: In die alte Heimat kann ich nicht mehr zurück. Sei es denn! Schaffe ich mir eine neue Heimat! Ist mein Leben in Zuflucht weniger lebenswert als in alter Geborgenheit? Sind hier, wo ich bin, nicht auch Arbeit, Glück, ein kleiner Raum voller Freunde und ein wärmender Sonnenstrahl? (...) Seid guten Willens! Das ist alles. Mehr braucht es nicht, um wieder eine Heimat zu haben.«[28]

Ab Mitte 1948 berichtete die »Die Neue Heimat« verstärkt auch über die Situation der Heimatlosen in den drei westlichen Zonen. So schrieb der Leiter der Hauptabteilung für deutsche Umsiedler und Heimkehrer, Artur Vogt, in Heft 10: »... Sie sind dort keine Umsiedler, sondern ›Flüchtlinge‹. Aus dieser Verschiedenartigkeit der Bezeichnung spricht mehr, als es auf den ersten Blick erscheint. (...) Reaktionäre, kriegslüsterne Feinde unseres Volkes glauben in diesen Menschen die beste Grundlage für ihre antisowjetische Kriegshetze zu finden. Die Ursachen und Zusammenhänge der Gebietsverluste werden verschwiegen, der Geist der ›Revanche‹ wird wachgerufen und die Hoffnung auf Rückkehr erweckt, um gleichzeitig davon abzulenken, daß Hunger, Not und Elend, furchtbare Wohnverhältnisse der Umsiedler im Westen als Folge eines falschen politischen Weges nicht beseitigt werden.«[29] Als Resultate der westlichen Flüchtlingspolitik wurden Hungerstreiks und spontane Rebellionen unter den Vertriebenen in den Westzonen angeführt.

Ein Ort, von dem immer wieder positiv berichtet wurde, war das Heimkehrerlager Gronenfelde bei Frankfurt/Oder. Nicht nur Artikel über entlassene Kriegsgefangene waren zu lesen, auch zurückgekehrte »Zivilinternierte« wurden interviewt. Elfriede Brünings Reportage über junge Frauen aus Sibirien erzählte von der Mitternachtssonne, dem Nordlicht, dem Beerenreichtum. Nicht befragt wurden die Frauen, die aus Ostpreußen stammten, danach, wann und warum sie nach Sibirien gekommen waren. Das Tabuthema »Deutsche in Sibirien« hatte bis zum Ende der DDR keine Chance auf Veröffentlichung.[30] Auch andere Tabuthemen, wie die Vergewaltigungen durch die sowjetischen Truppen, die Repressionen in den polnischen Arbeitslagern oder die zum Teil mit aller Härte durchgeführten Deportationen, fielen von vornherein der politischen Selbstzensur zum Opfer.

»Die neue Heimat« füllte sich zunehmend mit Artikeln über den Zweijahresplan, die Freie

Deutsche Jugend und Geschichten aus der Sowjetunion. Bei Erscheinen der letzten Nummer der Zeitschrift im Juni 1949 wandte sich das Redaktionskollegium noch einmal direkt an seine Leser und erklärte: »Die Zeitschrift wurde lebendiges Bindeglied zwischen den Umsiedlern wie auch den Heimkehrern und den Verwaltungsorganen. Sie war berufen, die Erkenntnisse praktischer Arbeit und administrativer Tätigkeit auszuwerten, in die richtigen Bahnen zu lenken und die Methoden der Arbeit zu verbessern. (...) ›Die neue Heimat‹ beschönigte nichts und verschleierte nichts. Sie übte offen Kritik und lobte auch, wenn es angebracht erschien. (...) Die Umsiedlung ist im wesentlichen abgeschlossen. (...) Damit ist auch die Aufgabe der Zeitschrift ›Die neue Heimat‹ im wesentlichen erfüllt. Sind die Umsiedler Teile der Kampfgemeinschaft unserer demokratisch-antifaschistischen Ordnung in der sowjetischen Besatzungszone geworden, dann ist Presse- und Zeitschriftenwesen dieses allgemeinen Kampfes auch ihre Presse.«[31]

Die Einstellung der »Neuen Heimat« ging einher mit der Auflösung der Umsiedlerverwaltungen: Die »Umsiedlung« wurde praktisch per Beschluss der östlichen Regierungsstellen ad acta gelegt.

Aus Schlesien in die Lausitz

Horst R.

Bevor ich 1928 geboren wurde, war meine Mutter Dienstmädchen beim Grafen Hohenau in Ochelhermsdorf. Dann hatten meine Eltern eine Schmiede, die sie aber wegen der Inflation schon nach einem Jahr wieder aufgeben mussten. Sie lebten von einer kleinen Landwirtschaft und vom Verdienst meines Vaters, der in Grünberg als Schlosser und Schmied arbeitete.

Ich habe ganz deutliche Erinnerungen an kleine Episoden aus meiner Kindheit: Wie ich auf der Dorfstraße großen roten Ameisen mit Zweigen den Weg versperrt habe. Wie ich im Gutspark meine Deutschlehrerin durch das Schilf am Teich beobachtet habe. Sie saß lesend auf einem Klapphocker, mit einer schwarzen Kappe auf dem Kopf, in absoluter Stille, nur unterbrochen von Vogelzwitschern und Froschquaken. Wie die Eltern meiner Spielfreundin Friedel sonntags nach dem Mittagessen vor Erschöpfung am Tisch einschliefen und uns so eine Gelegenheit gaben, etwas Kuchen zu nehmen.

Wenn zum Feierabend die Glocken läuteten, stand ich oft am Tor zur Straßenseite und zählte die heimfahrenden Gespanne, die auf dem Sommerweg zwischen dem Kopfsteinpflaster und der hohen Mauer der Gärtnerei nach Hause fuhren. Mit dreizehn Jahren begann ich in Grünberg die Lehre als Maschinenschlosser. Das hieß jeden Tag zehn Kilometer hin und zurück mit dem Fahrrad. Und ich werde mein Leben lang nicht vergessen, dass die schlesische Landschaft hügelig ist. Bei Gegenwind prägt sich jede Steigung ein.

Im Juli 1944 sagte unser Lehrmeister plötzlich, dass wir alle nach Hause fahren, unsere Sachen packen und mit Kochgeschirr und Feldflasche nachmittags wieder in Grünberg sein sollten. Uns war klar, dass man irgend etwas mit uns vorhatte. Nachdem man uns in einen Sonderzug verladen hatte und wir schon einige Stunden unterwegs waren, erfuhren wir, dass wir im Unternehmen »Barthold« zum Einsatz kommen und in der Nähe von Breslau am Ostwall bauen sollten. Wie besessen haben wir an den Panzergräben geschippt, ging es doch darum, die Russen aufzuhalten. Damit war im Oktober Schluss und ich kam in ein Wehrertüchtigungslager im Riesengebirge. Klimmzüge, Schießen, Boxen, 10 000-Meter-Lauf. Das Leistungsabzeichen ist später in Berlin in einer Mülltonne gelandet.

Die endgültige Einberufung als Soldat bekam ich im November. Nach einer Ausbildung zum Umgang mit Karabinern, Pistolen, MG, Panzerfäusten, Minen und Handgranaten sollten wir die Ausbildung des Volkssturms in unseren Heimatorten übernehmen. Dazu kam es jedoch nicht mehr. Mitte Februar hatte die Front Schlesien erreicht und wir wurden auf dem Kasernenhof zusammengepfiffen. Wer nach Hause konnte, wurde entlassen, der Rest sollte mit einer Panzereinheit an die Front. Dem Spieß im Alter meines Vaters habe ich wohl Leid getan, er wollte nicht, dass ich schon an die Front musste. Ich musste ihm nur irgendeine Adresse nennen, wohin er mich entlassen konnte. Ich wollte zu meiner Cousine und ihrem Vater in Berlin-Hohenschönhausen.

Nach zwei Tagen kam ich mit nichts weiter als meiner Jungvolkuniform dort an und die beiden waren nicht wenig überrascht. Tag und Nacht war Fliegeralarm. Weil ich flink zu Fuß war, wurde ich Luftschutzmelder. Nachdem alle im Keller waren, musste ich mitten im Angriff hinaus zum nächsten großen Luftschutzkeller laufen und melden, wieviel Personen in meinem Keller waren. Ich habe die Flugzeuge beim Abwerfen der Bomben gesehen, die brennenden, einstürzenden Häuser und die schreienden Menschen, die versuchten, sich in Sicherheit zu bringen. Oft habe ich im Hausflur mehrmals Anlauf genommen, ehe ich in die von Christbäumen erhellte Nacht gerannt bin. Es folgte Angriff auf Angriff. Man hatte kaum die Pappe an die Fenster genagelt, das Gelände um das Haus nach

Blindgängern abgesucht und etwas zu essen organisiert viel gab es sowieso nicht mehr, dann kam der nächste Angriff.

Die Zeit, bis die Russen da waren, haben wir fast nur noch im Keller verbracht. Als eine in der Nähe liegende Schnapsfabrik getroffen worden war, konnte man sich dort bedienen. Ich habe über zwanzig Flaschen von dort geholt. Bis auf eine haben wir alle im Keller getrunken. Die letzte Flasche hatte ich in einem Löschwasserfass versenkt. Im Frieden bin ich noch einmal 200 Kilometer zu Fuß gelaufen, um sie zu holen.

Dann war die Rote Armee in der Stadt. An einem Tag musste ich im Kampf um Berlin gefallene russische Soldaten beerdigen. Ich stand unten in der Grube und bekam die in Planen gewickelten Leichen zugereicht. Es gab nichts mehr zu essen und kein Wasser. Drei Kilometer hin und wieder zurück lief ich täglich mit einer Kanne und einem Eimer bis zum Wasserwerk, weil alle Pumpen kaputt waren.

Zu Pfingsten ließen mir Sehnsucht, Heimweh und Ungewissheit keine Ruhe mehr. Ich wusste nichts von meinen Eltern und sie nichts von mir. Ich machte mich auf den Weg nach Ochelhermsdorf. Ich war mir der Gefahr bewusst, russischen Posten in die Hände zu fallen und nach Sibirien verschleppt zu werden. Meine Uniform hatte ich gegen einen Knickerbockeranzug getauscht. Ich versuchte so gut es ging, Soldaten aus dem Weg zugehen. Nachdem ich einmal ein größeres Waldstück durchquert hatte, sah ich Schilder mit der Warnung, dass der Wald vermint war. Mein Weg hätte dort zu Ende sein können.

Bis zur Neiße kam ich gut voran, nur über den Fluss ging es nicht mehr. Die Polen hatten die Brücke besetzt und ließen niemanden durch. Alles Reden half nichts. Bitter enttäuscht musste ich umkehren. Am nächsten Morgen schwamm ich in der Nähe von Guben durch die Neiße. Auf der anderen Seite traf ich einen Mann, der in dieselbe Richtung wollte. Wir hatten kaum ein paar Worte gewechselt, als Polen aus einem Versteck sprangen und uns festhielten. Bei dem Mann fanden sie einen Wehrpass von der Waffen-SS. Wir wurden beide verhört und eingesperrt. Nach drei oder vier Tagen wurde ich auf einen Sportplatz in Guben nahe der Neiße geführt. Dort war ein Grab ausgehoben. Der polnische Offizier machte eine abwinkende Handbewegung und ich schöpfte Hoffnung, dass es mit meinem Leben noch nicht zu Ende war. Ich wurde an eine Notbrücke über die Neiße gebracht, bekam einen Tritt und man drohte mir, ich solle mich nie wieder in Polen blicken lassen.

Mein einziger Gedanke war der an zu Hause. Ich wollte mich nicht damit abfinden, dass ich nicht mehr dorthin konnte. Nachts schlief ich auf einem Heuboden und ging am nächsten Tag zum Gubener Bahnhof, der unter polnischer Verwaltung stand. Ich freundete mich mit einem Polen an, der kein Deutsch sprach, so wie ich kein Polnisch. Er konnte mir nicht helfen, nach Hause zu kommen, aber ich sollte ihm helfen, Trümmer auf dem Bahnhof wegzuräumen. Etwas Besseres zu tun hatte ich nicht. Abends habe ich in leeren Mieten nach ein paar Kartoffeln gesucht und sie in meinem Notquartier gekocht. Ich konnte immer weniger arbeiten, weil ich immer schwächer wurde. Oft habe ich an der Neiße gesessen und gehofft, dass unter den Flüchtlingen, die über den Fluss kamen, Bekannte wären. Die Flüchtlinge erzählten mir, dass sie von den Polen vertrieben worden waren und wahrscheinlich nie mehr nach Hause zurück könnten. Als Flüchtlinge aus dem sechs Kilometer von meinem Heimatdorf entfernten Heinersdorf kamen, erzählten sie mir, dass die Ochelhermsdorfer schon einen Tag vor ihnen vertrieben worden waren. Ich hatte sie verpasst und musste sie suchen.

Ich lief 30 Kilometer von Guben nach Cottbus, um dort den Treck zu suchen. Ich erkundigte mich überall, aber die Ochelhermsdorfer waren nicht gesehen worden. Man gab mir die Empfehlung, in Richtung Lübben zu suchen, da viele Trecks die Stadt in diese Richtung verlassen hätten. 50 Kilometer und in Lübben waren sie auch nicht. Man riet mir, nach Jamlitz zu gehen, dort wäre ein großes Flüchtlingslager. Ich schlief in einer Holzhütte am Straßengraben und lief dann die 35 Kilometer nach Jamlitz. Im Lager waren zwar viele Menschen, aber niemand aus Ochelhermsdorf. Ich war sehr enttäuscht und ging wieder zurück zur Straße nach Cottbus. Irgendwo musste doch jemand etwas wissen. Es musste ja ein großer Treck sein, Ochelhermsdorf war nicht so klein. Nach Cottbus waren es wieder 50 Kilometer. Cottbus habe ich noch einmal umrundet, um an den Ausfallstraßen nach dem Treck zu suchen, das waren noch einmal 20 Kilometer. Dann schleppte ich mich bis hinter die letzten Häuser an der Straße, die nach Forst führt. Ich legte mich in den Stra-

Die Schmiede in Ochelhermsdorf in den dreißiger Jahren.

ßengraben und wollte warten, warten auf ein Glück oder einen Zufall. Ich war hungrig, runtergekommen, hatte mich tagelang nicht mehr gewaschen, die Hose war vom Arbeiten auf dem Bahnhof zerrissen. Ich merkte, dass ich schwach war. Vier Wochen lang hatte ich nichts Richtiges gegessen. Der Gedanke, dass ich heimatlos war und ziellos wie ein Vagabund umherlief, machte mich nicht stärker.

Es gab das Glück und den Zufall. Der Ochelhermsdorfer Treck kam diese Straße entlang. Meine Mutter sagte: »Junge, jetzt kann kommen, was will.« Als sie mir eine Stulle gaben und ich sie aß, kamen mir zum ersten Mal die Tränen. Ich hatte den ganzen Treck aufgehalten. Nach einer Pause zogen wir weiter nach Cottbus. Dort nahm man uns nicht auf. Bei der langen Suche nach meinen Leuten hatte ich in Turnow ein Gut mit einer großen Scheune gesehen und machte den Vorschlag zu versuchen, dort unterzukommen. Das gelang uns auch. Viele Familien konnten nach Verhandlungen mit den Bürgermeistern in Turnow und den umliegenden Dörfern Drehnow und Drachhausen sowie in der Stadt Peitz bleiben. Der Rest zog weiter. Hier trennten sich viel Ochelhermsdorfer Bekannte und Nachbarn für Jahrzehnte, manche auch für immer.

Meine Familie, Großmutter, Eltern, meine Schwester und ich, kamen im Dorfkrug in Turnow unter. Wir waren froh, dass wir von der Straße waren und in der Nähe der Neiße, denn wir glaubten, dass wir bald wieder nach Hause könnten. Nach einigen Tagen konnten

wir sogar mit zwei weiteren Familien in ein kleines Haus am Kanal ziehen. Das Haus hatte ein Zimmer und einen kleinen Nebenraum. Nachts lagen wir auf dem Stroh nebeneinander wie die Heringe. Zehn Personen hatten gerade so Platz nebeneinander, wenn sie sich vorsichtig ausstreckten.

Wir hatten auch Flöhe und Läuse. Als es meine Mutter wieder einmal erwischt hatte, sah ich sie auf der Erde sitzen. Sie zog sich das Hemd aus und suchte nach dem Ungeziefer. Ich hatte sie noch nie so gesehen und ging beiseite. Zum ersten Mal dachte ich daran, was sie wohl durchgemacht hatte ... Mein Vater und meine Schwester waren einige Wochen von den Russen verschleppt worden und meine Mutter und meine Oma waren lange mit den Russen allein im Haus gewesen, die sich dort einquartiert hatten. Wir haben nie darüber gesprochen, was damals geschehen war.

Tagsüber bettelten wir in den umliegenden Orten. Irgendetwas brachte jeder mit, ein paar Kartoffeln oder ein Stück Brot, und so konnten wir uns von Tag zu Tag über Wasser halten. Unsere Großmutter hatte auf einem Bauernhof Kontakt zu den Ausgedingen gefunden und war damit so gut wie versorgt. Wir Männer konnten auf dem Schulhof Holz sägen und danach beim Fleischermeister. Dafür gab es etwas zu essen. Ich erholte mich langsam. Bald darauf begann meine Berufstätigkeit nach dem Zweiten Weltkrieg. Ich konnte für 60 Pfennig die Stunde im Sägewerk Turnow arbeiten. Die Arbeit im Sägewerk machte ich gern. Wir mussten Eisenbahnschwellen für Russland schneiden. Den Reparationsleistungen Deutschlands für den verlorenen Krieg verdanke ich meinen ersten Arbeitsplatz. Am 22. Oktober 1949, kurz nach der Gründung der DDR, heiratete ich meine Frau, eine Drehnowerin. Es war der schönste Tag in meinem Leben. Nicht nur, dass wir beide glücklich waren, wir bekamen sogar eine kleine Wohnung mit einer Küche, was zu der Zeit eine absolute Seltenheit war. Von den Schwiegereltern und der ganzen Verwandtschaft wurde meine Familie sehr gut aufgenommen. Für mich war das Flüchtlingsleben eindeutig zu Ende. Meine Frau arbeitete im Gemeindebüro und hatte dort auch mit den Flüchtlingen zu tun. Das Verständnis, dass sie und ihre Familie für uns hatten, empfand ich als heimatlich. Durch die Verbindung mit meiner Frau wurde der Schmerz über die verlorene Heimat für alle etwas abgeschwächt.

Ich wurde Langholzfahrer im Sägewerk. Ein Jahr lang, als wir Holz aus Halbe bei Berlin holten, hieß das täglich vor drei Uhr aufstehen und abends erst spät nach Haus. Manchmal schlief ich beim Frühstück wieder ein und mir fiel das Messer aus der Hand.

Zuerst wurde unsere Tochter Ursula geboren und dann Karin. Weil es im Raum Cottbus keine Kinderwagen gab, fuhr ich mit dem Fahrrad nach Berlin, um dort mein Glück zu versuchen. Ich hätte vor Freude weinen können, als ich einen bekam, weil ich wusste, wie glücklich meine Frau sein würde. Auf dem Rückweg fuhr ich mit dem Fahrrad und habe den Kinderwagen hinter mir hergezogen. Es war schon wieder hell, als ich mit schmerzenden Armen zu Hause ankam.

Im Dezember 1951 verdiente ich bereits 1,17 Mark pro Stunde. 1952 fing ich als Schlosser an und bekam Leistungszuschlag. Das Geld reichte, um an Hausbau zu denken. Baumaterial war natürlich eine Rarität. In der Gutsruine hatten wir Steine geklopft und es gelang mir, noch zwei Waggons Granitsteine zu organisieren. Ich mußte die elf Tonnen selbst auf dem Bahnhof abladen und auf der Baustelle noch einmal. Vierzehn Tage Urlaub haben für den Hausbau natürlich nicht gereicht und so ging es an unzähligen Wochenenden und täglich nach Feierabend weiter.

Im Betrieb geriet ich durch einige Neuerervorschläge immer mehr von meiner Schlossertätigkeit auf elektrotechnisches Gebiet. 1959 verdiente ich bereits 529 Mark und begann ein Fernstudium. Das Studium fiel mir schwer, weil ich doch nur acht Jahre zur Schule gegangen war, aber ich habe es geschafft. Die Qualifizierung benötigte ich, um mehr Geld verdienen zu können. 1961 verdiente ich 615 Mark. Wir beschlossen, einen Trabant zu bestellen und bis zum Liefertermin in einigen Jahren eisern zu sparen. 1964 habe ich die Prüfungen zum Ingenieur bestanden. Mit einigen Kollegen haben wir ein Wirtschaftspatent angemeldet und zusammen mit einigen Neuerervoschlägen reichte das Geld für den Trabant 601. Jetzt begann für uns alle ein schöne Zeit. Wenn wir mit dem Auto unterwegs waren, saßen die Kinder hinten quer auf dem Sitz und haben gesungen. Wir waren an der Ostsee, im Harz, in Thüringen oder in der Sächsischen Schweiz. Ansonsten musste es trotzdem immer sparsam zugehen und gekauft wurde nur das Allernötigste. Im Betrieb lief es immer besser. Neben der Arbeit im Kon-

struktionsbüro wurde ich noch Dozent an der Betriebsakademie für Konstruktionslehre und Technologie. Die SED wollte mich als Genossen werben, aber daraus wurde nichts.

Nach dem Krieg ist es für mich eigentlich immer nur aufwärts gegangen. 1972 wurde ich technischer Direktor in einem kleinen volkseigenen Betrieb in Peitz. Möglicherweise bin ich auch ein Mensch, der sich mit Dingen abfindet, die man nicht ändern kann. Dass ich beruflich so viele Chancen hatte, hat vielleicht auch zu der Erkenntnis beigetragen, dass hier meine neue Heimat ist. In den ersten Jahren sind wir manchmal zur Neiße gefahren und haben rübergeschaut, aber die Hoffnung wurde immer schwächer. Es war klar, dass hier nun einmal eine Grenze gezogen worden ist, sie war auf höchster Ebene gezogen worden und fertig.

Wir merkten schnell, dass es in der DDR nicht erwünscht war, von der alten Heimat zu sprechen. Es gab kein Gesetz, dass das verboten hat, aber es war so. Wenn man gefragt wurde, wo man geboren ist, sagte man Ochelhermsdorf, heute in Polen. Von den Jüngeren wußten viele gar nicht, was das heißt, sie dachten, man wäre in Polen geboren worden.

Wenn ich auf mein Leben zurückschaue, bin ich glücklich und zufrieden. Zu Höherem war ich wohl nicht berufen. Im Gegenteil, ich glaube, dass ich oft bis an meine Leistungsgrenze gegangen bin. Alles aus meinem Leben kann ich an meine Kinder und Enkel weitergeben. Hier in Brandenburg sind meine Kinder zur Welt gekommen, hier haben wir ein Haus gebaut und hier habe ich fünf Jahrzehnte gearbeitet.

Nach meinen Erzählungen dachte meine Frau immer, was muss dieses Ochelhermsdorf für ein schöner Ort sein. Als wir dann in den sechziger Jahren dort waren, war sie ganz enttäuscht, dass alles ganz normal war. In der Kindheit sieht eben alles größer und einzigartig aus.

Seit einigen Jahren trift sich meine Ochelhermsdorfer Schulklasse einmal im Jahr hier. Je älter wir werden, desto mehr sprechen wir von der alten Heimat, von Kindheits- und Jugenderinnerungen. Desto angestrengter versucht man, Episoden aus dem Gedächtnis herauszukramen und sie festzuhalten. Vielleicht ist es auch das Bewusstsein, dass mit meiner Generation die Erinnerung an unser Leben in der alten Heimat aussterben wird.

Wege über Land –
Chaussee in Brandenburg

Vertriebene gab es nicht

Grenzfragen

»Saßen auf dem Verdecke,
Glocken klangen, alte Zeit,
Und der Himmel wurde blauer
Und die Seele wurde weit.«[1]

Theodor Fontane hat so seine Gefühle bei einer Oderfahrt beschrieben, auf einem Ausflugsdampfer, zwischen Schleppkähnen und Flößen. Damals war die Oder noch ein deutscher Fluss. »Mutter Oder« hieß und heißt er im Volksmund. Seit 1945 ist er ein Grenzfluss.

Mit den Beschlüssen von Potsdam hatten die Siegermächte festgelegt, dass die Westgrenze Polens an der Oder-Neiße-Linie verlief und somit die östlich dieser Grenze gelegenen deutschen Gebiete unter Verwaltung des polnischen Staates gestellt wurden bis zum Abschluss eines Friedensvertrages. Diese Einschränkung sollte für Jahrzehnte eine wichtige Rolle in der Nachkriegspolitik und für viele deutsche Vertriebene spielen. Für die einen war dieser nicht existierende Friedensvertrag eine zu vernachlässigende Größe, für andere entscheidend in der Haltung, die Frage der deutschen Ostgebiete weiterhin als offenes Problem zu betrachten.

Sogar innerhalb der SED führte diese Potsdamer »Hintertür« zu öffentlichen kontroversen Meinungen – ob allein aus wahltaktischen Gründen oder aus innerer Überzeugung, lässt sich schwerlich beantworten. Am 13. Oktober 1946 erklärte Otto Grotewohl, einer der beiden Vorsitzenden der SED, dass die Ostgebiete erst einmal nur bis zu einem Friedensvertrag unter pol-

nischer Verwaltung stünden. »Wir nehmen daraus die Erkenntnis, daß es sich noch nicht um eine endgültige Lösung der Ostfrage handelt und knüpfen daran die unerschütterliche Hoffnung und wünschen aus tiefsten Herzen, daß bei der Regelung der Ostgrenzfrage im Friedensvertrag dem deutschen Volk Rechnung getragen wird.«[2]

Wilhelm Pieck, SED-Vorsitzender und später erster Staatspräsident der DDR, selbst im nun polnischen Teil der Stadt Guben geboren und damit »Umsiedler«, äußerte entgegen den harten Stimmen innerhalb der Partei, die erklärten, dass »Flüchtlinge, die sich an ihre zurückgelassene Heimat klammern, Friedensfeinde« seien[3], immer wieder auch öffentlich Verständnis für die Lage der Vertriebenen. Noch 1949 druckte das »Neue Deutschland«, Zentralorgan der SED, Auszüge aus einer sehr moderaten Rede, die Pieck auf einer »Umsiedler-Veranstaltung« in Berlin hielt: »Von der Not, die durch den Hitlerkrieg über das deutsche Volk gebracht wurde, sind wohl am schlimmsten die Menschen betroffen, die durch den Hitlerkrieg ihre Heimat verloren haben. Es sind annähernd zwölf Millionen Menschen aus den deutschen Gebieten östlich der Oder und Neiße, die nach dem übrigen Deutschland umgesiedelt wurden. Es ist nur zu verständlich, daß sie darüber besonders unglücklich und von der Hoffnung erfüllt sind, dass sie doch wieder in die Heimat zurückkehren werden.«[4]

Anders das führende SED-Mitglied Paul Merker, der in seiner Broschüre mit dem Titel »Die nächsten Schritte zur Lösung des Umsiedlerproblems« 1947 schrieb: »Es ist bekannt, daß die SED eine Regelung der Grenzfrage wünscht, die

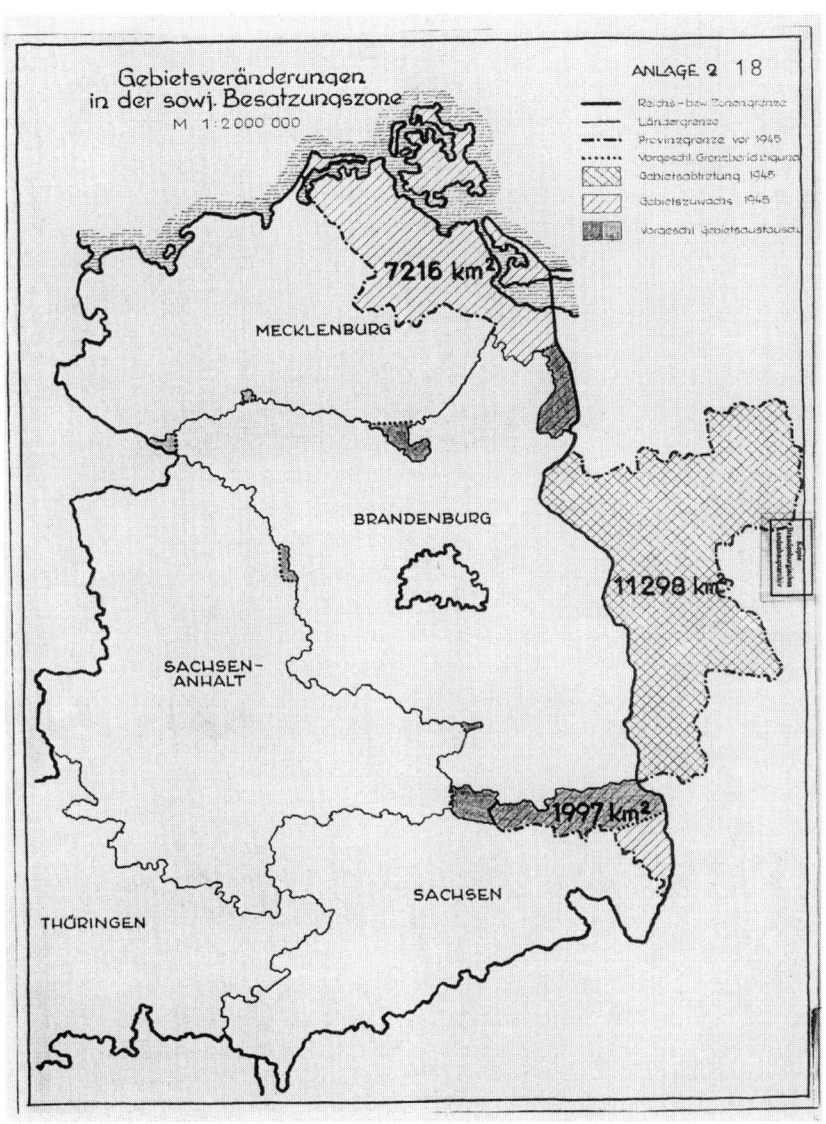

Grafische Darstellung der
Gebietsveränderungen
der SBZ. Brandenburg
hatte durch die Beschlüs-
se der Potsdamer Konfe-
renz 11 298 Quadratkilo-
meter verloren, nahezu
ein Drittel seines ehema-
ligen Territoriums.

denburgs erkannten, wie politisch brisant die
Haltung und Hoffnung vieler »Umsiedler« war.
In einem Dokument aus dem Büro des Minister-
präsidenten heißt es: »Die Umsiedler sind heute
mit den Verhältnissen, Behandlung und Maßnahmen zum großen Teil nur deswegen zufrieden, weil sie zutiefst hoffen und erwarten, in
ihre alte Heimat zurückzukommen. Der größte
Teil der Umsiedler wird enttäuscht werden und
dann ist es unter Umständen zu spät, ein Drittel
der Einwohnerschaft zu beruhigen und die Ver-
mischung mit der alteingessenen Bevölkerung
zu verwirklichen.«[6]

Noch befremdlicher für die Befürworter der
Oder-Neiße-Grenze musste eine Einschätzung
der Zentralverwaltung für Umsiedler sein, in der
festgestellt wurde, dass in »Zuschriften an uns,
an die politischen und sonstigen Organisationen« immer wieder der Standpunkt vertreten
wurde, »daß die ehemaligen deutschen Ostgebiete vorläufig nur unter polnischer Verwaltung
stehen, aber noch nicht polnisch sind, und daß
es Aufgabe der Interessenvertreter der Umsiedler
sei, für die Rückkehr dieser Gebiete an Deutschland einzutreten.«[7] In ihrem Sprachrohr, der
Zeitschrift »Die neue Heimat«, hatte die Zentralverwaltung auf Forderungen nach Rückkehr
schon in ihrer ersten Ausgabe im Mai 1947 rea-
giert: sehr bestimmt, aber doch überwiegend
moderat. Gleichzeitig wurde in der Zeitschrift
immer heftiger gegen die Vertriebenenpolitik in
den Westzonen argumentiert, da sich dort zunehmend Politiker verschiedenster Parteien für
eine Rückkehr der Vertriebenen in ihre alte Heimat einsetzten: »Es fehlt heute in Deutschland
nicht an Stimmen, die die Ansicht vertreten, die
einzige Möglichkeit, das Umsiedlerproblem zu
lösen, bestehe in der Revision der Oder-Neiße-
Linie. Nun, kein aufrichtiger Deutscher wird
die Oder-Neiße-Linie als endgültige Ostgrenze
Deutschlands begrüßen. Aber es ist Demagogie,
wenn heute deutsche Politiker den Umsiedlern
das Versprechen geben, daß die meisten von
ihnen früher oder später wieder in die Gebiete,
aus denen sie ausgewiesen wurden, zurückkehren können.«[8]

auch die Interessen unseres Volkes berücksich-
tigt. Aber wir wenden uns dagegen, daß man
unter den Umsiedlern Hoffnungen auf eine allgemeine Rückkehr in ihre alte Heimat erweckt,
die nach dem Stand der Dinge unerfüllbar sind
und die Umsiedler behindern, ihre Kraft einzusetzen, sich eine neue Heimat und eine neue
Existenz aufzubauen.«[5]

Auch die Brandenburger Provinzialregierung
und die Sowjetische Militäradministration Bran-

Ende der vierziger, Anfang der fünfziger Jahre wurde im Zusammenhang mit einem Friedensvertrag die Frage nach der deutschen Einheit diskutiert. Politiker der Ostzone äußerten sich eher offensiv zu dieser Frage, während man in den Westzonen zurückhaltender war. Bekannt ist die Meinung Konrad Adenauers, »lieber das halbe Deutschland ganz zu haben, als das ganze Deutschland halb«. Vom 23. Mai bis 13. Juni 1948 führte die SED eine Unterschriftensammlung für einen Volksentscheid zum »Volksbegehren für Einheit und gerechten Frieden« durch. Dabei spielte das Verhältnis zu Polen und das Grenzproblem Oder-Neiße eine entscheidende Rolle.[9] Der Informationsdienst der Kreisleitung Guben, praktisch Vorläufer eines staatlichen Nachrichtendienstes auf Kreisebene, erstellte für die Brandenburgische Landerregierung im Juni 1948 folgenden Bericht zur Stimmung unter den »Umsiedlern«: »Fürstenberg (später Eisenhüttenstadt, d. Verf.) ist Grenzstadt geworden. Von den 9 225 Einwohnern sind 3 600 Umsiedler. Von diesen wird immer wieder die Meinung vertreten, wenn wir uns einzeichnen in die Liste zum Volksbegehren, haben wir endgültig unser Urteil unterschrieben, unser Schicksal besiegelt und können nie in unsere Heimat zurück...«[10] Konkrete Aussagen von Heimatlosen aus Guben in dem Bericht zeichnen dieselbe Stimmungslage: »Ja, wenn sie uns wür-

den sagen, wir könnten wieder über die Neiße, dann würde ich unterschreiben. Wir wissen nicht, was die Unterschrift bedeutet. Es wird im allgemeinen gesagt, wenn wir uns einzeichnen, dann unterschreiben wir unser eigenes Todesurteil. Dann unterschreiben wir, dass wir mit der jetzigen Ostgrenze einverstanden sind. Dieser Gedanke kreist sehr stark unter den Umsiedlern. Ja, für die Einheit und einen gerechten Frieden bin ich auch, aber wir wollen auch unsere Heimat zurück.«[11]

Ein lastender Widerspruch innerhalb der SED und des zukünftigen Staates DDR blieb der, zum einen die »Umsiedler« an sich binden, zum anderen die neue Westgrenze Polens, schon auf Druck Moskaus, vertraglich anerkennen zu müssen. In der »Neuen Heimat« hieß es dazu: »Die Landverluste im Osten und die Ausweisung der Deutschen aus diesen Gebieten und aus der Tschechoslowakei haben ihre Ursache darin, daß unsere Nachbarvölker nach den gemachten furchtbaren Erfahrungen die Sicherheiten für sich forderten und von den Alliierten zugestanden auch erhielten, die ihnen ihre zukünftige friedliche Entwicklung garantieren. Es ist das Lebensinteresse des deutschen Volkes, die Mauern des Völker- und Rassenhasses, die der Nazismus in Europa errichtete, abzutragen. Eine Voraussetzung dafür ist es, vor allem mit unseren Nachbarvölkern im Osten zu einer echten Verständi-

◁

Eine polnische Delegation überschreitet die Frankfurter Oderbrücke, um an der Massenkundgebung zur Vertragsunterzeichnung teilzunehmen.

◁◁

Unterzeichnung des Abkommens über die Markierung der Oder-Neiße-Grenze am 6. Juli 1950 in Frankfurt/Oder.

gung zu gelangen. Dazu ist erforderlich, die Völker davon zu überzeugen, daß sich das deutsche Volk endgültig abgewandt hat von allen kriegstreiberischen Tendenzen und ehrlich den Frieden will.«[12] Mit diesem Artikel vom April 1949 bereitete »Die neue Heimat« ihre Leserschaft auf das »Unabänderliche« einer endgültigen vertraglichen Abtretung der »abgetrennten Gebiete« seitens einer zukünftigen »souveränen« deutschen Regierung vor.

Unter der Prämisse, dass Polen fest durch die Sowjetunion gebunden wurde, war es nur eine Frage der Zeit, dass sich ein zukünftiger ostdeutscher Staat mit dem neuen polnischen Staat eindeutig arrangieren würde und die Westgrenze Polens anerkennen musste. Der Artikel in der Zeitschrift »Die neue Heimat« appellierte denn auch unmissverständlich an die Einsicht der »Umsiedler«, sich mit einer Oder-Neiße-Grenze abzufinden, und führte weiter aus: »Wollen wir den Frieden, dann müssen wir auch den aus den abgetrennten Gebieten Umgesiedelten sagen, daß Hitler und der deutsche Faschismus ihre Heimat verspielt haben und daß es nun uns obliegt, allen Deutschen in der kleiner gewordenen Heimat neue Lebensmöglichkeiten zu geben. Sich an den Gedanken zu gewöhnen, daß die alte Heimat für immer verloren ist, ist schwer für die Menschen, die an altem ererbtem und erworbenem Besitz hängen und die Landschaft liebten, in der sie ihre Kindheit verbrachten. Um des Friedens willen, der uns teurer sein muß als alle sentimentalen Erinnerungen, muß es sein, denn es gibt keinen anderen Weg zu Frieden, Verständigung und Völkerversöhnung!«[13]

Fünf Monate später, im September 1949, gründete sich die Bundesrepublik Deutschland, einen Monat darauf die Deutsche Demokratische Republik. Damit war eine Nachkriegsordnung etabliert, in der Deutschland nicht nur ein Viertel seines ursprünglichen Gebietes verloren, sondern in dem seine beiden historisch wichtigsten Grenzen, die zu Frankreich und die zu Polen, nun Grenzen eines Bündnisses waren, verankert im Nordatlantikpakt beziehungsweise im Warschauer Vertrag.

Am 6. Juni 1950 vereinbarten die Provisorische Regierung der DDR und die Regierung der Volksrepublik Polen in Görlitz die Markierung der Oder-Neiße-Grenze. Einen Monat später, am 6. Juli, folgte das Abkommen über die Grenzmarkierung. Das Verhältnis zur Tschechoslowakei wurde am 23. Juni 1950 mit einer gemeinsamen Deklaration auf Regierungsebene bestimmt. In ihr war davon die Rede, dass »es keine strittigen oder offenen Fragen gibt und die Umsiedlung der Deutschen aus der CSR unabänderlich, gerecht und endgültig gelöst ist«[14]. Die Widersprüche im Verhältnis der SED zu »ihren« Umsiedlern waren damit gelöst, der endgültige Schnitt auch ohne einen Friedensvertrag war gemacht. Der erste Präsident der DDR, Wilhelm Pieck, warb um Verständnis. Am 6. Oktober 1950 hielt Pieck in seiner geteilten Heimatstadt Guben eine viel beachtete Rede: » Ich weiß, liebe Gubener Landsleute, daß euch die jetzige polnische Seite von Guben immer noch in schmerzlicher Erinnerung ist. Ihr wißt ja, daß auch ich da drüben geboren bin, da drüben meine Kindheit, meine Schuljahre und meine Lehrjahre verbrachte. Man kann von einem Menschen nicht verlangen, daß er vergessen soll, wo einst sein Heimathaus stand, wo er glückliche Jahre seines Lebens verbrachte. Nur scheint mir, daß viele unserer Landleute vergessen haben, warum sie ihre Heimat verlassen mußten: Hier ist keiner unter uns, der nicht weiß, daß das polnische Volk zweimal in diesem Jahrhundert, ich spreche schon gar nicht von der ferneren Vergangenheit, von Deutschland angegriffen wurde. Hier sind sicher auch Menschen unter uns, die wissen, wie man die polnischen Männer, Frauen und Kinder während der deutschen Besatzung behandelt hat. Denkt immer daran, daß Polen mehr als ein Viertel seiner Bevölkerung durch den Krieg verlor, das heißt, genau gesagt, durch Massenmord in Auschwitz und Lublin.« Auch auf das offene Problem eines Friedensvertrags ging Pieck in seiner Argumentation für die vertragliche Regelung des Grenzverlaufs noch einmal ein: »Nun wird behauptet, daß die Oder-Neiße nur als vorläufige Grenze bis zum Abschluß eines Friedensvertrages gelten soll. Dazu sind zwei Dinge zu sagen. Erstens: Es ist doch jedermann klar, daß man nicht Millionen Menschen aus einem Land aussiedelt, sie auf ganz Deutschland verteilt, um sie dann nach einiger Zeit wieder zurückzuholen (...) Es gibt keinen Zweifel darüber, daß Churchill, genauso wie Roosevelt in Jalta 1945 wußten, die Aussiedlung ist keine vorläufige, sondern eine endgültige. Zweitens: ... also ist völlig klar, daß das Geschrei (westdeutscher Politiker, d. Verf.), die Grenze zwischen Polen und Deutschland muß durch einen Friedensvertrag geregelt werden, pure Heuchelei ist. Sie dient ausschließlich dem Zweck, bei den sogenannten Umsiedlern die Illusion zu erwecken, sie kehrten eines Tages in die früheren Gebiete zurück. Mit dieser trügerischen, verlogenen Hoffnung bemänteln sie die gemeine Politik, die in Westdeutschland gegen die Umsiedler betrieben wird. (...) In Westdeutschland läßt man die Umsiedler verkommen. Sie fühlen sich als Entrechtete. (...) Umsiedler sind bei uns in der Regierung, sind Oberbürgermeister und Bürgermeister, sind Direktoren unserer volkseigenen Betriebe ...«[15]

Das Vertriebenen-Thema war nicht nur »Grenzfrage«, sondern auch Streitfrage darüber, welcher der beiden deutschen Staaten für sich beanspruchen könnte, der bessere »Umsiedler-Staat« zu sein. Das wollten beide. Nach dem Markierungsabkommen vom Juli 1950 legte eine gemischte deutsch-polnische Kommission in der Folgezeit den genauen Grenzverlauf fest. Am 27. Januar 1951 schlossen die Staatsoberhäupter der DDR und Polens in Frankfurt/Oder den Vertrag über die »Oder-Neiße-Friedens- und Freundschaftsgrenze«. Mit diesem Grenzvertrag entstand darüber hinaus ein deutsch-deutscher Streitfall mit weitreichenden Konsequenzen. Wer war der »Nachfolgestaat« des besiegten Dritten Reiches von 1945? Für die DDR und Volkspolen war dieses Reich untergegangen; für die Bundesrepublik bestand dieses Reich de jure weiter fort. Die alte Bundesrepublik sah sich als legitimer Folgestaat und als solcher erkannte die

Bundesrepublik die Verträge des ostdeutschen »Nicht-Nachfolge-Staates« auch nicht an. Das Prinzip hieß »Alleinvertretungsanspruch« und sollte die Außenpolitik der beiden deutschen Staaten wie auch der alliierten Siegerstaaten für die nächsten zwanzig Jahre bestimmen.

In der DDR wurde zunehmend jede Erinnerung an die alte Heimat totgeschwiegen und die Nichtrespektierung der »Friedens- und Freundschaftsgrenze« mehr oder weniger kriminalisiert. Ein »bekennender« Vertriebener war zwangsläufig ein Gegner der DDR, ein »Revanchist«, ein »ewig Gestriger« oder ein von Bonn bezahlter Agent. Und doch gab es gute zweieinhalb Jahre nach der Unterzeichnung der Görlitzer Vertäge noch einmal eine Situation in der DDR, die viele »Umsiedler« wieder hoffen ließ – die Aufstände um den 17. Juni 1953.

Heinz H. hatte sich mit dem Schicksal, die Heimat verloren zu haben, bereits abgefunden und begonnen, für seine Familie in Turnow in der Niederlausitz ein Haus zu bauen: »Aber nebenbei lief immer noch die Parole: ›Mensch, was baut ihr, wir kommen doch wieder nach Hause. Ulbricht bleibt nicht mehr lange am Ruder, dann wird sich alles ändern.‹ In der kriti-

Wilhelm Pieck spricht. Der erste Präsident der DDR, im seit 1945 polnischen Teil Gubens geboren, war selbst »Umsiedler«.

schen Zeit vor und um den 17. Juni 1953 herum verstärkte sich diese Stimmung. Jeder hatte plötzlich irgendwie gedacht, dass die Regierung gestürzt wird. Dann haben wir auch überlegt, bauen wir weiter oder nicht? Weil das Haus schon zur Hälfte stand, haben wir weitergebaut, das war dann doch die richtige Entscheidung.«[16] In den dramatischen Tagen des Juni 1953 sollen sich auch Menschen auf der Frankfurter Oderbrücke versammelt haben, um auf die polnische Seite hinüberzumarschieren. In Stalinstadt, dem späteren Eisenhüttenstadt, das ein Zentrum des Aufstandes im Land Brandenburg war, wurde die Forderung nach dem Fall der Oder-Neiße-Grenze laut.[17]

Aber die Grenze war gezogen und sie hatte Bestand. Auch in der Bundesrepublik wurde sie spätestens seit dem Regierungswechsel unter dem ersten sozialdemokratischen Bundeskanzler Willy Brandt nicht mehr in Frage gestellt. Das Bild ist berühmt geworden: Willy Brand kniet am 7. Dezember 1970 vor dem Ehrenmal des Warschauer Gettos nieder. An diesem Tag wurde zwischen der Bundesrepublik und Polen ein Vertrag über die Grundlagen der Normalisierung ihrer gegenseitigen Beziehungen geschlossen, der so genannte »Warschauer Vertrag«. In ihm wurde übereinstimmend festgestellt, dass die bestehende Grenzlinie die bereits existierende westliche Staatsgrenze der Volksrepublik Polen ist. Grundlage hierfür waren die Beschlüsse von Potsdam vom 2. August 1945, was bedeutete, dass somit nicht die Staatsgrenze der DDR anerkannt werden musste.[18] Am 7. Juli 1975 entschied das Bundesverfassungsgericht, dass die Gebiete östlich von Oder und Neiße mit dem Inkrafttreten der Verträge von Moskau und Warschau »nicht aus der rechtlichen Zuständigkeit zu Deutschland entlassen wurden.«[19] Praktisch aber hatte diese Entscheidung allerdings keinerlei Bedeutung. Nach der deutsch-deutschen Wiedervereinigung bestätigten schließlich die Bundesrepublik und Polen am 14. November 1990 in einem Vertrag die zwischen beiden Staaten bestehende Grenze endgültig; konkret legitimierte man damit alle Grenzregelungen von

1950, 1970 und 1989 (Gewässerregelungen DDR-Polen). Die Vertragsparteien erklärten, »daß die zwischen ihnen bestehende Grenze jetzt und in Zukunft unverletzlich ist und verpflichten sich gegenseitig zur uneingeschränkten Achtung ihrer Souveränität und territorialen Integrität.«

Fährt man mit dem Schiff auf der Oder vorbei an der Stadt Fürstenberg in Richtung Neißemündung, sieht man auf der polnischen Seite die Ruine der alten Fürstenberger Oderbrücke, die nach 48 Jahren Bauzeit[20] am 12. September 1919 eröffnet worden ist: große steinerne Brückenbögen, die ein beachtliches Stück in die Oder hineinstehen. Die Brücke wurde von der deutschen Wehrmacht 1945 gesprengt, die Reste auf deutscher Seite zu DDR-Zeiten abgetragen. Viele Fürstenberger hoffen auf einen Neuaufbau der zerstörten Brücke, die Deutschland und Polen, aber auch Brandenburg und die einstige Neumark an dieser Stelle wieder verbinden würde.

Die Republik braucht Stahl

»Seht, liebe Freund, heute ist es so, daß wir mit der polnischen Volksrepublik unsere Produkte austauschen. Die Oder-Neiße ist die Staatsgrenze, aber gleichzeitig wird die Oder der Verbindungsweg zwischen der oberschlesischen Kohle, den sowjetischen Erzen und unserem Hüttenkombinat Ost sein.«[32]

Sätze Wilhelm Piecks bei seiner Ansprache an die Bevölkerung Gubens am 6. Oktober 1950. Sie sollten den »Umsiedlern« helfen, sich in das »Unabwendbare« der neuen deutsch-polnischen Grenze zu fügen, und ihnen dennoch Hoffnung für die Zukunft geben. Hoffnung darauf, dass der immer wieder versprochenen Verbesserung ihrer materiellen Situation mit der Erfüllung des ersten Fünfjahrplanes nun Taten folgen würde. Im Rahmen dieser hoch gesteckten Ziele wurde vor allem ein Projekt immer wieder ins Feld geführt: der Aufbau des Eisenhüttenkombinats Ost, kurz EKO genannt, das in unmittelbarer Nähe von Fürstenberg an der Oder, zwischen Guben und Frankfurt, entstehen sollte. »Im Laufe des Fünfjahrplanes werden wir rund eine Million Menschen neu in die Betriebe bringen. Es werden neue große Betriebe entstehen. Ich erinnere nur an das geplante Hüttenkombinat Ost hier in unmittelbarer Umgebung der Stadt Guben. Ich bin überzeugt, daß mit diesem Kombinat zwei eurer drückendsten Sorgen verschwinden. Das eine ist die Frage der Unterbringung aller vorhandenen Arbeitskräfte, und das andere ist die leidliche Wohnungsfrage. Im Hüttenkombinat Ost werden Arbeiter und Arbeiterinnen fast aller Berufe gebraucht. Gleichzeitig bauen wir dort 1 500 Wohnungen. (...) Stahl, das sind Maschinen, das ist landwirtschaftliches Gerät, das ist Brot.«[33]

Die Mark Brandenburg war kein Land von Stahl und Kohle, eher von Kartoffeln und Zuckerrüben. Die nur schwach entwickelte Schwerindustrie in Brandenburg war durch den Krieg zu großen Teilen zerstört worden, nach 1945 büßte das Land durch die rigorosen Demontagen zum Beispiel des Stahlwerks in der Stadt Brandenburg

und des Lokomotivbaus in Hennigsdorf weiter Kapazitäten ein. Insgesamt 470 Objekte in Brandenburg wurden zwischen Mai 1945 und April 1946 demontiert. Der industrielle Neubeginn war schwierig. Facharbeiter gab es nur wenige, Betriebsinhaber waren oft in die westlichen Besatzungszonen gegangen. Brandenburg besaß keine eigenen Rohstoffe und konnte nicht mit Zulieferungen rechnen. Bald aber hatte die Besatzungsmacht nicht nur Interesse an Demontagen, sondern auch an der Wiederinbetriebnahme der Produktion, um Reparationsleistungen aus der laufenden Produktion zu erhalten, und gewährte deshalb Unterstützung beim Aufbau von Betrieben. Enteignung und Verstaatlichung der Schwerindustrie wurden von der SED konsequent verfolgt. In Hennigsdorf entstand 1949 das Volkseigene Stahl und Walzwerk «Wilhelm Florin«, es war das erste Großprojekt Brandenburgs beim Aufbau einer Schwerindustrie nach sozialistischen Grundsätzen. Das ehemalige Panzerwerk in Kirchmöser wurde 1949 zum VEB Walzwerk «Willy Becker«. Ein Traktorenwerk in der Stadt Brandenburg stellte die in der Landwirtschaft dringend benötigten Zugmaschinen her. Doch das Kernstück der Industrialisierung der neuen Republik war das Eisenhüttenkombinat Ost, das auf Beschluss des III. Parteitages der SED im Rahmen des 1. Fünfjahrplanes 1950-1955 entstehen sollte.[34] Aufbauwille und Zukunftshoffnung bündelten sich in diesem neuen Werk; es wurde gemalt, bedichtet und besungen.

Das Eisenhüttenkombinat Ost, Herzstück der Industrialisierung Brandenburgs.

Die Oder als Wasserquelle und Zufahrtsweg für polnische Kohle, Kalkstein aus Rüdersdorf und Eisenerz aus der Sowjetunion und nicht zuletzt das unerschöpfliche Potenzial an zukünftigen Arbeitskräften gaben den Ausschlag für die Wahl des Standorts Fürstenberg. Unter diesen Arbeitskräften befanden sich überdurchschnittlich viele Vertriebene, die hier, nahe der Oder, oftmals ihre erste Zuflucht gefunden hatten, weil sie sich der alten Heimat so am nächsten fühlten. Die Standortwahl war zudem politisch motiviert, das neue Werk sollte als Symbol des Friedens und der Freundschaft zu Volkspolen unmittelbar an der neuen Staatsgrenze entstehen. Am 18. August 1950 schlug der Minister für Schwerindustrie, Fritz Selbmann, die erste Kiefer im Wald bei Fürstenberg, das Startsignal für die Bauarbeiten. Presse und DEFA-Wochenschau berichteten euphorisch und stellten auch in der Zukunft das EKO ins Zentrum ihrer Erfolgsmeldungen. Alle Ressourcen sollten nun in das ehrgeizige Industrieprojekt fließen, nicht zuletzt aus Prestigegründen gegenüber dem anderen deutschen Staat. So wurde die Region Fürstenberg/ Oder 1951 per Regierungsbeschluss des Landes Brandenburg zum Schwerpunktgebiet erklärt. Das hieß konkret schnellere und bessere Lösungen unter anderem für die »Bereitstellung von Arbeitskräften, die Organisation des Berufsverkehrs, die Bereitstellung von Wohnraum, die Versorgung der Bevölkerung und deren soziale, kulturelle und gesundheitliche Betreuung«[35].

Waren beim ersten Spatenstich im August 1950 nur 200 Arbeitskräfte eingestellt, arbeiteten im Juni 1951 schon 8 200 und 1952 bereits 13 000 Menschen am Aufbau des Hüttenwerkes und des neuen, zunächst Stalinstadt genannten Ortes.[36] »In den ersten Aufbaujahren bestand die Belegschaft der Bau-Union Fürstenberg, ihrer Sub-Betriebe sowie des EKO zur Hälfte aus jungen Menschen. Im Spätsommer und Herbst 1950 kamen die meisten von ihnen aus den Dörfern der Kreise Frankfurt, Guben und Beeskow, aus beengten und ›besonders für jene Umsiedlerfamilien, die bei der Bodenreform ohne Land ausgegangen sind, oft noch unzulänglichen Ar-

beits- und Lebensbedingungen‹«[37] Über 30 Prozent der Arbeitskräfte waren »Umsiedler«.

Herr N., der in Göritz, jenseits der Oder, aufgewachsen und 1945 nach Gusow ins Oderbruch geflüchtet war, schildert die Aufbaujahre: «Im Helmut-Just-Lager standen ganz normale Baracken, so etwa 12 mal 60 Meter. In der Mitte war ein Gang, eine Küche gab es, Herren- und Damentoiletten und eben Zimmer für drei bis vier Personen. Jeder hatte sein Bett, seinen Schrank, ein Tisch war da, für jeden ein Stuhl. Abends saß man um den Tisch, spielte Skat und machte einen Kasten Bier leer. (...) Hier gab es eine Menge Arbeit, und im Verhältnis zu anderen Gegenden wurde man auch gut bezahlt.«[38] Für Herrn L. aus Schlesien zählten folgende Gründe, im EKO anzufangen: »Ich bin Schlesier, Niederschlesier, in Sagan geboren. Die Umgebung dort ist fast genauso wie hier. Kiefern, Beeren, Pilze – das gab es dort auch. Als ich das erste Mal in Stalinstadt war, nur einmal zum Umsehen, da habe ich gedacht, die Gegend sagt mir zu. Und dann kam die Wohnung, das war ausschlaggebend. Erst einmal die Umgebung und dann die Wohnung. Die Arbeit hat sowieso gestimmt.«[39]

Ende 1951 fand der erste Abstich im EKO statt. Die Zahl der im Werk Beschäftigten steigerte sich innerhalb von zwei Jahren von 1 400 bis auf über 7 000.[40] Parallel zum Werk entstand die »erste sozialistische Stadt« Deutschlands praktisch auf der grünen Wiese oder, besser gesagt, im märkischen Kiefernwald. Am 7. Mai 1953 erhielt sie offiziell den Namen des zwei Monate zuvor verstorbenen »großen Baumeisters des Sozialismus«, Josef Stalin. Sieben Jahre später, 1960, wurde sie in Eisenhüttenstadt umbenannt. Bis zur Wende lebten hier über 50 000 Einwohner. Heute noch findet man Wohnblöcke, in denen mehr als die Hälfte der Mieter ehemalige »Umsiedler« sind.

Der entstehende Arbeitsmarkt in der Industrie, im EKO, in den Tagebauen der Niederlausitz, den Kraftwerken und der Petrolchemie, brachte relativ gut bezahlte Arbeitsplätze, Aufstiegschancen und damit auch eine forcierte In-

tegration der »Umsiedler«. Das Qualifizierungs-
und Bildungssystem bot vielen gute berufliche
Möglichkeiten. Das Trauma von Flucht und Vertreibung hatte bei vielen Heimatlosen Apathie
und Hoffnungslosigkeit hinterlassen. Eine Wohnung, einen Fernseher, ein Auto, ein Wochen-
endgrundstück oder ein eigenes Haus erwerben
zu können, war ein Ansporn. Bescheidener ma-
terieller Wohlstand wurde für viele ein langfris-
tiges, aber erreichbares Ziel. Gleichzeitig zog das
westdeutsche »Wirtschaftswunder« Arbeitskräfte aus der DDR an, und auch viele »Umsiedler«
glaubten, dort bessere Verdienst- und Lebens-
chancen zu finden. Wer allerdings Arbeit in
einem der neuen Volkseigenen Betriebe hatte,
überlegte es sich zweimal, in den Westen zu
gehen. So kam der Industrialisierung, die auf
dem Brandenburger Gebiet mehr als in anderen
Regionen der DDR gefördert und durchgesetzt
wurde, auch aus politischer Sicht eine wichtige
Aufgabe zu. Ingeborg U. war eine von Tausenden, die im EKO in Eisenhüttenstadt blieb:
»Also, den Gedanken, nach Westdeutschland zu
gehen, hatte ich eigentlich nicht, na ja, später
waren dann auch die Grenzen dicht. Aber wenn
man erst einmal ein kleines bisschen wieder festen Fuß gefasst hat, dann will man nicht wieder
alles verlassen, noch einmal in die Fremde ziehen. Na und ich hatte dann natürlich meine Arbeit im Stahlwerk, hatte meine Kollegen, hatte
Geld. Es gab zwar am Anfang alles nur auf Be-
zugsschein, man musste da auch Punkte sammeln, aber das erste Stück selbst gekaufte Bett-
wäsche, wie froh ich darüber war, das glaubt
man heute gar nicht mehr. Ja, und so hat man
sich irgendwie hier jetzt einfach zu Hause gefühlt.«[41]

Auch Horst B. fand mit der Arbeitsstelle seine
zweite Heimat in Brandenburg. Über vierzig
Jahre war er im Tagebau in der Niederlausitz
tätig: »Dann hieß es, dass in der Braunkohle die
Mitarbeiter ihre Wohnung bekommen, in kürzester Frist, und auch besser verdienen. Der
Magnet für alle war das Kombinat ›Schwarze
Pumpe‹ im Raum Spremberg. Ich habe mich dort
auch gemeldet, die Umschulung verlief ganz un-

kompliziert, ich bin ein Jahr in die Berufsschule
gegangen, dann war ich Maschinist, kam nach
Welzow in Brandenburg. Hier in der Niederlausitz haben natürlich viele Vertriebene aus Oberschlesien eine Arbeit angenommen, die kamen
ja alle aus dem Bergbau, aber auch viele aus Ostpreußen haben einen Neuanfang in der Kohle
gesucht. Ich dachte schon damals daran, dass
Bergleute eine bessere Rente bekommen, ich
glaube, so dachten fast alle. Wir haben viel und
hart gearbeitet, im Winter, bei jeder Temperatur,
aber die Menschen brauchten Kohle und Strom.
So haben wir uns heute unsere Bergwerkrente
ehrlich verdient. Stolz? Ein bisschen sind wir
Alten das heute schon, und wir wollten auch zeigen, dass wir Ostpreußen ganz rege sind.«[42]

Die Vertriebenen, die in der DDR ein neues
Zuhause gefunden hatten, versuchten sich, so
gut es ging, in ihr einzurichten. Trotzdem, und
das zeigte sich erst nach der Wende 1989, litten
viele von ihnen darunter, nicht oder nur wenig
über ihr Schicksal als Flüchtlinge oder Vertriebene sprechen zu dürfen.

*Arbeiter des Eisenhütten-
kombinats. Über 30 Pro-
zent der hier Anfang der
fünfziger Jahre Beschäf-
tigten waren »Umsied-
ler«.*

Vertriebene durften sie sich nicht nennen

»Gruß aus Tilsit«, Ost-
preußen – heute
Sowetsk in Russland.

Für viele Vertriebene blieb trotz eines mit den Jahren wiedererworbenen, wenn auch bescheidenen Wohlstands das Gefühl, die Schuld an Krieg und Verbrechen der Deutschen doppelt getragen zu haben. Erschwerend kam hinzu, über das Erlebte nicht offen sprechen zu dürfen, seine Wurzeln zunehmend verleugnen zu müssen. Gleichwohl wird heute vielerorts davon berichtet, dass es in den ersten zwei Nachkriegsjahren nicht unüblich war, sich in größeren Gruppen zu »Heimattreffen« zusammenfinden, oft in bescheidener »gemütlicher« Runde in Dorfgaststätten. Man tauschte sich aus über Probleme, sprach über Hilfe fürs tägliche Überleben, sang alte Heimatlieder. Diese Initiativen wurden von der deutschen und sowjetischen Ordnungsmacht von Anfang an kritisch beobachtet und bald schon unterbunden. So wurde am 11. November 1948 durch einen Beschluss des ZK der SED verfügt: »Die Ansätze zur Bildung besonderer Umsiedlerorganisationen, ihre Zusammenfassung zu Heimatgruppen, wie sie vor

allem von kirchlichen Organisationen gefördert wird, und der aus den Westzonen herüberdringenden chauvinistischen und kriegshetzerischen Agitation sind zu liquidieren.«[43] Parallel dazu wurden Kampagnen initiiert, um den »Umsiedlern« das Gefühl zu vermitteln, in Brandenburg zu Hause zu sein. In der Zeitschrift »Die neue Heimat« liest man in Heft 8 folgendes Gedicht mit dem Titel «Wunsch eines Umsiedlers»:
»Nun endlich mal Schluß mit der Umsiedelei
Drei volle Jahre schon sind wir dabei
Haben nach trüben und bitteren Stunden
Längst eine neue Heimat gefunden.«[44]

Erinnerungen an die alte Heimat dagegen waren den Behörden suspekt. So schrieb die »Märkische Volksstimme« in ihrer Ausgabe vom 12. April 1949: »»Die Heimat verloren, dazu Hab' und Gut, und nun noch Gott befohlen, er hält sie in sicherer Hut.‹« Finden Sie, daß sich das reimt? Wir auch nicht. Das dichtet nicht einmal. Es ist dies ein Beitrag zu unserer kulturellen Erneuerung von Frau H. aus Senftenberg, die diesen lyrischen Erguß eines verkannten Genies als ›Sinnspruch‹ in ihrem Schaufenster zu stehen hat und, man höre und staune, für nur 4,20 DM zum Kauf anbietet. So viel Geschmacklosigkeit auf einen Haufen ist allerdings etwas stark, und man fragt sich mit Recht, was dieser Tränendrüsenquetscher für einen Zweck haben soll.«[45]

1948 hatte die Zentralverwaltung für Umsiedlerfragen ihre Arbeit beenden müssen. Das Land Brandenburg wetteiferte darum, »den Begriff Umsiedler zu streichen«[46]. Zwei Jahre später, 1950, verbot das Innenministerium der DDR die öffentliche Bezugnahme auf die alte Heimat, indem die deutschen Bezeichnungen der Herkunftsorte nicht mehr verwendet werden durften. Das Erlaubniswesen der Volkspolizei formulierte in einem Rundschreiben vom 13. Januar 1950: »Die Verfassung der DDR proklamiert Gleichberechtigung aller Bürger, so daß nicht davon gesprochen werden kann, daß aus den ehemaligen deutschen Ostgebieten umgesiedelte Personen eine besondere Gruppe innerhalb des deutschen Volkes sind. Die umgesiedelten Personen sind durch die sozialen Einrichtungen

Gruss aus Tilsit 24.IX.01.

Breslau. Blick in die Schweidnitzerstrasse.

sowie die Landaufteilung durch die Bodenreform innerhalb der DDR alle Möglichkeiten gegeben, sich eine neue Existenz aufzubauen.«[47]

Doch das »Umsiedlerproblem« war nicht gelöst. Wenn politisch nötig, wurden die Vertriebenen doch als eine besondere Gruppe behandelt. So die SED in einem «Offenen Brief» zu Beginn der fünfziger Jahre: «Aber auch darum wenden wir uns an Sie, liebe Umsiedlerin und lieber Umsiedler, damit Sie von ihrem Recht der demokratischen Kritik ohne Scheu Gebrauch machen, daß Sie sich bewußt sind, vollberechtigte Mitglieder zu sein, daß Sie sich als solche fühlen und handeln. (...) Denn die Deutsche Demokratische Republik wird das sein, was Sie, liebe Umsiedlerin und lieber Umsiedler, aus ihr machen. (...) So gut wie wir alle wissen auch Sie, liebe Umsiedlerin und lieber Umsiedler, daß es Menschen gibt, die Krieg wollen, weil nur im Krieg ihre Geschäfte blühen: die Atombombenfabrikanten, die Kanonenkönige, die Flugzeughersteller. (...) Wir aber wollen den Frieden. Und daß der Friede erhalten bleibt, das, liebe Umsiedlerin und lieber Umsiedler, hängt in hohem Maße von Ihnen ab. Ja, unsere Regierung kann angesichts dessen, was sie getan hat, Ihnen, liebe Umsiedlerin und lieber Umsiedler, offenen Auges ins Gesicht sehen ...«[48]

4,3 Millionen Flüchtlinge lebten Ende der vierziger Jahre in der DDR. Der Begriff »Flüchtling« gehörte kurz nach Kriegsende noch zum alltäglichen Sprachgebrauch. Als die Flüchtlinge nach der Potsdamer Konferenz nicht wieder in

ihre alten Heimatorte zurückkehren durften, waren sie praktisch auch Vertriebene. Der Begriff der »Vertriebenen« allerdings war von Anfang an ein Tabuwort, hatte er doch den Beigeschmack einer gewalttätigen Handlung, die in diesem Fall auf Geheiß der Siegermächte, insbesondere und auch unter Druck der eigenen Besatzungsmacht Sowjetunion, durchgeführt wurde. An den »humanen« Zielen der Umsiedlungen aber durften unter keinen Umständen Zweifel gehegt werden.

»Vertriebene durften wir uns nicht nennen und Flüchtlinge gab es auch nicht. Das wollten die nicht. Die wollten, dass man auf ordnungsgemäßem Weg aus der alten Heimat zum neuen Standort umgesiedelt wurde. Die Tatsachen wurden einfach verdreht«, so Horst B.[49] Er selbst hatte noch Jahre nach seiner Flucht aus Ostpreußen größte Probleme, den Behörden klarzumachen, unter welchen Bedingungen er, seine Mutter und seine Geschwister 1944 die Heimat verlassen hatten, dass er ein »Flüchtling« war: »Ich wollte heiraten, das war zu DDR-Zeiten, da bin ich dann zum Standesamt und da wurden die Geburtsurkunden verlangt. Für meine Frau war das kein Problem, sie wurde ja hier in Brandenburg geboren, aber meine Papiere waren alle auf der Flucht verloren gegangen. ›Ohne Urkun-

Danzig, Lange Brücke m. Grünemarkt, Rathaus u. Marienkirche.

Danzig um die Jahrhundertwende: Lange Brücke, Rathaus und Marienkirche.

de können Sie nicht heiraten, so ist ja amtlich gar nicht nachgewiesen, wer Sie sind.‹ Da habe ich versucht, dem Amt klarzumachen, dass wir keine Zeit mehr hatten auf der Flucht, da ging es um Leben und Tod, und ich wäre ja nicht der Einzige, dem es so ergangen ist, das wären ja Millionen. Da schaute man mich nur ungläubig an und sagte dann: ›Da müssen Sie an den sowjetischen Botschafter schreiben, dass Sie von dort eine Geburtsurkunde bekommen‹. Ich habe wirklich alles aufgeschrieben und an die Botschaft geschickt, auf die Antwort warte ich heute noch.«[50]

Walter Ulbricht resümierte 1958, die Regierung der Deutschen Demokratischen Republik sei daran interessiert, »daß die Umsiedler in Deutschland ihre Heimat finden, der friedlichen Arbeit nachgehen, als vollberechtigte Bürger behandelt werden und daß die Kinder der Umsiedler tüchtig lernen, um an unserem großen Aufbauwerk mithelfen zu können.«[51] Was aber lernten die Kinder der »Umsiedler« über das Schicksal ihrer Eltern, über Flucht und Vertreibung, über das Potsdamer Abkommen? »Die Bestimmungen der Potsdamer Beschlüsse waren für das deutsche Volk hart und schwer.« Mit diesem allgemeinen Satz wurde das Schicksal der Vertriebenen im Geschichtslehrbuch für die

Jahre 1957 immerhin nicht völlig unterschlagen.[52] Im August 1945, als die Vertreibung noch nicht Geschichte, sondern unmittelbare Gegenwart war, ordnete die SMAD bei der Wiederaufnahme des Schulbetriebs an: »Die Stunden für den Geschichtsunterricht sind in den Stundentafeln einzusetzen. Diese Stunden sind aber solange für andere Unterrichtszwecke zu verwenden, bis die Voraussetzungen für einen einwandfreien Geschichtsunterricht geschaffen sind.«[53] Kein anderes Unterrichtsfach war von einer derartigen Maßnahme betroffen. Diesem Fach galt besondere Aufsicht und der »einwandfreie« Geschichtsunterricht blieb das Ziel. Viel Sorgfalt wurde darauf verwandt, ihn von »Einwänden« frei zu halten. Zunächst waren es Übersetzungen sowjetische Lehrbücher, die die nicht vorhandenen deutschen Lehrbücher ersetzten. 1986 hieß es über die Beschlüsse des Potsdamer Abkommens nur noch kommentarlos: »Die Gebiete östlich der Oder und Neiße werden Polen zugesprochen. Die in Polen, der CSR, Ungarn und der Sowjetunion verbliebenen Deutschen werden umgesiedelt.«[54]

Viele Eltern und Großeltern sprachen nicht über ihr Schicksal, um zu vermeiden, dass Kinder und Enkel in der Schule Probleme bekamen oder Fragen stellten, und mehrere Generationen Jugendlicher wuchsen ohne näheres Wissen über die Herkunft der eigenen Familie auf. So wichtig es war, die Verbrechen des Nationalsozialismus aufzuzeigen, und so verständlich es war, dass sich die DDR in die Traditionen des deutschen Antifaschismus stellte, so wenig konnten die Vertriebenen in dem offiziellen Geschichtsbild eine geistige Heimat finden, widersprach es doch ihren eigenen Erfahrungen, die Sowjetunion und die Rote Armee ausschließlich als «Befreier« zu betrachten. Verleugnung und Verdrängung waren die Folge. Die strafrechtliche Relevanz von Heimweh, das als »Revanchismus« gedeutet wurde, ließ viele verstummen.

Was ist Heimat?

Was ist Heimat? Ernst Bloch nennt so jenen Ort, »der allen in der Kindheit scheint, und worin noch niemand war.« Heimat assoziiert das Heimweh nach dem verlorenen Paradies. Die meisten Menschen verbinden mit dem Begriff den Geburtsort, das Elternhaus und die Kindheit, den Ort, an dem man selbstverständlich zu Hause ist. Alles andere ist das Neue, die Fremde. Jedes neue Zuhause muss sich der Mensch erarbeiten. In der Heimat ist man oder man hat den Wunsch, dorthin zurückzukehren. Heimat ist ein Ort und ein Gefühl. Das äußere Bild des Ortes lässt sich beschreiben, das Gefühl ist unbeschreibbar.

»Ihr hofft auf Heimkehr – aber diese Hoffnung ist immer wieder zu Schanden geworden ... Dazu kommt die Mühsal des alltäglichen Lebens, der Kampf um die Existenz und das Unverständnis, das eurer traurigen Lage hier und dort entgegengebracht wird ... Ihr habt in dunklen Stunden das Gefühl, von Gott und Menschen verlassen zu sein ... Darum bitten wir euch, nicht zu verzweifeln, sondern im neuen euch zugewiesenen Lande Fuß zu fassen als Menschen, denen die Not einen besonderen Ruf, das Leben im Glauben zu meistern, erteilt hat...«[56] Diese Worte richtete die pommersche evangelische Kirche Anfang Oktober 1946 auf ihrer Provinzialsynode an die Heimatlosen. Auch die Brandenburger Kirche wurde für viele Vertriebene ein Ort des Trostes, obwohl jede konkrete kirchliche Aktivität für Vertriebene bald schon vom Staat kritisch beäugt wurde.

Ein ganz besonderes Symbol für das Miteinander der alten und der neuen Brandenburger ist in der barocken Stiftskirche in Neuzelle zu finden. Hier, wo sich schon kurz nach Kriegsende insbesondere die schlesischen Flüchtlinge und Vertriebenen, die katholischen Glaubens waren, wieder zum Beten und Hoffen zusammenfanden, regte der damalige Jugendpfarrer Theißing die jungen Einheimischen und Vertriebenen an, einen Mantel für die Mutter Maria, die die

Stargard in Pommern.

▽

Hirschberg in Schlesien.

Schutzheilige aller Flüchtlinge ist, zu sticken. Auf diesen sollten alle Diözesen, die alten und die durch die Vertriebenen neu gegründeten, aufgestickt werden. Der Mantel wurde 1949 fertig, jahrzehntelang wurde das Marienstandbild damit umhangen, heute wird er aus konservatorischen Gründen nur noch zu besonderen Anlässen gezeigt. Die Stiftskirche in Neuzelle war für viele Vertriebene der Ort, an dem alte und neue Heimat eins waren, und für einige ist das bis heute so geblieben.

Für viele Vertriebene in der DDR waren ihre Heimatorte jahrelang unerreichbar und wurden damit umso mehr zum fernen Paradies. Der Verlust von Heimat ist mehr als der Verlust von ma-

teriellem Besitz. In vielen Dialekten gibt es das Sprichwort »Daheim ist daheim«. Kürzer und prägnanter lässt sich kaum ausdrücken, dass Heimat unersetzbar ist. Als es in den sechziger Jahren möglich wurde, nach Schlesien, Pommern und in die Neumark zu fahren, machten viele DDR-Bürger von dieser Möglichkeit Gebrauch. Nicht alle Besucher fanden wieder, wovon sie geträumt hatten: »Als ich das erste Mal wieder mein ehemaliges Zuhause sah, war ich von meinen Gefühlen hin- und hergerissen. Alles war heruntergewirtschaftet. Aus der Scheune waren Balken rausgesägt und verbrannt. Backofen und Brunnen verfallen. Es war nichts mehr beisammmen, die Obstbäume nicht gepflegt. Ich bin zusammengebrochen. Hab mich hingesetzt und geheult. Ich habe auch die Sprache verloren, konnte zwei Tage nicht sprechen.«[55] Für andere begannen mit dieser Rückkehr Freundschaften, die bis heute halten:

»Wir wurden gleich in unser altes Haus gebeten, es gab etwas zu essen und Schnaps, man war sehr freundlich zu uns und hat gesagt, wir könnten immer wieder kommen, wann wir wollten. Beim nächsten Mal haben wir dann Sachen mitgebracht, auch Kaffee, so entwickelte sich über die Jahre aus einem freundlichen ein freundschaftliches Verhältnis. Natürlich ist das immer ein seltsames Gefühl, im eigenen Elternhaus nur Gast zu sein, aber diese Leute kamen auch nur durch die Zeitumstände hierher in die Neumark, so wie wir durch den Krieg und seine Folgen eben alles verloren haben. Es freut uns natürlich,

dass sie seit Jahrzenten versuchen, das Gehöft nicht verkommen lassen.«[56] Viele Vertriebene verbringen heute sogar regelmässig ihren Urlaub in der alten Heimat. An eine wirkliche Rückkehr aber denkt fast keiner.

Auch die zweite Heimat ist ein Ort und ein Gefühl. Für Volkhard K. ist dieser Ort immer noch die Kleinstadt Zehdenick in der Uckermark: »Die Zeit in der FDJ, damals an der Oberschule in Zehdenick, die hat mir doch Spaß gemacht, also die Arbeitseinsätze, die gemeinsamen Kulturabende, Tanzen oder zusammen irgendwo hinfahren. Und das ging nicht nur mir so, dieses ganze Ideologische war da noch nicht so stark ausgeprägt wie später in den sechziger und siebziger Jahren. Die ersten Erlebnisse mit Mädels, das Abitur, nebenbei mit den anderen Kumpels Geld verdienen in den Ziegel-

Thorn

△
Postkarte aus Breslau,
heute Wroclaw, Polen.

▷
Thorn, heute Thorun in
Polen.

CROSSEN a. O.
Blick vom Kriegerdenkmal

werken, mit den Freunden Sport treiben, da war ich dann sehr aktiv im Boxen, das passierte alles in Zehdenick. Das war eine schöne Zeit, so dass ich heute das Gefühl habe, dass dieser Brandenburger Ort, diese fünf Jahre, die ich dort gelebt habe, dass die immer noch so etwas wie Heimat für mich sind. An meine Geburtsstadt Sorau in der Neumark habe ich noch Erinnerungen ... ja, natürlich ist das auch mein Heimatort, aber die kurze Zeit in Zehdenick, die hat mich wirklich geprägt, dort hatte ich meine bleibenden Erlebnisse, dort habe ich meine Freunde kennengelernt. Deshalb habe ich auch dieses Heimatgefühl zu diesem kleinen Städtchen an der Havel.«[57]

Für Horst B. ist es die märkische Landschaft, die ein Gefühl von Vertrautheit in ihm wachruft: »Die Mark Brandenburg ist nach der Flucht aus Ostpreußen meine zweite Heimat geworden. Das Besondere hier für mich waren und sind die märkischen Seen. Das ist Masuren mitten in Brandenburg, das ist Heimat. Solange ich

verheiratet bin, habe ich mit meiner Familie grundsätzlich immer nur Urlaub an Seen gemacht. Am Anfang im Dreieck-Zelt, das noch von der Wehrmacht stammte, später dann im Hauszelt, dann in einem Bauwagen und Mitte der achtziger Jahre haben wir uns ein kleines Grundstück mit Bungalow in der Nähe von Teupitz, natürlich an einem See, gekauft. Ich habe noch immer diesen besonderen Geruch unserer masurischen Seen in mir. Die in Brandenburg riechen anders, aber das Gefühl in mir, das ist irgendwie ganz ähnlich.«[58]

Für den Verlust der Heimat kann man nicht entschädigt werden. Eine neue Heimat zu finden braucht Zeit.

»Oder, mein Fluss ...
Meine Jahre wachsen als Gras,
aus Augenblicken baute man Häuser.
Hier wohnen nun Abschiede und die Wiederkehr,
hier wurde die Zeit sesshaft ...«
(Günter Eich)

Die Oderbrücke bei Crossen, um 1912.

Vom Immenberg nach Potsdam

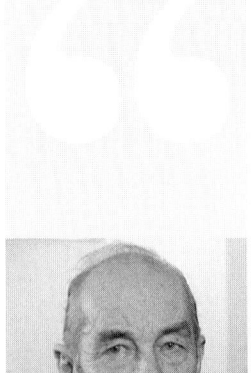

Jürgen V.

Meine alte Heimat, die ist ständig bei mir, in meinen Gedanken. Ich könnte zu Hause, auf unserer Wirtschaft, jedes Stück Feld genau umlaufen, ich wüsste genau die Grenzen, auch wenn sie heute verwischt sind. Als ich aber das erste Mal mit meiner Frau dort gewesen bin, da wollte ich zu einer ganz bestimmten Waldwiese, eine, zu der ich als Kind immer gegangen bin, zum Träumen sozusagen, doch die Waldwege waren inzwischen so zugewachsen, dass ich die Wiese nicht wiedergefunden habe. Wir verirrten uns. Es hat an dem Tag mächtig geregnet. Zum Glück trafen wir ein paar Polen, die Pilze suchten und uns den Weg zurück zeigten. Meine Frau hat dann nur gesagt: »Also, das mach ich mit dir nie wieder!« Aber sonst kann ich mich an alles genau erinnern. Brunow war ein Kleckerdorf, acht Häuser, das war der ganze Ort. Da war ein Förster, ein Pferdehändler und mein Vater, der Schmied. Wir besaßen 30 Morgen Land, die Schmiede, ein Pferd, vier Kühe, ein Zuchtschwein und ein Mastschwein, Kaninchen und Hühner. Und Bienen züchtete mein Vater, auf plattdeutsch Immen. Deshalb hieß auch unser Hof der Immenberg. Unser Haus steht noch genauso da, wie wir es 1934 gebaut haben, mit unserem alten Putz. Nur das Dach ist runter, sie haben heute ein Blechdach drauf. Bei den Polen ist das so üblich, die machen viel mit Blech.

Ich hatte als Kind Rosinen im Kopf. Ich wollte unbedingt Musiker werden, hatte eine Ziehharmonika und eine Geige. Weil unser Hof so abgelegen war, konnte ich keine Musikschule besuchen. Mein Vater tröstete mich damit, dass ich später in unserer Kreisstadt Schivelbein in der Musikkapelle spielen könnte, auch ohne alle Noten genau zu kennen.

Dann war Krieg. Die Kampfberichte und Siege faszinierten uns Kinder. Wenn der Lehrer früh in die Schule kam, hat er auf der Europakarte mit kleinen Fähnchen markiert, wie weit unsere Soldaten wieder vorgestoßen waren. Nach Stalingrad soll er damit aufgehört haben, aber da war ich schon nicht mehr in der Schule. Die Lebensmittel wurden knapper. Von einer Anstellung in der Musikkapelle war natürlich keine Rede mehr, das war ja brotlos Kunst. Vater war der Meinung, ich solle Molker werden: »Wenn du Molker wirst, hast du immer etwas zu essen.«

Zunächst kam alles anders. Drei Monate vor dem Zusammenbruch meldete ich mich mit einem Freund freiwillig zur Front. Es hieß damals, Adolf Hitler hätte eine Wunderwaffe und wir bräuchten keine Angst zu haben. Deutschland wäre noch nicht verloren, der Endsieg stünde kurz bevor. Andererseits kamen immer mehr Flüchtlingstrecks, auch von Orten ganz aus unserer Nähe. Aber wir wollten Deutschland noch retten. Das Preußentum steckt irgendwie in den Pommern drin, diese fast blauäugige Treue zum Vaterland. Ganz eigenartig. Wir wurden in die Kreisstadt bestellt, sechzig, siebzig Jungs, und dann hieß es: »Ihr geht alle geschlossen zur Waffen-SS und hier gibt es keine Widerrede.« Da wurde mir doch mulmig. Ich war nur 1,72 und wandte noch ein, dass ich viel zu klein wäre für die SS, aber das nützte nichts. Die ersten haben unterschrieben und dann ausnahmslos alle. Auch ich. Mein Vater hat zu Hause getobt. Glücklicherweise kam das Ende schneller als geahnt. Als Vorbereitung für die SS-Ausbildung kamen wir zunächst zum Arbeitsdienst. Im Mai gab man uns statt Spaten Karabiner und eine Panzerfaust und damit sollten wir nach Berlin, die Reichshauptstadt und den Führer verteidigen. Soweit ist es zum Glück nicht gekommen. Bei einem Angriff der Engländer pfiffen uns die Granaten und Querschläger nur so um die Ohren. Unsere Kommandeure waren auch erst 19 und 20 Jahre alt und hatten sich plötzlich alle verdrückt. Und wir grünen Jungs, wir Pommern-Landser, waren so dumm und glaubten trotzdem noch unser Deutschland verteidigen und uns nach Berlin durchschlagen zu müssen. Auf einmal hieß es, jetzt ist Waffenruhe, jetzt ist Schluss.

Wir wollten unbedingt wieder nach Hause, wollten wissen, ob unsere Eltern noch lebten und wie es dort aussah. Also sind wir zur russischen Kommandantur in Wismar gegangen und haben gefragt, ob wir heim können. Die hatten nichts dagegen und wir sind losmarschiert, bis nach Pommern, immer die Bahnschienen entlang, sonst hätten wir uns überhaupt nicht zurechtgefunden. Hinter Stargard versuchten wir, uns auf einen Zug zu schmuggeln, der war aber voll beladen: Klaviere, Nähmaschinen, Teppiche. Ein Beutezug, der über Pommern nach Russland fuhr. Als ich endlich zu Hause war, kamen mir meine Mutter und die Großeltern vor der Tür entgegen. »Was ist denn nur los«, dachte ich, »warum freuen die sich denn nicht? Du kommst nach Hause und die machen ein Gesicht wie sieben Tage Regenwetter.« Vor einigen Wochen waren fast alle Männer außer den Alten aus unserem Dorf verschleppt worden. Als Mutter und Großmutter mich sahen, hatten sie Angst, dass man mich auch sofort abholen würde.

Alle dachten, nun ist der Krieg zu Ende und es geht weiter wie früher, nur ohne Hitler und die Nazis. Bis August 1945 war das auch so. Dann kam ein Pole, der sagte, er wäre Herr Kowalski, das wäre von nun an seine Wirtschaft, wir müssten nicht gehen, sondern sollten für ihn arbeiten. Die Großeltern mussten ihre Wohnung verlassen und zogen in unsere gute Stube. Großvater tat mir Leid. Er war schon 81 und mußte immer Holz hacken. Großmutter half Herrn Kowalski im Haushalt und meine Mutter auf dem Hof. Ich wurde »Junge für alles« beim polnischen Bürgermeister. Es war eine wilde Zeit. Wir Deutschen waren da, die Russen, die Polen, und die ehemaligen Fremdarbeiter zogen umher. Einer hat den anderen beklaut. Polen und Russen verstanden sich nicht besonders. Die Russen versuchten, so viele Gegenstände von Wert wie möglich mit nach Rußland zu nehmen, und die Polen wollten das natürlich verhindern. Es war eine eigenartige Zwischenzeit. Wir wollten nicht richtig glauben, dass das nun unser Leben wäre, für Herrn Kowalski zu arbeiten.

Die Polen, die in Pommern siedelten und die deutschen Höfe übernahmen, waren auch Vertriebene. In Pommern selbst hatten keine Polen gelebt, Pommern war seit Jahrhunderten deutsch. Sie kamen aus den Gebieten, die russisch wurden. Die Menschen, die auf unseren Höfen lebten, waren nicht freiwillig dort, das gaben uns manche auch zu verstehen. Wir hatten dasselbe Schicksal, dadurch dass wir die Heimat aufgeben mussten. Nur dass die Polen intakte Höfe geschenkt bekamen. Geschenkt stimmt nicht ganz, sie mussten dem polnischen Staat Geld zahlen. Als ich später wieder in die Heimat gefahren bin, haben mir die dort lebenden Polen erzählt, dass man ihnen gesagt hätte, wir hätten ihr Geld erhalten, als legalen Ausgleich. Das ist nicht wahr, wir haben keinen Pfennig oder Zloty davon gesehen.

1947 mußten wir uns entscheiden, ob wir die polnische Staatsbürgerschaft annehmen wollten. Was wir bisher erlebt hatten, war nicht gerade dazu angetan, uns zu veranlassen, in Polen zu bleiben. Außerdem standen wir kurz vor einer Hungersnot. Die Felder waren nicht ordentlich bestellt worden, es gab nichts

mehr zu essen. Bis dahin hatte man von den Vorräten gelebt, aber die waren nun aufgebraucht. Nein, wir waren froh, als es hieß, wir können nach Deutschland. Ein Leben unter den Polen konnten wir uns nicht vorstellen.

Zuerst kamen wir in ein polnisches Sammellager in der Nähe von Stettin. Dort bekam ich Diphtherie und kämpfte mit dem Tod. Einmal erzählte man schon, ich wäre gestorben. Ein über achtzigjähriger deutscher Arzt hat mir das Leben gerettet, er gab mir seine letzten Medikamente. In dem Lager habe ich die Ankunft des Rummelsburger Todestransportes erlebt. Die polnischen Behörden haben einen Transport von Rummelsburg bis Stettin gefahren und ihn dort stehengelassen, tagelang. Der Zug fuhr nie über die Grenze. Im Januar, bei 20 Grad Kälte. Dann fuhr der Zug zurück und hielt vier Kilometer vom Lager in Schivelbein entfernt, mitten in der Nacht. Die Menschen, die tagelang nichts gegessen hatten, mussten nachts durch die Stadt ins Lager laufen. Kinder, alte Menschen, wie sie waren. Als sie im Lager eintrafen, gab es große Aufregung. Schon unterwegs waren viele gestorben. Umgefallen, liegen geblieben, gestorben. Ich musste auch Tote beerdigen. Kinder haben wir in Bettlaken eingewickelt, wenn wir welche hatten. Mit einem Ackerwagen, den ein schwarzes Pferd zog, fuhren wir zum Friedhof. Ich stand unten im Grab und hab die Kinder reingelegt. Das vergisst man nicht, niemals im Leben. Auf dem Rückweg mussten wir bei der Bäckerei Brot für das Lager aufladen. Auf demselben Wagen, auf dem vorher die toten Kinder lagen.

In geschlossenen Güterwagen ging dann unser Transport nach Deutschland. Kurz vor der Grenze wurden wir noch einmal entlaust. Läuse waren unsere ständigen Begleiter. Hatte man eine erwischt, waren zehn neue wieder da. Sie waren gefährlich, weil sie Krankheiten übertrugen. »Töte die Laus, sonst tötet sie dich!« hieß es auf Plakaten. Als wir in die russische Zone kamen, also nach Deutschland, war es wie eine Erlösung. Die Felder waren bestellt, wir würden zu essen haben. Die Zeit im Quarantänelager war allerdings eher ernüchternd. Wir schliefen ohne Decken in ehemaligen Kasernen. Zu essen gab es nicht viel. Trocken Brot und Zucker. Man konnte überleben.

Nach drei Wochen wurden wir auf verschiedene Ortschaften verteilt. Wohin man ging, darauf hatte man keinen Einfluss. Ich kam zu einem Bäcker, bekam ein Zimmer und arbeitete dort und war somit auch mit Brot versorgt. Meiner Mutter und meinen beiden Schwestern ging es schlechter. Sie bekamen keine Arbeit. Sie haben Sauerampfer gesammelt und um Mehl gebettelt, glücklicherweise konnte ich ihnen manchmal etwas abgeben. Das Backen lag mir nicht. In Pommern hatte ich ja die Lehre als Molker begonnen, die ich durch den Krieg nicht beenden konnte. Ich machte mich auf und suchte eine Molkerei. Ein Landsmann aus Pommern, der schon Fuß gefasst hatte, stellte mich ein. Ich habe die Lehre beendet und mich verliebt. So blieb ich also in Brandenburg. Zunächst hatten wir natürlich damit geliebäugelt, in den Westen zu kommen. Meine pommersche Verwandtschaft, die schon 1945 geflüchtet ist, kam im Rheinland unter. Wenn man es vergleicht, haben sie auf der Sonnenseite gelebt mit dem Lastenausgleich.

Über dreißig Jahre war ich in der Milchwirtschaft in Brandenburg. Weil ich die zehnte Klasse nachgemacht habe, konnte ich Meister werden. Es hätte auch noch zum Ingenieur gereicht, aber ich übernahm die Molkerei in Marzahna und habe mich dort unentbehrlich gefühlt; ich wollte nicht weg, um das Ingenieurstudium zu machen. Wieder mal dieses pommersche Pflichtgefühl: Hier hast du deine Aufgabe, hier musst du deine Pflicht erfüllen. Inzwischen hatten wir auch drei Kinder. Wir sind mit meinem Meistergehalt gut zurechtgekommen. Ein Problem gab es in der DDR. Ich war Leiter der Molkerei und da hieß es: »Als Leiter mußt du hier auch eine Funktion übernehmen.« Das hat mir zwar nicht gepasst, aber mir war klar, wenn ich den Betrieb, der mir zwar nicht gehörte, der mir aber ans Herz gewachsen war wie ein Stück Heimat, wenn ich den weiter leiten wollte, musste ich das tun. So wurde ich Vorsitzender der Nationalen Front im Dorf. Ich habe immer versucht, mich möglichst niedrig zu halten, damit ich nicht im Vordergrund stehen musste. Aus der Partei habe ich mich immer raushalten können, das ist niemandem gelungen, mich da reinzukriegen. Die Arbeit war wichtig und die Kollegen waren wie eine Familie. Besser konnte es nicht sein. Das brauchte man auch. Mehr gibt es dazu nicht zu sagen.

Wir als Vertriebene, als Fremde, wir haben hier in Brandenburg keine Probleme gehabt. Das mag in manchen Gegenden anders gewesen sein, hier ist ja auch eine evangelische Gegend. Mag sein, wenn man als evangelischer Vertriebener nach Bayern kam, dass da die Religion eine Rolle spielte unter den Katholiken, dass man da nicht gleich anerkannt wurde. Von Brandenburg kann ich das nicht sagen. Über unser Schicksal durften wir aber in der DDR nicht sprechen, nur hinter vorgehaltener Hand. Das war eine politische Sache, Pommern durfte nicht mehr erwähnt werden. Pommern war ausgelöscht, sollte aus dem Sprachgebrauch verschwinden. Das hat geschmerzt. Im Stillen hab ich immer noch gehofft, dass wir irgendwann einmal in die alte Heimat zurückkommen. Meine Kinder, muss ich leider sagen, und daran haben auch die vierzig Jahre DDR ihren Anteil, die legen auf Pommern überhaupt keinen Wert und es gibt auch keine Nachfragen von ihnen, wie wir in Pommern gelebt haben. Ich hoffe auf meine Enkel, dass die mich mal fragen werden: »Opa, wo hast du denn als Kind gespielt?« Ich würde ihnen gern alles zeigen, unsere Schmiede, den Wald, die Wiesen.

Der Pommer ist ein schwer zugänglicher Mensch. Ein schwerer Menschenschlag. Aber dafür ist der Pommer sehr treu. Wenn du ihn einmal als Freund gewonnen hast, dann hast du ihn wirklich als Freund. An sich ärgere ich mich manchmal darüber, dass ich so ehrlich bin in vielen Dingen, das wird manchmal zum Handicap, man müsste raffinierter sein. Aber schon der alte Fritz hat gesagt: Der Pommer, das ist der treueste Soldat, aber man kann ihn nicht als Diplomaten einsetzen. Das war damals schon so, das hängt wahrscheinlich mit der Landschaft zusammen. Das Schwermütige irgendwie ... möchte ich so sehen. Und in unserem Pommernlied heißt es ja auch: »Wenn in stiller Stunde Träume mich umwehn, bringen frohe Kunde Geister ungesehn, reden von dem Lande meiner Heimat mir, hellem Meeresstrande, düstrem Waldrevier.« Aber so ein Stück von dem hellen Strand haben wir auch in uns, ich bin mit den Menschen eigentlich immer gut ausgekommen. Auch jetzt hier in Potsdam, wo wir, seit wir in Rente gegangen sind, leben. Die Musik hat mir überhaupt immer Mut gemacht und Lebenskraft gegeben. Auf Feiern, zu Weihnachten oder an Geburtstagen, musste ich immer auf meinem Akkordeon spielen. Das hat den Leuten gefallen, mir hat es Spaß gemacht. Nach der Wende habe ich auch unsere Brandenburger Hymne einstudiert: »Märkische Heimat, märkischer

Sand«. Das spiele ich ganz gern, aber am liebsten eben das Pommernlied: »Jetzt bin ich im Wandern, bin bald hier, bald dort; doch aus allem andern treibts mich immer fort, bis in dir ich finde wieder meine Ruh, send ich meine Lieder dir, oh Heimat, zu.«

Heimat – das verlorene Paradies der Kindheit.

Sie kamen von überall her

1   Lernet Holenia, Alexander: Mars im Widder, Stockholm 1947, S. 186f

2   Zitiert nach: Du Prel, Max: Das General Gouvernement, Würzburg 1942

3   Danzig wurde 1920 Freistaat, in dem 300 000 Deutsche lebten und 10 000 Polen. Das Memelland wurde 1923 von Litauen besetzt.

4   Noch heute wird die Frage unter Historikern diskutiert, inwieweit man von den deutschen Minderheiten als eine »Fünfte Kolone« sprechen kann. Siehe dazu: De Zayas, Alfred M.: Die Anglo-Amerikaner und die Vertreibung der Deutschen, Frankfurt/M., S. 34f

5   Auch die Sowjetunion, die am 17. September 1939 in Polen einmarschierte, errichtete in dem von ihr okkupierten Gebiet eine Terrorherrschaft.

6   Benz, Wolfgang: Die Vertreibung der Deutschen aus dem Osten, Frankfurt/M. 1995, S.45

7   Benz, Wolfgang: Die Vertreibung der Deutschen ..., a.a.O., S. 46

8   Zitiert nach: Böddeker, Günter: Die Flüchtlinge, Berlin 1977, S. 207

9   Zitiert nach: Benz, Wolfgang: Die Vertreibung der Deutschen ..., a.a.O., S. 54f

10 Grube, Frank; Richter, Gerhard: Flucht und Vertreibung, Hamburg 1980

11 Zitiert nach: Böddeker, Günter: Die Flüchtlinge, a.a.O., S. 207

12 Grube, Frank; Richter, Gerhard: Flucht und Vertreibung, a.a.O.

13 Zitiert nach: De Zayas, Alfred M.: Die Anglo-Amerikaner und die Vertreibung der Deutschen, a.a.O., S. 102

14 Interview mit Horst B. Alle nicht näher bezeichneten Interviews führten die Autoren 1999/2000 mit ehemaligen Flüchtlingen und Vertriebenen in Brandenburg.

15 Zitiert nach: Benz, Wolfgang: Die Vertreibung der Deutschen ..., a.a.O., S. 118

16 DeZayas, Alfred M.: Die Anglo-Amerikaner und die Vertreibung ..., a.a.O., S. 112

17 Grube, Frank; Richter, Gerhard: Flucht und Vertreibung, a.a.O.

18 De Zayas, Alfred M.: Die Anglo-Amerikaner und die Vertreibung ..., a.a.O., S. 113

19 Grube, Frank; Richter, Gerhard: Flucht und Vertreibung, a.a.O., S. 138

20 Zitiert nach: Grube, Frank; Richter, Gerhard: Flucht und Vertreibung, a.a.O., S. 139

21 Zitiert nach: Böddeker, Günter: Die Flüchtlinge, a.a.O., S. 166

22 Interview mit Volkhard K.

23 Interview mit Gisela K.

24 Stang, W.; Arlt, K.: Brandenburg im Jahr 1945, Potsdam 1995, S. 79

25 Interview mit Lisa C.

26 Zitiert nach: Stang, W.; Arlt, K.:Brandenburg im Jahr 1945, a.a.O., S. 49

27 Zitiert nach: Wille, M.; Hoffmann, J.; Meinicke, W.: Sie hatten alles verloren, Wiesbaden 1993, S. 111

28 Zitiert nach: Stang, W.; Arlt, K.: Brandenburg im Jahr 1945, a.a.O., S. 49

29 Interview mit Volkhard K.

30 Benz, Wolfgang: Die Vertreibung der Deutschen ..., a.a.O., S. 79

31 Grube, Frank; Richter, Gerhard: Flucht und Vertreibung, a.a.O.

32 Benz, Wolfgang: Die Vertreibung der Deutschen ..., a.a.O., S. 64

33 Zitiert nach: Ther, Philipp: Deutsche und polnische Vertriebene, Göttingen 1998, S. 123

34 Interview mit Willi B.

35 Zitiert nach: Böddeker, Günter: Die Flüchtlinge, a.a.O., S. 316

36 Zitiert nach: Ther, Philipp: Deutsche und polnische Vertriebene, a.a.O., S. 56

37 Zitiert nach: Ther, Philipp: Deutsche und polnische ..., a.a.O., S. 57

38 Benz, Wolfgang: Die Vertreibung der Deutschen ..., a.a.O., S. 78

39 Zitiert nach: De Zayas, A.: Die Anglo-Amerikaner und die Vertreibung ..., a.a.O., S. 149

40 Interview mit Charlotte N.

41 Interview mit Lisa C.

42 Die alte Exilregierung unter dem Kabinett Mikolajczyk widersetzte sich mehrfach, die polnischen Ostgebiete an die UdSSR abzutreten.

43 Benz, Wolfgang: Die Vertreibung der Deutschen ..., a.a.O., S. 92

44 Protokoll der Potsdamer Konferenz

45 Zitiert nach: Wille, M.; Hoffmann, J.; Meinicke, G.: Sie hatten alles verloren, a.a.O., S. 93

46 Zitiert nach: De Zayas, Alfred: Die Anglo-Amerikaner ..., a.a.O., S. 154

47 Zitiert nach: Wille, M.; Hoffmann, J.; Meinicke, G.: Sie hatten alles verloren, a.a.O., S. 36

48 Interview Eckehard M.

49 Es gab für einen Teil der Deutschen das Angebot, die polnische Staatsbürgerschaft anzunehmen, allerdings wurde dieses Angebot nur selten wahrgenommen.

50 Zitiert nach: Wille, Manfred: 50 Jahre Flucht und Vertreibung, Magdeburg 1997, S. 130

51 Zitiert nach: Hupka, Herbert: Letzte Tage in Schlesien, Frankfurt/Main 1995

52 Zitiert nach: Wagenbach, Klaus: Vaterland, Muttersprache, Berlin 1994, S. 22

53 Zitiert nach: Ther, Philipp: Deutsche und polnische Vertriebene, a.a.O., S. 63

Wartesaal Brandenburg

1   Zitiert nach: Pfeiler, Jürgen: Der Krieg war plötzlich da. In: Stang, Werner (Hrsg.) Brandenburg im Jahr 1945, Landeszentrale für politische Bildung, Potsdam 1995, S. 95

2   Ein Jahr Bewährung der Mark Brandenburg. Rück-

blick und Rechenschaft, Fotomechanischer Nachdruck, Potsdam 1989, S. 6

3   Zitiert nach: Schreckenbach, Joachim: Der Aufbau einer neuen Verwaltung in Brandenburg im Jahr 1945, in: Stang, Werner, Hrsg., Brandenburg im Jahr 1945, Landeszentrale für politische Bildung, Potsdam 1995, S. 243

4   Zitiert nach: Ribbe, Wolfgang: Brandenburgische Geschichte, Berlin 1995, S. 583

5   Ein Jahr Bewährung der Mark Brandenburg, a.a.O., S. 8

6   Zitiert nach Wille, Manfred: Die Vertriebenen in der SBZ, Dokumente. Bd 1, Wiesbaden, S. 422. Originalquelle: Bundesarchiv Potsdam, Q-1, ZV Gesundheitswesen Nr. 81, Bl. 9-14

7   Brandenburgisches Landeshauptarchiv (nachfolgend BrLHA), Rep 203, Nr. 1303, Blatt 516

8   BrLHA, Rep 203, Nr. 1303, Blatt 529

9   Zitiert nach: Wille, Manfred: Die Vertriebenen, a.a.O. , S. 27

10 Zitiert nach: Wille, Manfred: Die Vertriebenen, a.a.O., S. 217. Originalquelle: Barch, DO 1, MdI, ZVU, Nr. 29, Bl. 2-6

11 Zitiert nach: Wille, Manfred: Die Vertriebenen, a.a.O., S. 197, Originalquelle: Bundesarchiv Potsdam, DO 1, MDI, 10, ZVU, Nr. 28, Bl. 31-38

12 Zitiert nach: Wille, Manfred: Die Vertriebenen, a.a.O., S. 202. Originalquelle: Bundesarchiv Potsdam, Q-2, ZV Arbeit und Sozialfürsorge, Nr. 3370, Bl. 344-346

13 Zitiert nach: Wille, Manfred: Die Vertriebenen, a.a.O., S. 198 Protokoll einer Beratung von Mitarbeitern des Sozialwesens am 12.7.45 in Berlin. Originalquelle Bundesarchiv Potsdam, DO 1, MdI 10, ZVU, Nr. 28, Bl. 31-38

14 Bericht der deutschen Verwaltung für Arbeit und Sozialfürsorge über die Konferenz 3./4.September 1945 in Berlin, vollständiger Wortlaut bei Wille, Manfred: Die Vertriebenen, a.a.O., S. 226ff

15 In ihrem Briefkopf führte diese Abteilung auch die Bezeichnung »Amt für Deutsche Umsiedler bei der Provinzialverwaltung Mark Brandenburg«. Bis Juli 1947 hieß die oberste Landesregierung in Branden- burg Provinzialverwaltung Mark Brandenburg. Bis zu den Landtagswahlen im September 1946 war sie von der SMA »ernannt« und »eingesetzt«. Von Dezember 1946 bis November 1950 amtierte die Provinzialregierung Mark Brandenburg, die sich im Juli 1947 in Landesregierung Mark Brandenburg umbenannte. In dieser Regierung war innerhalb des Ministeriums für Arbeit und Sozialwesen die »Abteilung Umsiedler und Heimkehrer« für alle mit der »Umsiedlung« zusammenhängenden Fragen zuständig. Sie wurde 1949 aufgelöst.

16 Zitiert nach: Wille, Manfred: Die Vertriebenen, a.a.O., S. 255. Originalquelle: Bundesarchiv Potsdam, DO 1, MdI 10, ZVU Nr. 29, Bl. 115-116

17 Zitiert nach: Wille, Manfred: Die Vertriebenen,

a.a.O., S. 260. Originalquelle: Bundesarchiv Potsdam, DO 1, MdI 10, ZVU, Nr. 29, Bl. 162-195
18 Zitiert nach: Wille, Manfred: Die Vertriebenen, a.a.O., S. 276/277. Originalquelle: Bundesarchiv Potsdam, DO 1, MdI 10, ZVU, Nr. 29, Bl. 115-116
19 Zitiert nach: Wille, Manfred: Die Vertriebenen, a.a.O., S. 283
20 BrLHA, Rep 250, Nr. 1303, Bl. 517
21 BrLHA, Rep 250, Nr. 1303, Bl. 518
22 BrLHA, Rep 250, Nr. 1303, Bl. 519
23 In Thüringen waren es 75 100 Plätze, in Sachsen 84 260, in Mecklenburg 110 000
24 BrLHA, Rep 330, IV-2/6.1/574, Bl.203
25 BrLHA, Rep 203, Nr. 1199, Bl. 210, 211, 209, 167, 173, 194
26 BrLHA, Rep 203, Nr. 1199, Bl. 123
27 Die neue Heimat. 1. Jahrgang 1947, Heft 2
28 Wille, Manfred: 50 Jahre Flucht und Vertreibung, a.a.O., S. 327

Ein Ort zum Bleiben
1 Zitiert nach: Wagenbach, Klaus: Vaterland, Muttersprache, Berlin 1994 S. 22, Erstveröffentlichung im Oktober 1945 in der Zeitschrift »Traits« in Lausanne.
2 Ein Jahr Bewährung der Mark Brandenburg. Rückblick und Rechenschaft, herausgegeben vom Präsidium der Provinzialverwaltung Mark Brandenburg, Potsdam 1946, Fotomechanischer Nachdruck, Potsdam 1989, S. 8
3 Ebenda
4 BrLHA, Rep 206, Nr. 2260, Bl. 12-27
5 Ebenda ,S. 27
6 BrLHA, Rep 203, MdI, Bl. 37
7 Wille, Manfred: Die Vertriebenen in der SBZ. Dokumente. Wiesbaden 1999, S. 178. Originalquelle: BArch, DO 2, Nr. 7, Blatt 45
8 Ebenda, S. 229. Originalquelle: Bundesarchiv, DO 2, Nr. 31, Bl. 181-187
9 BrLHA, Rep 203, MdI, Nr. 1074, Bl. 49
10 BrLHA, Rep 250, Nr.255, Bl. 171
11 BrLHA, Rep 203, MdI Nr 1163, Bl. 191
12 BrLHA, Rep 203, MdI, Nr. 1074, Blatt 95
13 BrLHA, Rep250, Nr. 255, Bl. 63
14 BrLHA, Rep 250, Nr. 1304, Blatt 39
15 Ebenda, Bl. 40
16 BrLHA, Rep 250, Landratsamt Westprignitz, Nr. 255, Bl. 159
17 Ebenda, Bl. 189
18 Becher, Johannes R.: »Wir, Volk der Deutschen«, Rede auf dem Ersten Bundeskongreß des Kulturbundes zur demokratischen Erneuerung Deutschlands 1947, Gesammelte Werke, Bd. 17, Berlin und Weimar 1979, S. 95ff
19 BrLHA, Rep 250, Nr. 1302, Bl. 31
20 BrLHA, Rep 250, Nr. 255, Bl. 27
21 BrLHA, Rep 250, Nr. 1303, Bl. 268
22 BrLHA, Rep 203, Nr. 1163, Bl. 91

23 Anna Seghers, Erzählungen 1945-1951, Berlin 1983, S. 272
24 BrLHA, Rep 203, MdI, Nr.1074, Blatt 56
25 Ein Jahr Bewährung, a.a.O., S. 35
26 Zitiert nach Staritz, Dietrich: Sozialismus in einem halben Land, Berlin 1976, S. 46ff
27 Zitiert nach: Wille, Manfred: Die Vertriebenen in der SBZ/DDR, Dokumente, Wiesbaden 1996, S.337
28 Darstellung nach Seraphim, Peter-Heinz: Die Heimatvertriebenen in der Sowjetzone, Berlin 1954, S.189
29 BrLHA, Rep. 203, Nr. 1074, Bl. 7
30 BrLHA, Rep 203, Nr. 1075, Blatt 114
31 BrLHA, Rep 203, Nr. 1074, Bl. 3
32 Schmutzer, Hans: ...auferstanden aus Ruinen, 1966
33 Schmutzer, Hans: ...auferstanden aus Ruinen, a.a.O.
34 Ebenda
35 Ebenda
36 Ebenda
37 Ebenda
38 Zitiert nach: Kaminsky, Anette: Heimkehr 1948. München 1998, S. 74
39 Kaminsky, Anette: Heimkehr 1948, a.a.O., S. 74
40 Interview mit Heinz H.
41 BrLHA, Rep 203, Nr. 1074, Bl. 39
42 BrLHA, Rep 203, Nr. 1074, Bl. 42
43 BrLHA, Rep 203, Nr. 1074, Bl. 43
44 Das Schicksal der Deutschen in Jugoslawien. Augsburg 1994, S. 312f
45 Die neue Heimat. 2. Jahrgang 1948, Heft 6
46 Kaminsky, Anette: Heimkehr 1948, a.a.O., S. 95

Freier Bauer auf märkischer Scholle
1 Meinecke, Wolfgang: Sie hatten alles verloren, Wiesbaden 1993, S. 55
2 Interview mit Volkhard K.
3 »Neues Deutschland« vom 11.6.1945
4 Bauerkämper, Arnd: Geglückte Integration, München 1999, S. 198
5 Interview mit Eva T.
6 Interview mit Wolfgang Leonhardt
7 Interview mit Hugo Steffen
8 Interview mit Hugo Steffen
9 »Märkische Volksstimme« vom 1. September 1995
10 Geschichte der SED, Berlin 1978, S. 100
11 Zitiert nach: Naimark, Norman M.: Die Russen in Deutschland, Berlin 1997, S. 201
12 Zitiert nach: Meinecke, Wolfgang: Sie hatten alles verloren, a.a.O., S. 59
13 Zitiert nach: Meinicke, Wolfgang: Sie hatten alles verloren, a.a.O., S. 61
14 Interview mit Willi B.
15 Bauerkämper, Arnd: Brandenburg im Jahr 1945, a.a.O.
16 Den etwa 12 000 Kommissionen gehörten 52 292 Personen an, sie wurden innerhalb der Ortschaften gewählt.(Siehe auch: Keller D.; Modrow H.;

Wolf H.: Ansichten zur Geschichte der DDR. Bonn 1993, S. 195
7 Zitiert nach: Meinicke, Wolfgang: Sie hatten alles verloren, a.a.O., S. 67
8 Meinecke, Wolfgang: Sie hatten alles verloren, a.a.O., S. 63
9 Wille, Manfred: 50 Jahre Flucht und Vertreibung, a.a.O., S. 288
20 Interview mit Willi B.
21 Meinecke, Wolfgang: Sie hatten alles verloren, a.a.O., S. 119
22 Wille, Manfred: 50 Jahre Flucht und Vertreibung, a.a.O., S. 290
23 Zitiert nach: Meinecke, Wolfgang: Sie hatten alles verloren, a.a.O., S. 72
24 Dokumente der SMAD, BarchP, K-1 MLEF 7687
25 Interview Willi B.
26 »Sie schaffen sich eine neue Heimat«, Broschüre der SED-Brandenburg, 1947
27 Ebenda
28 Der Brandenburger Regierungsrat Walter Volck, der in der Landesregierung für Fragen der Bodenreform verantwortlich war, erklärte in der Zeitschrift »Die Neue Heimat«, die Bodenreform für abgeschlossen.
29 Leitspruch aus dem Artikel »Lehmbauweise ohne Holz« in »Die Neue Heimat« 1949, 3. Jahrgang, Heft 13, S. 20
30 Ebenda
31 »Sie schaffen sich eine neue Heimat«, Broschüre der SED-Brandenburg, 1947
32 Zitiert nach: Naimark, Norman M.: Die Russen in Deutschland, a.a.O., S. 203
33 Interview mit Hugo Steffen
34 Geschichte der SED. Berlin 1978, S. 277
35 Keller, D.; Modrow H.; Wolf, H.: Ansichten zur Geschichte der DDR, Bonn 1993, S. 200
36 Materna, I.; Ribbe, W.: Brandenburgische Geschichte, Berlin 1995, S. 720
37 Materna, I., Ribbe, W.: Brandenburgische Geschichte, a.a.O., S. 733
38 Interview mit Willi B.
39 DEFA-Wochenschau »Der Augenzeuge«, 1958

»Gebt den Umsiedlern eine neue Heimat«
1 Zitiert nach: Schraut, Sylvia und Grosser, Thomas (Hrsg.): Die Flüchtlingsfrage in der deutschen Nachkriegsgesellschaft, Mannheim 1996, S. 236
2 BrLHA, Rep 203, MdI, Nr. 1074
3 Seghers, Anna: Erzählungen 1945-1951, Berlin 1983, S. 276
4 BrLHA, Rep 250, Nr. 1302, Bl. 27
5 BrLHA, Rep 250, Nr. 1303, keine Blattangabe
6 BrLHA, Rep 250, Nr. 255, Bl.136
7 Interview mit Gisela W.
8 Interview mit Hannelore M.
9 Ebenda
10 BrLHA, Rep 250, Nr. 1305, Bl. 45
11 BrLHA, Rep 250, Nr. 476, Bl. 65

12 BrLHA, Rep 203, Nr. 1075, Bl. 134-139
13 BrLHA, Rep 250, Nr. 1305, Bl. 34
14 Ebenda
15 Ebenda
16 BrLHA, Rep 203, Nr. 1075, Bl. 41
17 Rededisposition »Das Leben der Umsieder in der Ostzone und in den westlichen Zonen Deutschlands«, Landesvorstand der SED Brandenburg, Potsdam 1947
18 Lippelt, Helga: Abschied von Popelken oder Ein Atemzug der Zeit, München 1994, S. 295
19 Merker, Paul: Die nächsten Schritte zur Lösung des Umsiedlerproblems, Berlin 1947, S. 12
20 Merker, Paul: Die nächsten Schritte zur Lösung ..., a.a.O., S. 13
21 BrLHA, Rep 203, Nr. 1163, Bl. 394
22 BrLHA, Rep 203, Nr. 1163, Bl. 109
23 BrLHA, Rep 203, Nr. 1163, Bl. 109

Flüchtlinge gab es nicht

1 Landesverband für politische Bildung Baden-Würtemberg: Die Oder, 1996
2 Zitiert nach: Wille, M.; Hoffmann, J.; Meinicke, G.: Sie hatten alles verloren, a.a.O., S. 167
3 Geschichte der SED, a.a.O.
4 Zitiert nach: Wille, Manfred: 50 Jahre Flucht und Vertreibung, a.a.O., S. 259
5 Merker, Paul: Die nächsten Schritte zur Lösung des Umsiedlerproblems, a.a.O.
6 Zitiert nach: Wille, Manfred: 50 Jahre Flucht und Vertreibung, a.a.O., S. 257
7 Zitiert nach:Wille, M.; Hoffmann, J.; Meinicke, G.: Sie hatten alles verloren, a.a.O., S. 47
8 »Die neue Heimat«, 1.Jahrgang 1947, Heft 1
9 Wille, Manfred: 50 Jahre Flucht und Vertreibung, a.a.O., S. 256
10 Zitiert nach: Wille, Manfred: 50 Jahre Flucht und Vertreibung, a.a.O., S. 257
11 Zitiert nach: Wille, Manfred: 50 Jahre Flucht und Vertreibung, a.a.O., S. 257
12 »Die neue Heimat«, 3. Jahrgang 1949, Heft 16
13 Ebenda
14 Geschichte der SED, a.a.O., S. 235
15 »Neues Deutschland« vom 6.10.1950
16 Interview mit Heinz H.
17 Arbeitsgruppe Stadtgeschichte: Eisenhüttenstadt – »Erste sozialistische Stadt Deutschlands«. Berlin 1999, S. 143.
18 Ciesla, Burghard: 50 Jahre Oder-Neiße-Grenze. Berlin 2000
19 Volkmann, Hans-Erich: Ende des Dritten Reiches – Ende des Zweiten Weltkriegs. München 1995, S. 598
20 Heimatkalender 1995 – Eisenhüttenstadt und Umgebung, Eisenhüttenstadt 1994, S. 27
21 »Die Neue Heimat«, 1.Jahrgang 1947, Heft 1
22 Brüning, Elfriede: Und außerdem war es mein Leben, München 1998, S. 200
23 »Die neue Heimat«, 1. Jahrgang 1947, Heft 3

24 »Die neue Heimat«, 2. Jahrgang 1948, Heft 5
25 »Die neue Heimat«, 2. Jahrgang 1948, Heft 6
26 Ebenda
27 »Die neue Heimat«, 2. Jahrgang 1948, Heft 8
28 »Die neue Heimat«, 2. Jahrgang 1948, Heft 11
29 »Die neue Heimat«, 2. Jahrgang 1948, Heft 10
30 Efriede Brüning veröffentlichte 1990 eine Dokumentation über die Opfer der Stalinzeit.
31 »Die neue Heimat«, 3. Jahrgang 1949, Heft 18
32 »Neues Deutschland« vom 6.10.1950
33 Ebenda
34 Richter, J.; Förster, H.; Lakemann, U.: Stalinstadt – Eisenhüttenstadt, Marburg 1997, S. 18
35 Richter, J.; Förster, H.; Lakemann, U.: Stalinstadt – Eisenhüttenstadt, a.a.O., S. 23.
36 Ebenda, S. 27
37 Ebenda, S. 29
38 Zitiert nach: Arbeitsgruppe Stadtgeschichte: Eisenhüttenstadt – »Erste sozialistische Stadt Deutschlands«, a.a.O., S. 104f
39 Ebenda, S. 106
40 Richter, J.; Förster, H.; Lakemann, U.: Stalinstadt – Eisenhüttenstadt, a.a.O., S. 27
41 Interview mit Ingeborg U.
42 Interview mit Horst B.
43 Zitiert nach: Wille, Manfred: 50 Jahre Flucht und Vertreibung, a.a.O., S. 265
44 »Die neue Heimat«, 2. Jahrgang 1948, S. 19
45 Zitiert nach: Meinecke, Wolfgang: Sie hatten alles verloren, a.a.O., S. 106
46 Zitiert nach: Ther, Philipp: Deutsche und polnische Vertriebene, a.a.O., S. 231
47 Zitiert nach: Ther, Philipp: Deutsche und polnische Vertriebene, a.a.O., S. 238
48 Offener Brief an alle ehemaligen Umsiedler in der DDR, Deutsche Bücherei Leipzig 1965, A 16883
49 Interview mit Horst B.
50 Ebenda
51 Ulbricht, Walter: Die Entwicklung des deutschen volksdemokratischen Staates 1945-1958, Berlin 1958
52 Lehrbuch für den Geschichtsunterricht, Berlin 1957, S. 132
53 Zitiert nach: Wolf, Hans Georg: Die Entwicklung des Geschichtsunterrichs in der DDR von 1945 bis 1975 Paderborn 1978, S. 713
54 Geschichte, Lehrbuch für Klasse 9. Berlin 1986, S. 118
55 Interview Mit Horst B.
56 Interview mit Eckehard M.
57 Interview mit Volkhard K.
58 Interview mit Horst B.